U0840172

Xiaoxue Xiaoyuan Chengxin Wenhua Jianshe Yanjiu

小学校园诚信文化建设研究

傅建明 著

ZHEJIANG UNIVERSITY PRESS
浙江大学出版社

图书在版编目（CIP）数据

小学校园诚信文化建设研究 / 傅建明著. —杭州：浙江大学出版社，2018.10
ISBN 978-7-308-17745-0

Ⅰ.①小… Ⅱ.①傅… Ⅲ.①小学-校园文化-建设-研究 Ⅳ.①G627

中国版本图书馆 CIP 数据核字（2018）第 000167 号

小学校园诚信文化建设研究

傅建明 著

策划编辑 吴伟伟
责任编辑 杨利军
文字编辑 王建英
责任校对 沈巧华 夏湘娣
封面设计 春天书装
出版发行 浙江大学出版社
（杭州市天目山路 148 号 邮政编码 310007）
（网址：http://www.zjupress.com）
排　　版 杭州中大图文设计有限公司
印　　刷 虎彩印艺股份有限公司
开　　本 710mm×1000mm 1/16
印　　张 18
字　　数 313 千
版 印 次 2018 年 10 月第 1 版 2018 年 10 月第 1 次印刷
书　　号 ISBN 978-7-308-17745-0
定　　价 68.00 元

浙江大学出版社市场运营中心联系方式：0571-88925591；http://zjdxcbs.tmall.com

目　录

上　篇

下　篇

上　篇

第一章　诚信文化的历史溯源与现实价值

人类从"茹毛饮血，茫然于人道"的"直立之兽"演化而来，逐渐形成与"天道"既相互联系又相互区别的"人道"，这便是文化的创造过程。[①] 诚信文化源远流长，历久弥新。在中西方两大文明体系中，诚信文化始终占据着重要位置。在中国，诚信文化表现为一种严密的伦理道德体系，是"正心、诚意、修身、齐家、治国、平天下"的至高理想；在西方，诚信文化表现为一种公正的制度体系，是社会成员之间的一种基本义务。遵循这两大主线，现代诚信文化在博采众长和兼收并蓄中最终实现了自我更新与完善。

第一节　诚信文化的历史溯源

一、中国传统诚信文化

作为中华民族传统美德的重要组成部分，诚信文化有着极其深刻的寓意。在传统的伦理道德体系中，诚信既是一种人格的修养，也是伦理道德的规范；既是维持国家稳固的政治手段，也是社会生活的基本秩序。历经历史的沉淀与岁月的洗礼，它最终积淀为一种深厚的文化底蕴，融于民族血脉之中，成为中国传统文化的精神特质。

---

① 张岱年，方克立. 中国文化概论[M]. 北京：北京师范大学出版社，2004：3.

(一)萌芽阶段:神秘化

远在上古时代和商周时期就已经有诚信文化的萌芽,但早期的诚信文化还带有朴素的神学色彩,与原始的宗教祭祀活动有着不可分割的联系。依据史料的记载及考证,"诚"字的出现始于西周时期。而早在"诚"字出现之前,"诚"的观念在原始先民的宗教祭祀活动中就已产生。① 早期的"信"字通常写作"允"字,最早可追溯到殷商时期。据专家研究,商代甲骨卜辞中已有以"允"字来表示商王占卜应验的用法,用来表达预言传达者(神灵与先祖)与从受者(商王或贵族)的互信关系。这是目前所见文字资料中关于"信"的观念的最早用法。②由此可见,原始的"诚"与"信"承袭古代神权政治传统并与之一脉相承,带有浓厚的宗教神秘色彩。早在远古时代,对祖先、神灵、图腾的祭拜早已深深烙印在原始先民的脑海之中,成为他们生活的一种基本仪式。为祈求福泽避免灾祸,人们以宗教祭祀的形式向鬼神奉献,并通过一定的仪式向鬼神传达自己的意愿。在这一过程中,人们始终以一种敬畏之心表达对鬼神的崇敬,试图以诚意感动鬼神,达到祈福降福的目的。这种对神灵的虔诚的态度就是"诚"的观念的最初源泉。同样地,"信"的观念也扎根于祭祀活动中。首先,对神灵的祭祀与供奉源于人们对不可知的恐惧和对超自然现象坚定不移的信念,即笃信神鬼的存在。而在"敬神事鬼"的过程中,人们同样意识到,要想获得神灵赐福就必须要实话实说,不欺不瞒,向神灵如实禀告自己的疑惑与诉求。他们坚信,只有充分信任并潜心侍奉神灵,以坦白诚挚的心意去祈求告慰,才能探求神灵的旨意并得到恩赐。正是这种原始的冲动和盲目的鬼神崇拜孕育了诚信文化的萌芽。

(二)雏形阶段:理论化

春秋到战国中期,是先秦社会动荡最为激烈的时期,也是先秦社会诚信缺失极为严重的时期。③ 在这一时期,社会变动带来天翻地覆的巨大变化的同时,也促进了思想文化的大繁荣。诸子百家对诚信的强烈呼唤由此发端。出于对社会现状的忧虑以及救世的理想,各个学派从不同的角度对诚信展开深入探讨,文化的百家争鸣催生了诚信文化的初步形成。其中,以儒家学派为代表的诸子百家对诚信文化的形成做出了巨大贡献。从整个发展历程

① 鲁芳.论儒家"诚"的起源[J].湖南师范大学社会科学学报,2004(4):37-40.

② 于凯.中国传统诚信观的涵义渊源与伦理特质[J].湖南社会科学,2010(6):6-8.

③ 唐贤秋.道德的基石:先秦儒家诚信思想论[M].北京:中国社会科学出版社,2004:60.

来看，这一时期的诚信文化在承袭早期原始诚信观念的基础上，对“诚”与“信”的深层意义及相互关系进行了细致的论述，丰富了诚信之于政治统治、社会秩序、经济生产、人格修养等方面的独到价值与内在要求。孔子对诚信的理解主要集中于对讲信用、守诺言的强调上，他所提出的“足食，足兵，民信之矣”(《论语·颜渊》)、“言必信，行必果”(《论语·子路》)、“人而无信，不知其可也”(《论语·为政》)、“与朋友交，言而有信”(《论语·学而》)，将“信”看作是国家政治的根基、立身处世的准则。而孟子则继承和发扬了孔子对诚信的理解，将“诚”与“信”有机统一起来。孟子提出“父子有亲，君臣有义，夫妇有别，长幼有序，朋友有信”(《孟子·滕文公上》)的人伦道德规范，将“信”上升为“五伦”之一的高度。与此同时，孟子还提出“诚者，天之道也；思诚者，人之道也”(《孟子·离娄上》)的命题，突出了天道与人道的合一性，将“诚”看作是人性天赋的善性。除了孔孟二人对诚信的理解之外，墨家、道家、法家等学派对诚信品德、政治诚信、法律诚信等方面也做了详细解读，尽管立场不同，但他们都一致地主张诚信之道，提出许多有价值的思想。伴随大一统的趋势，先秦儒家文化的集大成者——荀子在承继孔孟诚信思想的基础上对诸子百家的诚信思想进行批判整合，将诚信文化推向一个新的阶段。荀子提出“宜于时通，利以处穷，礼信是也”(《荀子·修身》)、“故为人上者，必将慎礼义，务忠信，然后可。此君人者之大本也”(《荀子·强国》)的准则与要求，认为诚信是每个人必须具备的基本品质，也是统治者的治世之道。此外，荀子强调，商贾、百工、农夫等社会各行各业都必须以诚信为本。更重要的是，荀子明确提出“端悫诚信，拘守而详”(《荀子·修身》)、“端悫生通，诈伪生塞，诚信生神，夸诞生惑”(《荀子·不苟》)的“诚信”命题，标志着传统诚信文化的初步形成。

(三)形成阶段：正统化

秦汉时期，中国封建专制制度的确立和巩固为儒家思想成为统治思想提供了条件和契机。伴随汉代“罢黜百家、独尊儒术”政策的推行，以儒家思想为代表的传统诚信文化得以最终定型。汉武帝时期，董仲舒提出“仁、义、礼、智、信”的“五常之道”，并在此基础上建立起以“三纲五常”为核心的一整套完整的封建伦理思想体系。为维护统治阶级的根本利益和政治需要，董仲舒强调君臣之礼，要求臣民必须做到“至忠厚信，以事其君”(《春秋繁露·五行相生》)。董仲舒所倡导的诚信是一种典型的封建集权制度下的政治伦理，奠定了诚信在中国传统道德规范中的重要地位。到隋唐时期，封建统治日趋稳定，诚信开始成为经邦治国的重要工具，体现在国家安定强盛和经济文化繁荣的各个领域和层面中。贞观十年，魏徵上疏曰："臣闻为国之基，必资于德礼，君之所保，惟在于诚信。诚信立则下无二心，德礼形则远人斯格。然则德礼诚信，国之大纲，在于君臣父子，不可斯须而废也。"（《贞观政要·诚信》）。《臣轨·诚信章》中亦提到："凡人之情，莫不爱于诚信。诚信者，即其心易知……非诚信无以取爱于其君，非诚信无以取亲于百姓。"可见，"诚信"已经被统治者所认可并予以推崇，成为安邦治国的基本方略，也是处理社会人伦关系的基本规范和要求。

（四）发展阶段：实用化

宋明清时期是中国传统诚信文化的重要分水岭。至此，传统诚信文化呈现出两大分支。宋明时期，传统诚信文化带有浓厚的哲学思辨意识，而明清时期，诚信文化则逐渐脱离本体论的范畴，开始转向经世致用的思想。宋明理学关于"诚"的阐释包含一种天地一体、天人合一的哲学范畴，将"诚"看作一种形而上的存在。周敦颐提出"诚者，圣人之本。'大哉乾元，万物资始'，诚之源也。'乾道变化，各正性命'，诚斯立焉，纯粹至善者也"（《通书·诚上》），将"诚"看作是万物的始源，更是个人修习天道以德配天地的道德要求。由此，他提出"以诚为本"的道德本位论，将"诚"纳为"五常之本""百行之源"。在他那里，"诚"是道德观的核心范畴，不仅是宇宙的精神实体，而且是圣人之本，是一切伦理道德的根基。与之相似，朱熹提出"诚者，真实无妄之谓，天理之本然也"（《中庸章句集注》），亦认为"诚"是宇宙天理的本然。除此之外，朱熹还提出"人道惟在忠信，不诚无物"（《朱子语类·第二十一》）、"敬以直内，义以方外，便是立诚"（《朱子语类·第六十九》），强调诚信是每个人都必须具备的道德品质，是修身之要。明末至清时期，伴随商业的繁荣和资本主义萌芽的出现，诚信文化开始呈现出经世致用的特征。受商业经济的影响，诚信文化逐步迈向实用化的道路，与经商从贾的道德规范和市场秩序直接挂钩，诚信品格和良好的市场信誉成为商人成功经营的秘诀与保障。

二、西方传统诚信文化

西方传统诚信文化有着源远流长的史脉。作为一种典型的契约诚信，西方传统诚信文化既以发达的商品经济和商品交换为基础，也以独立的司法体系为保障，还以诸如人格独立、意志自由、平等公平、权利义务均等、契约神圣等相应文化观念为支撑。

(一)古希腊:诚信文化的发端

古希腊是西方文明的发源地。得天独厚的自然地理条件造就了古希腊高度发达的工商业经济、小国寡民的城邦制度、宽松自由的社会环境及富有人文精神的文化传统。诚信文化的胚胎在古希腊文明的摇篮中得以孕育。古希腊时期,人们就已经开始重视"诚信"的重要价值。苏格拉底在接受审判时就辩解道:"他们所说的没有一句符合事实……除非他们把说真话的人看作技巧高超的雄辩家。如果他们所谓的雄辩就是说真话,我可以承认我是一个雄辩家。"[①]亚里士多德也曾直白地说道:"就其本身而言,虚伪是可谴责的,诚实则是高尚(高贵)的和可称赞的……一个诚实的人被看作是有德性的人。"[②]可见,诚信是一种高贵的德性,是一种值得称赞的品质。希腊人认为,诚信就是要讲真话,做到诚实而不虚妄。但是,在当时的历史背景下,"诚信"并没有从西方古典伦理道德中分离出来成为独立的范畴,而是作为维护城邦制度、经济秩序的基本规范而提出的。古希腊史上著名的"苏格拉底之死"是一个典型的悲剧,更是苏格拉底崇高人格的象征,彰显了他对真理、尊严、契约的忠诚。面对雅典公民提出的"信奉异端邪说"和"腐化年轻人的心灵"的指控,苏格拉底申辩道:"我必须服从法律,同时为自己辩护。"[③]但当克里托向他提出逃离的计划并劝告他离开以免于一死的时候,苏格拉底却选择了坦然赴死。为了维护法律的权威和效力,更是为了履行自己作为城邦公民所立下的契约,苏格拉底选择兑现自己的允诺,服从国家对他的判决,即便这个判决是不公正的,但他认为自己必须服从,而不能选择背弃。如果说民主制度折射出城邦成员间协议的影子,那么,古希腊时期繁荣的商业文明则催生出一种行之有效的约束和规范。广泛的商品交易呼唤良好的经济秩序,进而带动契约在经济领域的运用。柏拉图就将诚信视为交往与买卖的原则,他认为:"如果有一项法令规定自愿订立的契约,由订约人自负损失,则一国之内唯利是图的无耻风气可以稍减,我们刚才所讲的那些恶事,也可以少些了。"[④]他将契约作为商业经营的重要手段和保障,认为签订

---

① 柏拉图.苏格拉底最后的日子——柏拉图对话集[M].余灵灵,罗林平,译.上海:生活·读书·新知三联书店上海分店,1988:37.

② 亚里士多德.尼各马可伦理学[M].廖申白,译.北京:商务印书馆,2003:119-120.

③ 柏拉图.苏格拉底最后的日子[M].休·特里德尼克,谢善元,译.上海:上海译文出版社,2007:29.

④ 柏拉图.理想国[M].郭斌和,张竹明,译.北京:商务印书馆,1986:330.

契约能够压制人性邪恶的欲望，发扬心灵善良、诚实的部分。亚里士多德也对经济交换中涉及的诚信伦理做了论述，他说，“人们也寻求以善报善，若不然，交易就不会发生”，“出于意愿的交易如要成功，必须要在双方都还处于需要中时协商好交换的比例，否则这种交易就可能蜕变为违反（其中一方）意愿的交易，优势的一方就可能多得到双倍的好处”①。在亚里士多德看来，要实现交易双方的互惠达成公平交易，就必须基于利益均衡的前提进行约定，交易双方必须秉持公正的原则做到守约。在这一时期，诚信既是一种德性伦理的范畴，也是一种契约的范畴。

（二）古罗马：诚信文化的法制化

古罗马时期是西方传统诚信文化形成的关键时期。罗马帝国发达的海外贸易在促进国内商业繁荣的同时也对经济秩序提出了更为严苛的要求，要求建立起以诚信为支柱的商业道德。由此，罗马人制定了详尽的债权法，特别是合同性契约规定了当事双方的权利义务，同时也把诚信作为法律行为基本准则之一，即根据“公平”“正义”“善意”的原则，表达意见人真实意图的行为准则。② 在一个契约合意下的人们由一个强有力的约束或连锁联结在一起。③ 契约对交易双方的权责做出了明确规定的同时，也对缔约者施加了一定的强制性规范，以法律效力勒令缔约者严格履行自己的责任和义务，进而规范交易双方的商业行为。古罗马法规定，善意和诚信是有效缔结契约的前提，具有故意欺诈的行为，或者是因不讲诚信而被法律认定为“不名誉”的人的行为，是无效的行为。④ 可见，在罗马法的体系中，诚信是作为契约的前提条件和核心要素而提出的，是契约的本质。失去诚信的根基，“诚信契约”“诚信诉讼”等一系列法律制度便不复存在。

（三）中世纪：诚信文化的宗教化

中世纪是基督教占统治地位的重要历史时期。基督教对欧洲中世纪的政治、法律、教育、哲学、科学、文学、艺术乃至全部文化都起着支配作用。⑤ 追根溯源，基督教由犹太教发展而来，沿袭了希伯来时期的文化和传统。基督教认为上帝为达到救赎人类的目的，与世人一再订立“契约”：《旧约》记载

---

① 亚里士多德．尼各马可伦理学[M]．廖申白，译．北京：商务印书馆，2003：142-145．

② 邹建平．诚信论[M]．天津：天津人民出版社，2005：17．

③ 梅因．古代法[M]．沈景一，译．北京：商务印书馆，1984：178．

④ 毛希彤．古罗马法中的诚信原则[J]．精神文明导刊，2011(9)：61．

⑤ 孟昭毅，曾艳兵．外国文化史[M]．北京：北京大学出版社，2008：121．

了上帝与希伯来人订立的“旧的盟约”,《新约》则记载了上帝借其爱子耶稣基督与世人订立的“新的盟约”。[①]作为基督教的经典,《旧约》和《新约》中可以见到多处人神立约的画面,例如上帝与诺亚、亚伯拉罕与亚比米勒立约等。在《旧约·出埃及记》中,耶和华就与以摩西为首的犹太人订立了“摩西十诫”,将“不可做假见证诬陷他人”作为基本的道德戒律。《圣经》强调神的圣洁与诚实,认为上帝就是一个诚实慈爱的对象,因此,教徒“要用心灵和诚实拜他”“做诚实无过的人”。《旧约》与《新约》中多处涉及基督教的“诚信”。《诗篇》中说:“凡遵守他的约和他法度的人,耶和华都以慈爱诚实待他。”《箴言》中则提到:“说谎言的嘴,为耶和华所憎恶;行事诚实的,为他所喜悦。”可见,在基督教的发展历史中,诚实守信一直是作为一种信仰所存在的。在承继犹太人重约守信的传统的基础上,中世纪的基督教将“信”“望”“爱”奉为基督教的三大主德,作为最基本的伦理要求。在基督徒的信仰实践中,上帝就是诚信守诺的象征,是值得信仰与侍奉的。而作为与上帝立约的“选民”,为获得救赎和恩赐,基督教徒必须追随上帝的旨意,时刻做到诚实无妄,心意虔诚。作为一种宗教伦理,这种与上帝“立约”的信仰中所蕴含的诚信文化在相当长的时间内渗透到西方人的生活样态之中,赋予了西方诚信文化深厚的宗教意蕴。

(四)近代:诚信文化的成熟

伴随资本主义的发展和市场经济的逐步完善,西方诚信文化趋于成熟,形成较为完整的体系。资本主义的早期阶段,诚信状况不容乐观。马克思认为:“只要商业资本是对不发达的共同体的产品交换起中介作用,商业利润就不仅表现为侵占和欺诈,而且大部分是从侵占和欺诈中产生的。”恶劣的社会环境之下,经济秩序的崩塌和市场规范的缺陷造成交易双方的利益损失。更严重的是,商品市场上的尔虞我诈和不当得利从根本上动摇了人与人之间基本的信任关系。随着市场经济体制的发展,人们开始意识到,为了重建社会的整体秩序,更为了保障个体的利益需要,“要寻找出一种结合的形式,使它能以全部共同的力量来卫护和保障每个结合者的人身和财富,并且由于这一结合而使每一个与全体相联合的个人又只不过是在服从本人,并且仍然像以前一样地自由”[②]。至此,社会契约开始以一种华丽的姿态

① 俞久洪.外国文化史[M].天津:天津社会科学院出版社,1997:51.

② 卢梭.社会契约论[M].何兆武,译.北京:商务印书馆,1980:23.

进入人们的经济生活领域。作为主体之间基于互利要求而自愿达成的协议,契约要求订约者在意见一致的基础上做出允诺,以此规范双方的权利与义务。契约的生效,要求以订约双方的忠诚守信为先决条件,缺乏诚信的基本前提和保证,契约就会成为毫无效力的一纸空文。在契约这一载体的参与下,诚信成为商品经济得以有序开展的基础条件,被纳入了经济伦理的范畴。

三、诚信文化的现代发展

作为人类优秀的历史文化遗产,诚信文化备受中西方社会的推崇。中国传统诚信思想具有浓厚的人学基础,主要从善良人性、理想人格、社会和谐秩序等方面阐述了诚信的道德本质。① 西方传统诚信文化具有扎实的经济根基,主要从商品经济、法律制度和宗教信仰等方面论述了诚信的契约精神。中国传统诚信文化推崇的是尚情无我的德行修养,西方传统诚信文化倡导的是一种权责分明、利益共享、风险共担的契约条款。中西方诚信文化有各自的特点,也各有优劣。作为一种历史范畴,诚信文化在不同的阶段承担不同的历史使命,呈现出不同的价值取向。现今,伴随社会结构、经济形态、伦理关系、价值观念等重大变化,诚信文化正实现着时代转型,既继承并吸收中西方传统诚信文化的精华,又赋予诚信文化以鲜明的时代精神。整体而言,现代诚信文化的转变体现在以下三个方面。

(一)从情感本位转向理性主导

传统社会是一种典型的"熟人社会"。社会关系主要依靠血缘、亲缘的纽带来维系,社会流动相对较小,活动空间和人际交往相对狭窄。这样的环境和生活模式造就了亲缘、友邻关系的相互依赖性。个体依从于家庭,而家庭附属于村落或社区。人与人之间由于生活交往的频繁而变得熟稔。更多的时候,人们以关系远近、熟悉程度、个人好恶作为一种衡量标准,以此判断他人是否可信,考虑自己是否做出允诺。在传统社会,诚信不是取决于实际的客观条件,而是发生于对一种行为的规矩熟悉到不假思索时的可靠性。②主观性、不稳定性是传统社会诚信的真实样貌和直观表现。在前现代背景下,基本信任被植于社区、亲缘纽带和友谊的个人化信任关系之中③,受制于

---

① 蒋璟萍.诚信的伦理学分析[M].长沙:中南大学出版社,2004:43.

② 费孝通.乡土中国[M].北京:北京大学出版社,2012:15.

③ 安东尼·吉登斯.现代性的后果[M].田禾,译.南京:译林出版社,2000:104.

人情关系、群体舆论的压力。社会生活愈发达，人和人之间的往来也愈繁重，单靠人情不易维持相互间权利和义务的平衡。[①]“熟人社会”逐渐为“陌生人社会”所取代，原先的血缘家族关系开始受到业缘关系的挑战。市场经济、民主政治、社会生活的繁荣使得人与人的交往日益紧密，人的活动空间得以拓展。现代社会是个陌生人组成的社会，由于这样或那样的需要，陌生人之间形成一定的联结，共同谋求利益和发展。脱离了传统社会的主观直觉，现代人在严重缺乏安全感的情况下更趋向保守，为保障自己的利益不受侵害，人们会选择一种更为审慎的交往方式。“陌生人社会”里，人与人的关系主要建立在理性判断的基础上。我们不再会仅仅因为风俗习惯的背后有古老的传统权威，就认为它们是可以接受的。相反，我们的生活方式越来越需要一种“理性化”的基础。[②] 在现代社会，人们主要依据对事实和信息的掌握，综合分析对方的信用状况，以此决定是否信任对方并予以承诺。在这里是冷静的考虑，不是感情，于是理性支配着人们的活动——这一切是现代社会的特性，也正是乡土社会所缺的。[③] 可见，现代社会的转型从根本上动摇了诚信文化赖以生存的根基，促使诚信文化由情感本位转向理性主导。

（二）从道德自律转向制度他律

传统诚信文化关注个体的道德自律和人格操守。在传统中国，作为道德准则的诚信更多地被看作是一种本体意义的道德哲学而非强制的法制规范。讲究诚信依靠的是自己内心的法则和信念，重视内在的道德修养。本质上，传统诚信是一种道德范畴，指向内心的道德品性。中国传统诚信文化重道义，强调一种高度的道德责任感，乃至“以天下为己任”。而在西方社会，诚信主要体现为一种契约文化。诚信借助契约的载体直接影响人们的经济交易、政治参与、宗教信仰等社会生活的方方面面，规定了个体的权利和义务。在签订契约时，各人有选择的自由，在契约进行中，一方面有信用；一方面有法律。[④] 作为契约的衍生产物和诚信的外部保障，法律制度表现为一种强制性的约束和规范。中西方的社会差异决定了文化侧重点的差别。中国传统诚信文化重道德自律，强调个人的道德良知和内在信念；西方传统

---

① 费孝通. 乡土中国[M]. 北京：北京大学出版社，2012：120.

② 安东尼·吉登斯. 社会学[M]. 赵旭东，齐心，王兵，等译. 北京：北京大学出版社，2003：57.

③ 费孝通. 乡土中国[M]. 北京：北京大学出版社，2012：122.

④ 费孝通. 乡土中国[M]. 北京：北京大学出版社，2012：122.

诚信文化重视契约精神，强调外部的制度保障。诚然，道德意义上的诚信根本上依赖于主体的自律，受制于个人内心的良知和操守。但随着历史的变迁，传统的自律伦理已不能完全适应现实的需要。道德自律固然是一种高层次的精神境界，是值得推崇的道德理想。但是，面对层出不穷的失信事件，企图以道义和良心的谴责规范现代社会的秩序却是非常无力的。因此，现代诚信文化在借鉴西方契约文化的前提下，开始由被动转向主动，将法律制度的建设作为重点，强化监督和制裁机制的他律作用。在现代社会，个体如果违背诚信的原则，不仅会遭受道德上的谴责，更将面临经济和法律的严厉制裁。

（三）从重义轻利转向义利兼顾

中国传统社会的诚信文化与牟利没有直接必然的联系，更多的是一种人生道德和政治伦理，体现为经世治国、为人处事的道德准则和伦理要求，其理想的色彩远远超过实用色彩。传统社会“家国同构”的宗法制度和政治格局使得个人依附于家庭、宗族、君主、国家而存在，家国是本位，而个体则是家庭和谐、政治安稳的附庸。宗法社会衍生出的诚信文化强调个体对家国的责任和义务，“忠孝”是基本的伦理要求，而个体的自由和权利遭受前所未有的压抑。同样地，在小农经济占据主导和重农抑商政策大力推行的情况下，商人的地位极其低下，商业被视作“末业”而遭到遏制和打压。商人追求利益的正当权利与“重义轻利”的主流文化相背离，深受诟病。古语“君子喻于义，小人喻于利”的表述正体现了当时社会主流道德的价值取向，个体对义利的取舍与社会对其人格的评价直接挂钩，重义轻利、舍生取义是备受推崇的人格品质，人伦道义成为安身立命的根本。在这样的背景下，传统诚信文化强调个体的道德义务，倾向于道义追求而排斥利益的参与。现代社会是商品经济社会，利益是一个难以回避的问题。究其实质，市场经济是以市场机制为基础和主导的配置社会资源的一种经济形态。在市场经济中，利益是不可或缺的要素，市场经济的结构单元以所追求的个体利益最大化为目标。有别于传统社会，个人对利益的谋求不再被视作道德的耻辱和人格低下的表现，而是作为个体享有的一种正当、合法的权利。现代社会的诚信文化是建立在市场经济正常运行的机制上，诚信规范的是经济主体间的行为。现代诚信文化强调义利兼顾，要求做到“君子爱财，取之有道”。诚信成为一种平衡的砝码，使得人在不损害他人和社会利益的前提下获取正当的利益，以满足自己的发展需要。

第二节 诚信文化的现实价值

我们走在马路上，要相信车子不会突然撞上你；我们坐在教室里，要相信天花板不会突然掉下来；我们打开水龙头，要相信流出来的不是毒水……如果没有基本的诚信，社会就无法生存和运转。正如德国社会学大师卢曼所说："在许多情况下，某人完全可以在某些方面选择是否给予信任。但是，若完全没有信任的话，他甚至会在次日早晨卧床不起。"[①]这就是说，一个充满着虚假、欺骗、毫无诚信的社会是不可能存在和运转的；即使存在和运转着这样一个社会，它也是黑白颠倒的。诚信社会的建设需要多方面的努力，作为专门教育机构的学校理应负起相应的责任。那么，进行小学校园诚信文化建设有什么价值？

一、追寻中国梦的必要条件

2013 年 3 月 23 日，习近平在莫斯科国际关系学院的演讲中，对中国梦做了如下诠释：实现中华民族的伟大复兴，是近代以来中国人民最伟大的梦想，其基本内涵是实现国家富强、民族振兴、人民幸福。[②] 中国梦的内涵可以分成社会、国家、公民三个层面。社会层面要倡导富强、民主、文明、和谐；国家层面要倡导自由、平等、公正、法治；公民层面要倡导爱国、敬业、诚信、友善。[③] 要实现中国梦，从价值观角度来说，不仅需要越来越富足的生活，更需要越来越诚信的品德。诚信是中华民族的传统美德，是立国之本、立身之本。我国现时代的诚信文化建设经历了下述四个阶段。

（一）萌芽期

1986 年，《中华人民共和国民法通则》颁布执行，诚实信用原则被法定为民事活动的基本原则。[④] 至今为止，民法界就诚信原则在民法中的地位、功

---

① 尼可拉斯·卢曼. 信任[M]. 瞿铁鹏，李强，译. 上海：上海人民出版社，2005：3.

② 新华网. 习近平在莫斯科国际关系学院的演讲（全文）[EB/OL].（2013-03-24）[2016-05-26]. http://news.xinhuanet.com/world/2013-03/24/c_124495576_5.htm.

③ 教育部中国特色社会主义理论体系研究中心. 深刻理解社会主义核心价值观的内涵和意义[N]. 人民日报，2013-05-22(7).

④ 全国人民代表大会. 中华人民共和国民法通则[EB/OL].（1986-04-12）[2016-06-26]. http://www.npc.gov.cn/wxzl/wxzl/2000-12/06/content_4470.htm.

能及其法律保障和完善措施等问题做了大量的研究。

1994 年,《中共中央关于进一步加强和改进学校德育工作的若干意见》站在历史的高度,以战略的眼光来认识新时期学校德育工作的重要性,指出现在和今后一二十年学校培养出来的学生,他们的思想道德和科学文化素质如何,直接关系到 21 世纪中国的面貌。①

1995 年,国家教委颁布的《中国普通高等学校德育大纲》中,将诚实守信作为德育目标的具体要求。②

1997 年,《关于进一步加强高等学校社会主义精神文明建设的若干意见》把思想道德建设摆到更加突出的位置,努力建设有利于人才培养的政治方向、价值观念、道德规范和文化环境,实现以爱国奉献精神、诚实守信职业道德和基础文明修养为主要内容的思想道德素质的显著提高。③

1999 年,《关于高等学校学习贯彻〈中共中央关于加强和改进思想政治工作的若干意见〉的通知》科学总结了新时期思想政治工作的经验,指出加强和改进思想政治工作的方向并提出具体要求和措施,是做好高等学校诚信教育的纲领性文件。④

2001 年,《公民道德建设实施纲要》针对社会的一些领域和一些地方道德失范,是非、善恶、美丑界限混淆,拜金主义、享乐主义、极端个人主义有所滋长,见利忘义、损公肥私行为时有发生,不讲信用、欺骗欺诈成为社会公害,以权谋私、腐化堕落现象严重存在等情况,首次将"明礼诚信"列为基本道德规范,将"诚实守信"作为职业道德的教育内容;"在全社会大力倡导""爱国守法、明礼诚信、团结友善、勤俭自强、敬业奉献"的基本道德规范。

2002 年 2 月,教育部发布《关于加强学术道德建设的若干意见》,将学术

---

① 国家教委. 关于学习贯彻《中共中央关于进一步加强和改进学校德育工作的若干意见》的通知[EB/OL]. (1994-09-19)[2016-06-27]. http://www. chinalawedu. com/falvfagui/fg22598/20076. shtml.

② 国家教委. 关于颁布试行《中国普通高等学校德育大纲》的通知[EB/OL]. (1995-11-23)[2016-06-27]. http://www. chinalawedu. com/falvfagui/fg22598/19422. shtml.

③ 中共国家教委党组. 关于进一步加强高等学校社会主义精神文明建设的若干意见[EB/OL]. (1997-09-25)[2016-06-27]. http://www. chinalawedu. com/falvfagui/fg22598/25897. shtml.

④ 教育部. 关于高等学校学习贯彻《中共中央关于加强和改进思想政治工作的若干意见》的通知[EB/OL]. (1999-09-26)[2016-06-27]. http://www. hbe. gov. cn/content. php? id=1281.

诚信整治提上议事日程，引导学生树立良好的学术道德，帮助学生养成恪守学术规范的习惯。①

这一阶段国家并没有出台诚信教育单独或专门的法律法规或相关的政策文件，而是把诚信原则融合在相关的法律文件和学校德育政策中，一般在民事活动和学校德育中强调诚信原则。

（二）形成期

2002 年，党的十六大报告中再次指出：社会主义思想道德建设的重点应放在诚实守信上，显示出诚信建设在构建新时期的道德秩序和社会秩序中的重要地位。②

2003 年 9 月，全国整规办、中宣部、中央文明办、司法部、教育部、全国总工会等六部门共同下发了《关于开展社会诚信宣传教育的工作意见》的文件，③旨在进一步提高全民诚信意识，形成诚实守信的社会风尚，加快社会信用体系建设。

2003 年，《中共中央关于完善社会主义市场经济体制若干问题的决定》"建立健全社会信用体系。形成以道德为支撑、产权为基础、法律为保障的社会信用制度，是建设现代市场体系的必要条件，也是规范市场经济秩序的治本之策。增强全社会的信用意识，政府、企事业单位和个人都要把诚实守信作为基本行为准则。按照完善法规、特许经营、商业运作、专业服务的方向，加快建设企业和个人信用服务体系。建立信用监督和失信惩戒制度。逐步开放信用服务市场"④。

2004 年 3 月，劳动和社会保障部办公厅印发《诚信教育大纲（试行）》⑤，

---

① 教育部．关于加强学术道德建设的若干意见[EB/OL]．(2002-02-27)[2016-06-27]．http://www.moe.edu.cn/publicfiles/business/htmlfiles/moe/moe_25/200407/943.html.

② 新华社．江泽民同志在党的十六大上所作报告全文[EB/OL]．(2002-11-17)[2016-06-27]．http://news.xinhuanet.com/newscenter/2002-11/17/content_632235.htm.

③ 全国整顿和规范市场经济秩序领导小组办公室，中共中央宣传部，中央精神文明建设指导委员会办公室，司法部，教育部，中华全国总工会．六部门发《关于开展社会诚信宣传教育的工作意见》[EB/OL]．(2003-09-24)[2016-06-27]．http://www.people.com.cn/GB/guandian/8213/8309/28296/2131460.html.

④ 新华社．中共中央关于完善社会主义市场经济体制若干问题的决定[EB/OL]．(2008-08-13)[2016-06-27]．http://www.gov.cn/test/2008-08/13/content_1071062.htm.

⑤ 劳动和社会保障部办公厅．诚信教育大纲（试行）[EB/OL]．(2004-03-15)[2016-06-27]．http://www.chinalawedu.com/news/1200/23051/23052/23058/23075/2006/3/li1502173535101360029916-0.htm.

增强即将走出社会的大学生诚实守信、合法经营的意识，为社会主义市场经济的发展提供了精神保障。

这个时期出台了相应的关于诚信社会建设的政策法规，但还没有专门的关于在学校中进行诚信教育的相关法律法规。

（三）发展期

2004 年，《中共中央国务院关于进一步加强和改进大学生思想政治教育的意见》深刻分析了我国大学生思想政治教育面临的形势和任务，全面阐述了加强和改进大学生诚信教育的指导思想、基本原则、基本要求、主要途径和方法，具有很强的针对性、指导性和操作性，培养“具有高尚思想品质和良好道德修养的建设者和接班人”[①]，是新时期提高大学生诚信品德、促进大学生全面发展的纲领性文件。

2004 年 2 月 26 日，中共中央国务院以中发〔2004〕8 号印发《关于进一步加强和改进未成年人思想道德建设的若干意见》大力普及“爱国守法、明礼诚信、团结友善、勤俭自强、敬业奉献”的基本道德规范[②]，积极倡导集体主义精神和社会主义人道主义精神，引导广大未成年人牢固树立心中有祖国、心中有集体、心中有他人的意识，懂得为人做事的基本道理，具备文明生活的基本素养，学会处理人与人、人与社会、人与自然等基本关系。

同年 3 月 22 日，教育部办公厅下发了《关于进一步加强中小学诚信教育的通知》，提出要“充分认识诚信教育是摆在我们面前的一项重要任务，必须作为学校工作的一件大事，认真抓紧抓好”[③]。诚信连续被国家作为基本道德法则并以明文规定，可见诚信的重要性。

2005 年，教育部出台《关于整体规划大中小学德育体系的意见》将“加强

① 中共中央国务院. 关于进一步加强和改进未成年人思想道德建设的若干意见[EB/OL].（2004-02-26）[2016-05-30]. http://www.edu.cn/de_yu_777/20120209/t20120209_739012.shtml.

② 中共中央国务院. 关于进一步加强和改进未成年人思想道德建设的若干意见[EB/OL].（2012-04-26）[2016-06-27]. http://www.edu.cn/de_yu_777/20120209/t20120209_739012.shtml.

③ 教育部办公厅. 关于进一步加强中小学诚信教育的通知[EB/OL].（2004-03-25）[2016-05-30]. http://www.moe.edu.cn/publicfiles/business/htmlfiles/moe/s3325/201001/81949.html.

法制和诚信教育”[①]列为小学德育的重要内容。

2006 年 3 月 4 日，胡锦涛总书记在看望出席全国政协十届四次会议的委员时，发表了关于树立社会主义荣辱观的重要讲话，强调“要引导广大干部群众特别是青少年树立社会主义荣辱观”，其中明确提出了“以诚实守信为荣”[②]，推动了学校诚信教育制度的专门化、多元化和全面发展。

2010 年《国家中长期教育改革和发展规划(2010—2020 年)》的核心思想是育人为本[③]，强调重点培养广大学生的行为规则、道德规范和价值体系。坚持德育为先，立德树人，把社会主义核心价值体系融入国民教育全过程；加强社会主义荣辱观教育，培养学生团结互助、诚实守信、艰苦奋斗、遵纪守法的良好品质。

这个时期颁布了涉及大中小学各个层面的诚信教育政策法规，突出了在学校中开展诚信教育的重要性与具体的操作原则。

(四)深化期

2011 年，党的十七届六中全会审议通过了《中共中央关于深化文化体制改革 推动社会主义文化大发展大繁荣若干重大问题的决定》(以下简称《决定》)，提出“一些领域道德失范，诚信缺失”，要“把诚信建设摆在突出位置”，要求“在全社会广泛形成守信光荣、失信可耻的氛围”。[④]《决定》将诚信作为一种文化，指出解决诚信危机不能单靠法律制度，更要生成诚信的道德氛围和道德文化。

2012 年，胡锦涛在中国共产党第十八次全国代表大会上的报告也指出

---

① 教育部. 关于整体规划大中小学德育体系的意见[EB/OL]. (2005-05-11)[2016-06-27]. http://politics.people.com.cn/GB/1027/3380422.html.

② 新华社. 胡锦涛等领导人分别看望政协委员并参加讨论 提出关于“八个为荣、八个为耻”的重要论述[EB/OL]. (2006-03-05)[2016-06-27]. http://politics.people.com.cn/GB/1024/4165047.html.

③ 国家中长期教育改革和发展规划纲要工作小组办公室. 国家中长期教育改革和发展规划纲要(2010—2020 年)[EB/OL]. (2010-03-01)[2016-06-27]. http://www.china.com.cn/policy/txt/2010-03/01/content_19492625_3.htm.

④ 新华社. 中共中央关于深化文化体制改革 推动社会主义文化大发展大繁荣若干重大问题的决定[EB/OL]. (2011-10-26)[2016-06-27]. http://cpc.people.com.cn/GB/64093/64094/16018057.html.

“一些领域道德失范，诚信缺失”，要求“加强诚信建设”。①

2013 年 11 月 12 日，中国共产党第十八届中央委员会《中共中央关于全面深化改革若干重大问题的决定》指出，“坚持综合治理，强化道德约束，规范社会行为，调节利益关系，协调社会关系，解决社会问题”“深化教育领域综合改革。全面贯彻党的教育方针，坚持立德树人，加强社会主义核心价值体系教育，完善中华优秀传统文化教育”。②

2014 年，教育部关于印发《完善中华优秀传统文化教育指导纲要》的通知指出，“开展以正心笃志、崇德弘毅为重点的人格修养教育”“培养青少年学生做知荣辱、守诚信、敢创新的中国人”“深入挖掘和阐发中华优秀传统文化讲仁爱、重民本、守诚信、崇正义、尚和合、求大同的时代价值”。③

2014 年 6 月 14 日，国务院关于印发《社会信用体系建设规划纲要(2014—2020 年)》的通知指出，“以信用信息合规应用和信用服务体系为支撑，以树立诚信文化理念、弘扬诚信传统美德为内在要求，以守信激励和失信约束为奖惩机制，目的是提高全社会的诚信意识和信用水平。”“各行业积极开展诚信宣传教育和诚信自律活动。”“社会诚信意识和信用水平偏低，履约践诺、诚实守信的社会氛围尚未形成，重特大生产安全事故、食品药品安全事件时有发生，商业欺诈、制假售假、偷逃骗税、虚报冒领、学术不端等现象屡禁不止，政务诚信度、司法公信度离人民群众的期待还有一定差距等。”“加强教师和科研人员诚信教育。开展教师诚信承诺活动，自觉接受广大学生、家长和社会各界的监督。发挥教师诚信执教、为人师表的影响作用。加强学生诚信教育，培养诚实守信良好习惯，为提高全民族诚信素质奠定基础。”“诚信教育与诚信文化建设是引领社会成员诚信自律、提升社会成员道德素养的重要途径，是社会主义核心价值体系建设的重要内容。”“在各级各类教育和培训中进一步充实诚信教育内容。”“弘扬诚信文化”“树立诚信典型”“深入开展诚信主题活动”“以建设社会主义核心价值体系、培育和践行社会主义核心价值观为根本，将诚信教育贯穿公民道德建设和精神文明创

---

① 新华社.胡锦涛在中国共产党第十八次全国代表大会上的报告[EB/OL].(2012-11-17)[2016-06-27]. http://news.xinhuanet.com/18cpcnc/2012-11/17/c_113711665.htm.

② 新华社.中共中央关于全面深化改革若干重大问题的决定[EB/OL].(2013-11-15)[2016-06-27]. http://news.xinhuanet.com/politics/2013-11/15/c_118164235.htm.

③ 教育部.完善中华优秀传统文化教育指导纲要[EB/OL].(2014-03-26)[2016-06-27]. http://www.moe.edu.cn/publicfiles/business/htmlfiles/moe/s7061/201404/166543.html.

建全过程”“在各级各类教育和培训中进一步充实诚信教育内容”。[①]

这个时期，党和国家将诚信提升到文化建设的高度，强调将诚信作为一种文化来建设，并将其作为一项基本国策。

从上述政策的演变可以发现：我国对诚信以及诚信教育呈现出越来越重视的态势。党和政府越来越重视诚信文化的建设，失信治理和诚信建设已一步一步提上党和国家的议事日程，进而将诚信作为一项基本国策。可见，党和政府已经将诚信社会的建设与社会主义核心价值观结为一体，将其视为实现中国梦的精神支柱。

二、建设诚信社会的精神支柱

《中国社会心态研究报告(2012—2013)》指出：“目前中国社会的总体信任进一步下降，已经跌破 60 分的信任底线。人际不信任进一步扩大，只有不到一半的被调查者认为社会上大多数人可信，只有两到三成信任陌生人。”[②]目前，由于多方面因素的影响，社会诚信出现危机，在社会生活的各个领域出现了不同程度的诚信问题。下面从政府层面、企业层面和个人层面三个维度描述我国的诚信问题。

(一)政府层面

我国古代就很看重诚信对于国家政权稳定的重要作用。晋文公曰：“信，国之宝也，民之所庇也”(《春秋谷梁传・僖公二十五年》)，明确地指出信德对于国家稳定和庇佑民众的宝贵作用。政府诚信是指政府对法定权利和职责的履行所达到的状态，表明政府在自身能力限度内的“践约”状态[③]，是名与实、言与行、“信民”与“民信”的一致。

1. 政府诚信的意义

政府诚信关系到政府能否取得人民的信任、政府统治能否长期维持下去、政府的存在是否具有合法性。其意义主要体现在以下几个方面。

---

① 国务院. 关于印发社会信用体系建设规划纲要(2014—2020 年)的通知[EB/OL]. (2014-06-14) [2016-06-27]. http://www.gov.cn/zhengce/content/2014-06/27/content_8913.htm.

② 中国社会科学院社会学研究所. 社会心态蓝皮书[EB/OL]. (2014-10-27)[2016-06-27]. http://baike.baidu.com/link?url=p3qpB_wRbXG2NgZ9NNfRrgICHEuhlG192UhrEucLhHkrKY3Vv_LiINYJBYPwDTUjlOKMZ8_Vzh0cJ_dOBYlb0.

③ 邹东升. 政府诚信缺失与重建探究[J]. 重庆大学学报(社会科学版)，2004(3)：44-47.

(1)政府诚信是建立和完善社会诚信体系的基石。“以法为教,以吏为师”是我国古代法家的教育主张,政府的一言一行都是老百姓学习的榜样,是民众的道德标杆。一方面,政府诚信对其他社会诚信起着示范和促进的作用。这无疑为企业、商业和个人的诚信树立了榜样。另一方面,政府作为社会规则的主要制定者和监督管理者,是诚信环境最重要的建设者和保障力量,政府的诚信行为可以对其他社会主体的行为进行引导和规范。政府通过自身诚信,引导和规范社会各个阶层克服诚信的狭隘和局限,使整个社会诚信体系和谐统一。

(2)政府诚信是社会主义市场经济体制良好运行的重要保证。市场经济把法治和信用紧密连接到一起,市场经济是法治经济,本质是诚信经济。要保证市场经济中公正原则和效率原则得以确立,保证市场竞争能达到优胜劣汰的效果,就必须要有强有力的制度作为保证。政府是市场经济制度规则的主要提供者和监督执行者。政府能否提供符合市场经济规律、值得信赖的、稳定的、透明化的规则,并且保证其调整功能的实现,直接关系到市场经济能否有序健康发展。

(3)政府诚信是政府效率的基础。古人云:“其身正,不令而行,其身不正,虽令不从。”政府在公众心目中信用强弱与制度、政策的实施效果成正比。政府诚信,其制定的制度和政策更易被公众所认可和遵守,有利于发挥政府的作用,实现政令畅通、上达下行。

(4)政府诚信是塑造良好政府形象,提升政府“魅力”的关键。当今社会出现了一些政府官员越轨现象,如“薄熙来案件”等各种失职渎职行为,对政府形象造成了很大损害,使得公众对政府的信任度降低。公众对政府权力的认同和服从并不取决于政府拥有巨大的权力,而是政府所具有的魅力形成的权威。由此可见,政府良好的形象和魅力无疑会带来并引导整个社会道德的提升。

2.政府诚信缺失的表现

政府的不诚信行为,得不到及时的遏制和惩处,就会产生负强化、模仿和扩张效应,这不仅使政府的行为失信程度越加严重,而且对整个社会风气都会带来严重的腐化作用。当前我国政府存在着不同程度的诚信缺失现象,具体表现为以下几个方面。

数字造假,诚信意识淡薄。政府诚信,是一种负责的执政观念,也是各级政府的为政之道、执政之基、力量之源。现今,仍有地方政府诚信意识淡薄,弄虚作假、欺上瞒下,只顾搞劳民伤财的“面子工程”,例如要求马路旁边的所有房子的屋顶必须刷成同样的颜色；统计数字仍作为政绩考核的一项重要指标，受利益驱使，产生了令人难以置信的水分数字；上级下达到基层政府的任务，有的不切实际，为完成任务而层层加码、造假、虚报数字。

政策措施，朝令夕改。我国公务员因为转岗或提升，调动较为频繁，有些担任领导职务的公务员工作变动后，不理旧事。① 为追求任期内的政绩，不少政府领导急功近利、随意多变，追求立竿见影的项目。这些都严重影响政府的信誉和公众形象。公共政策的制定，既要兼顾眼前利益，又要考虑长远利益，要有明确的预见性。

政策信息不公开，暗箱操作。有些地方政府的工作透明度不够，习惯暗箱操作，决策失误，而这些明显失误又往往以“交学费”说法而一笔带过。尤其对于一些与广大民众切身利益相关的问题，政策信息不公开，决策过程过于简单，没有征询民意，缺乏科学、民主，出现以权谋私的违法违纪的做法，是失去民心的重要因素。

利益驱动，地方保护主义泛滥。政府部门应该是大公无私地代表公共利益的组织。但事实上，一些地方政府为了本地区局部利益，无视市场规则，实行地方保护。例如，禁止外地产品进入本地市场，保护本地企业的市场垄断地位；不切实认真地整顿市场秩序，甚至为本地企业的制假贩假行为充当保护伞；一些国有企业目无法纪地恶意逃避银行债务，其背后往往是地方主管部门在撑腰。各级政府利用其权力对本地区的企业实施的保护，不单保护落后，危害经济的发展，而且也有损公正，损害地方政府的信誉。

腐败严重，官员以权谋私。一个地方如果腐败盛行，政府的信誉一定不好；反之，政府无信也与腐败有关。随着我国经济的高速发展和改革开放的不断深入，一些政府官员以权谋私等腐败现象也逐渐滋生起来。与民争利、受贿索贿、滥用职权、失职渎职、徇私枉法、吃拿卡要，还有不少执法部门和机构，为利益将执法活动作为创收手段，知法犯法、以罚代刑、以罚代管。

监督不力，政府公信力下降。假冒伪劣产品、欠债赖账、假文凭、学术腐败等失信行为像腐蚀剂一样摧毁着人与人之间的信任。对于这种失信状况的监督和管理，政府理当义不容辞。事实上是，地方政府没能开展有效的监管，没能及时惩处失信行为，奖励守信行为，甚至有些地方政府默许失信行为。这对整个社会信用产生不良影响，政府自身的形象和公信力也大打折扣。

---

① 史瑞杰，魏胤亭，等. 诚信导论[M]. 北京：经济科学出版社，2009：162.

(二)企业层面

诚信是商道之本,是与市场经济直接相联系的道德原则。亚当·斯密的《道德情操论》中,以一个骄傲而冷酷的地主不得不将他广袤土地上所收获的粮食分配给他的厨师、园丁、建筑工、工匠等人的例子说明了市场这只"看不见的手"的重要性。[①] 作为市场主体的企业,除了追求利润最大化之外,还应该是一个能够主动承担起社会责任,并具有良好道德声誉的经济实体。历史和现实表明,商品经济越发达,对诚实守信的要求就越高。没有信用,就没有持续;没有信用,就没有交换、没有市场,经济活动就难以正常运行。从经济学角度来看,企业就是最基本的经济单位,企业诚信是市场经济健康有序发展的内在要求,是现代企业的生命线。所谓企业诚信,就是企业在整个社会活动中以自身作为载体,将诚信理念上升到原则上,通过提高自身诚信修养,强化自身道德约束,履行契约和承诺来塑造自身的信誉,将已形成的内外素质和形象贯彻到企业各类活动中,促使企业的生命力更长久。[②] 但由于种种原因,我国企业诚信状况并不容乐观,具体表现在下述几个方面。

1.欠债现象严重

在资金借贷领域,企业恶性逃废银行债务的现象严重。20 世纪 80 年代中期,企业资金由财政拨款转为银企贷款,为了保持经济增长,银行不得不为企业输血,企业缺资金就理直气壮地向银行要。企业把对资金的需求建立在对银行的依赖上,敢借、敢花、敢不还,一些企业故意拖欠贷款的现象屡屡发生。到 2000 年年底,在四大国有商业银行开户的 62656 家改制企业中,有 32140 家有逃废债务的行为,占总数的 51.29%,共逃废银行贷款本息 1851 亿元,占贷款本息总额的 31.96%,且做假账和搞两本账的财务失真现象较为普遍。[③]

企业之间欠债的现象也尤为严重。"买卖付款,欠债还钱",本是古今中外天经地义的道理,可在我国经济生活中却行不通。一些企业有能力按期偿还债务,却故意拖欠不还,能赖则赖,能逃则逃。买了货物却以种种借口不肯付款,欠债人要么没钱,要么就是有钱也不还。这些都严重困扰着许多

---

① 亚当·斯密.道德情操论[M].蒋自强,钦北愚,朱钟棣,等译.北京:商务印书馆,1997:230.

② 姚春阳.和谐社会视角下企业诚信问题研究[D].郑州:河南农业大学,2013.

③ 王良.社会诚信论[M].北京:中共中央党校出版社,2003:118.

企业的生存和发展，破坏了企业交易信用和正常的社会经济秩序。人大代表李祖伟曾说，“赖账”已经成为市场运作中的普遍现象。据估计，全国由于“赖账”造成的债务已高达万亿元以上。由于经常被“赖账”，企业增加的财务费用一年达亿元，增加了企业成本。[①] 这种行为不仅阻碍了企业健康有序的发展，还严重影响了我国市场经济的顺利运行发展。

2. 合同违约及欺诈屡禁不绝

目前，在经济活动中，各种企业欺诈行为层出不穷，在某些地区和领域出现了高发势头。《合同法》规定，合同订立后“当事人应当按照约定全面履行自己的义务”，然而诸多企业忽视合同，不具备契约精神，视合同为儿戏。据统计，我国每年签订合同约 40 亿份，但是履约率不到 50%。[②] 同时，违法犯罪分子通过设置陷阱、伪造证件、坑蒙拐骗、以假乱真等手段签订合同，误导或欺骗消费者、投资者和经营者。损害企业及公民的合法权益，危及社会稳定和经济发展。

3. 虚假经营

当前，我国市场经济中最严重的问题就是假冒伪劣商品泛滥。假冒伪劣商品已涉及食品、药品、日用品、烟酒、电器设备、农资产品等，制售假冒伪劣商品的行为不仅严重危害了人民群众的身心健康，更成为威胁社会安定的一大隐患。国家质检总局曾对室内加热器电子商务产品质量进行国家监督专项抽查，共抽查了 17 家企业生产的 23 批次产品，不合格产品检出率为 30.4%。[③] 此外，企业发布虚假广告、披露虚假信息、提供造假材料等行为，不仅有损企业信誉形象，同时给国家经济造成巨大损失。

（三）个人层面

社会学家费孝通先生曾谈到乡土社会是从熟悉得到信任，“乡土社会的信用并不是对契约的重视，而是发生于对一种行为的规矩熟悉到不假思索的可靠性”[④]。在熟人社会中，“闲言碎语”的传播速度相当之快，不守信的行

---

① 李华娟. 企业诚信问题研究[D]. 武汉：武汉理工大学，2005.

② 李蓓. 我国私营企业诚信问题研究[J]. 北京工商大学学报(社会科学版)，2005(2)：49-53.

③ 国家质量监督检验检疫总局. 国家质检总局公布室内加热器电子商务产品抽查结果：不合格产品检出率为 30.4%[EB/OL]. (2014-12-04)[2016-06-27]. http://www.chinatt315.org.cn/bgtai/2014-12/4/13078.aspx.

④ 费孝通. 乡土中国[M]. 北京：北京大学出版社，1988：10.

为能及时被人发现并在一定范围内广为人知。一个人一旦被列为不受他人信任的人，他将处于一种相当尴尬的境地：留也不是，走也不是。如留，坏名声将使他被本地公众所唾弃；如走，作为异乡人又难以得到外地人的信任。对于个人而言，一次背信就可能永远被逐出群体、逐出社会，这样巨大的背信成本是难以承受的。

诚信是个人的立身之本、交友之道。正如费孝通先生所说，在个人的人际交往圈中，诚信是各项活动能否进行下去的根本。诚信是个人的做人之本。

由此可见，个人诚信是个体的自身素质和行为准则，是在个体从事政治行为、经济行为及其他与职业和生活相关的行为中体现出来的。① 它包括两个方面含义：一是个人行为处事的道德修养；二是个人的资产信用，也就是个人在参与经济活动中与其他经济主体的履约情况。

1. 个人诚信的意义

古语有说："人无信不立。"自古以来，做人的基本根基就是诚信。这一点在古罗马王国制定的法律当中也体现得淋漓尽致，属于人的法律属性这一部分。在罗马法中，评价个体人格好与坏的一项最重要的指标便是他的诚信度。这也是判断他是否拥有在古罗马社会中的合法资格和地位的重要指标。孟子亦云："生，亦我所欲也，义，亦我所欲也，二者不可得兼，舍生而取义者也。"(《孟子·告子上》)唯有追求道义才能显示出人之为人的尊严和价值，人伦道义才是个人安身立命的根本。中共中央 2001 年发布的《公民道德建设实施纲要》，把公民基本道德规范概括为"爱国守法、明礼诚信、团结友善、勤俭自强、敬业奉献"②，其中"明礼诚信"在这五条道德规范中有着重要作用，因此，加强个人诚信教育和道德养成就有了深远的历史和现实意义。

(1)诚信是个人立身处世的基本原则

人无信则无以立足，行事则无以通达；人有信则可以立足，行事则可以通达。《左传·成公十七年》中说："人所以立，信、知、勇也。"孔子也说："人而无信，不知其可。"《孟子·离娄上》中把诚信看为做人应走的正道，"思诚者"为"人之道"。"言必信，行必果"，墨子强调做人要言而有信，言出必行。

---

① 陈平. 新中国诚信变迁[M]. 广州：中山大学出版社，2010：14.

② 新华社.《公民道德建设实施纲要》颁布(附全文)[EB/OL]. (2001-10-25)[2016-06-22]. http://www.china.com.cn/policy/txt/2001-10/25/content_5069881.htm.

这些都说明，人如果无信，则不能在社会上立足。

(2)诚信是家庭和睦的基本条件

中国传统观认为，若要家庭和睦稳定，夫妻、子女之间就要恪守诚信，诚信是家庭关系的“试金石”。“天地合，而后万物兴焉。夫昏礼，万世之始也。取于异姓，所以附远厚别也。币必诚，辞无不腆。告之以直信。信，事人也。信，妇德也。”《礼记·郊特牲》就是说，男女结为夫妻，犹如天地合而万物生那样神圣，隆重的婚礼是夫妻情感生活的开端，双方要诚意对待。如不讲诚信，则家庭不和睦。诚信也可以避免家庭冲突的发生，同样，家庭矛盾的解决也需要诚信。

(3)诚信是交友的基本原则

孟子“五伦”中的“朋友有信”，说明了交友诚信的重要性。人际交往必须立足于诚信，讲诚实，守信用，只有这样朋友才会信任你，双方的关系才能长久维持。

(4)诚信是事业兴旺的重要保证

“君子爱财，取之有道。”谋取正当利益是无可厚非的，然而人不能靠坑蒙拐骗等邪门歪道来谋取利益。孔子曾说：“不义而富且贵，于我如浮云。”管子也说：“非诚贾不得食于贾。”

由此可见，诚信自古就受人追捧，是人们做人、成家、立业的基本准则。

2.个人诚信缺失的表现

个人诚信缺失是指在正常的社会生活中，诚信行为本身应该是社会行为个体对自身有所要求的价值行为。但是诚信的缺失则意味着诚信在社会生活的作用出现了失灵的现象，具体则表现为社会个体之间的相互不信任以及所出现的危机方面。① 诚信缺失体现在以下几点。

(1)假文凭、假学历及各种假证件泛滥，音像盗版猖獗

改革开放以来，随着对高素质人才需求的日益增加，很多人为了求职、升迁的需要，或冒险涂改、伪造自己的学历档案，或不惜花重金从不法分子手中购买假文凭、假学历，这类现象仅从大街小巷随处可见的办证小广告就可窥一斑。

(2)各种恶意欠费现象严重

车贷房贷“老赖”剧增。近年来，贷款买房、买车已成为越来越多人的消费方式，但也随之产生了一些不良问题，特别是一些贷款者不讲诚信，拒不

---

① 曲珊珊.论中国社会转型期的诚信缺失与构建[D].太原：太原理工大学，2013.

履行到期还贷义务，成为欠贷不还的“老赖”。此外，恶意拖欠手机费、暖气费等行为，信用卡恶意透支行为，亦普遍存在。伴随手机在我国的普及，各种利用手机恶意欠费现象层出不穷，令电信部门损失惨重。同时，近年来供暖费欠缴问题也日趋严重。还有，大学生恶意拖欠助学贷款，富人恶意偷税逃税现象严重。例如，天津的南开大学和天津大学，据某大型国有银行南开支行相关负责人透露，2016 年上半年该支行的零售贷款不良率为 0.74%，相比之下，其教育助学贷款不良率为 4.01%，高出整体零售贷款不良率 4 倍多。① 近年来，偷逃个人所得税已成为中国社会的一大“癌症”。据媒体披露，刘晓庆创办的晓庆文化艺术有限责任公司自 1996 年以来采取不列或少列收入、多列支出、虚假申报等手段偷税漏税多达 1500 万元。②

(3)学生失信行为日渐增多，大学生考试作弊较普遍

无论是在学校的教学楼里、学生宿舍，甚至公开的告示板、广告栏，贩卖四、六级英语考试答案的广告随处可见，考前、考中贩卖答案现象异常猖獗。有调查得知，考中答案的相对正确率 A 卷为 70%、B 卷则高达 82%。作弊手段之先进、作弊信息之公开、作弊答案正确率之高、涉案人数之多，都令人瞠目结舌。

(4)学术腐败逐渐显现，科技作假现象严重

由于目前社会上在评职称、涨工资等方面对于学术论文都有一定的要求，所以很多人就不顾欺世盗名之险，剽窃他人成果，败坏了学术风气，影响极其恶劣。同时也有很多学者或为了追名逐利，或禁不住金钱的诱惑，帮助企业将一些不成熟、不实用的技术或者伪科学、伪技术应用于产品中，不惜科技作假。例如 2008 年湖南平江华南虎录像造假事件。

(5)“杀熟”现象日益严重

“杀熟”，又称“斩熟”“宰熟”“坑熟”，非常形象地道出了许多人在社会生活中欺骗、欺诈熟人的行为。由于中国传统诚信主要是“熟人诚信”和“人格信任”，因此，一旦“杀熟”现象严重，就标志着社会信任度降到了最低点，我们的社会丧失了最基本的信任，其结果必然会造成人人自危，人们之间无信任可言。

---

① 姜明，姜书范. 助学贷款违约率居高不下 存大学生恶意欠款现象[EB/OL]. (2014-10-17)[2016-06-29]. http://edu.people.com.cn/BIG5/n/2014/1017/c1053-25854084.html.

② 盘点娱乐圈那些涉嫌偷税漏税的十大明星[EB/OL]. (2013-07-01)[2016-06-27]. http://www.kuaiji.com/news/1422801.

在绝大多数人的身上，之所以在关键时刻采取不诚信的行为，是人性中的趋利避害的本性驱使，但在他们的思想意识中还是认同诚信的。如果没有一个可以约束人类行为的规则或者是法律出现的话，碰到利益抉择的时候，首先会选择的是自身的利益满足。在这之后，才会选择做一个诚信的人。但如果出现新的利益驱动或者是自身的原有利益受到了损害时，他们心中固有的诚信的准则就不复存在。虽然知道这样做对自身的长远发展是没有任何好处的，但从眼前利益考虑的话，还是会不由自主地采取不诚信的处事方法。

三、促进小学生健康成长

诚信是人类社会共有的一项根本性道德原则和行为准则，是我国自古以来尊奉的道德原则和立身治国之本，也是当前我国社会政治、经济、文化、司法、教育等活动中的一条重要原则。诚信是小学生的立身之本，小学是每个人培养诚信品质的最佳时期，加强对小学生的诚信教育满足小学生全面发展、健康成长的需要。

(一)诚信——做人的根本

诚信作为中华民族的传统美德，是做人的道德准则，是人之为人的根本依据。诚信也是孕育其他品德的基础，是思想品行的核心内容。一个人讲不讲诚信，关系到他做人是不是合格。《左传・成公十七年》中提到："人所以立，信、知、勇也。"北宋王安石也曾断言："人无信不立。"意思都是一个人不讲诚信就无法立足于家庭、学校和社会，而之所以能够立足，也缺少不了诚信这一要素。这里的"信"即诚信的品德，摆在了第一位。可见，诚信是立身做人的首要条件。《论语・为政》对不讲诚信的人表达了这样的忧虑："人而无信，不知其可也。大车无輗，小车无軏，其何以行之哉?"意思是，如果一个人没有诚信，不知道怎么做人，这就像大车没有輗小车没有軏一样，如何能够行得通呢？这里面的輗和軏都是车上的关键部位，缺之车子没法行走。很显然，孔子将诚信作为人格的重要担保来看待。南宋理学家朱熹也曾说过类似孔子的言语："凡人所以立身行己，应事接物，莫大于诚敬。"这就要求人们在社会生活中，无论在思想上还是行动上，都应以诚信准则要求自己，从而达到真实的人性，完善人格，成为真正意义上的人。

既如此，讲诚信就需要从小做起，半点不能马虎。曾子杀猪教子的故事就是一个典范。曾子是个非常诚实守信的人。有一次曾子的妻子要去赶集，孩子也闹着要去。他的妻子为了让孩子不要去就哄孩子说赶集回来杀猪吃。等到她赶集回来，看到曾子正要杀猪，连忙上前阻止，认为先前的话语是哄孩子的，不可当真。曾子答道，孩子小的时候不懂事，需要向父母学习，若是父母都在哄骗他，就是在教孩子骗人，今后孩子也不会再相信父母了。最后曾子就把猪杀了。有人会觉得曾子犯傻，认为你跟小孩子不必当真。可曾子却如此认真。事实上，曾子这样做自有其理：一方面认为讲诚信是时时处处的事，在细微处谨慎造就个人诚信品质；另一方面，从小教孩子讲诚信，父母也起到良好的榜样作用，能培养孩子讲信用的品德。

诚信是最基本的人格修养，是一个人在社会立足的基本品格。“诚信是小学生道德发展的基本品行和基本要求。要做一个新世纪合格的公民，要做一个对社会有所贡献的人，必须是一个诚恳、诚实、守信的人。”[①]小学生的诚信也是其学习进步，德智体美劳全面发展的基础。只有广大小学生养成诚实守信的道德情操，才能把更多的精力投入学习和创新中来，促进德智体美劳全面发展，将来走向社会才能认真履行其岗位职责，完成与社会的约定。

诚信是小学生的立身之本，是他们走向社会的敲门砖，在小学阶段形成的诚信将会影响小学生以后的学习、生活、工作。很难设想一个欺诈他人、言而无信的孩子会发展成为灵魂高尚的人。小学生作为富有朝气和创造力的优秀群体，历来被视为祖国的希望和未来，责无旁贷地成为建设和谐社会的主力军，他们的诚信品行与祖国在新世纪的前进步伐紧密相连，事关祖国事业发展成败。

(二)小学——诚信品行养成的最佳时期

俗话说：“三岁看到老。”无数事实证明一个人品行的好坏是从小养成的，人走向善是从诚信开始的。诚信是真，真是诚信的基础，人只有守住诚信二字，其他美德才有生长的土壤。

小学生一般是 6～12 岁的儿童，他们正处于人生发展的基础阶段。小学阶段，尤其是小学低年级是养成良好品德行为习惯的关键时期。事实证明，在小学阶段开展诚信教育能够取得事半功倍的效果。这是由小学生的认知特点、道德发展特点和学习特点所决定的。

1. 小学生的认知特点

2013 年 6 月份，调研小组采用问卷调查法对浙江省杭州、嘉兴、湖州、宁

---

① 楼黎社. 诚信校园建设的理论与实践[M]. 杭州：浙江大学出版社，2008：45.

波、金华、绍兴、温州、衢州、舟山、台州、丽水共 11 个地区的城市和农村小学各个年级小学生的诚信状况进行调查，分析了小学生诚信认知状况。在回答多项选择题“你认为小学校园中的诚信应该包括哪些方面”时，有 73.8% 选择“在学习上务实踏实、考试不作弊”，68.2% 选择“在生活上待人真诚，说到做到”，69.2% 选择“说老实话、办老实事、做老实人”，选择“无论什么情况下都能做到言而有信”的也占到 65.1%，选择其他的仅占 5.5%。由此可以看出，小学生对于诚信内容的认识比较准确，但仍不够全面。调查的结果与瑞士儿童心理学家皮亚杰(J. Piaget，1896—1980)的认知发展理论相一致。按照皮亚杰的观点，认知发展要经历以下四个连续的阶段。

(1)感知运动阶段(sensorimotor stage，0～2 岁)

在感知运动阶段，婴儿主要通过协调感觉输入和动作来认识世界。[①] 婴儿的认知受到他们动作的限制，婴儿的知识仅来自于他们直接的动作。

(2) 前运算阶段(preoperational stage，2～7 岁)

在前运算阶段，认知发展的目的是以符号的形式形成关于世界的动态的表征。符号是指用一种事物代表另一种事物，例如语言就是明显的符号。表征是指可反复指代某一种事物的任何符号或符号集，包括文字符号和图片符号。在此阶段，学前儿童开始都能精心加工符号表征，并形成关于因果和物理现实的简单概念。其思维还存在自我中心性和不可逆性。[②] 所谓自我中心性，是指从自我的观点看世界，而不能认识到他人会有不同观点的倾向。可逆性是指心理上逆转否定某一行为的能力。

(3)具体运算阶段(concrete operational stage，7～11 岁)

具体运算阶段的儿童开始懂得物体动态变化方面的知识，开始理解物体种种特性间的关系，思维已具有了明显的符号性和逻辑性，并具备了心理操作的能力。心理操作包含两个方面：一是去中心化，即能同时关注问题的多个方面的能力；二是可逆性。[③] 虽然此阶段的儿童能够解决一些较为复杂的问题，但这种思维仍然局限于具体的事物。

(4)形式运算阶段(formal operational stage，11～16 岁)

处于形式运算阶段的青少年的心理运算既能够运用于真实的情景，也能够应用于可能性与假设性的环境；既能够应用于当前的情景，也能应用于

---

① 皮亚杰.发生认识论原理[M].王宪钿，等译.北京：商务印书馆.1981:26.

② 皮亚杰.发生认识论原理[M].王宪钿，等译.北京：商务印书馆.1981:37.

③ 皮亚杰.发生认识论原理[M].王宪钿，等译.北京：商务印书馆.1981:38-42.

将来的情景。[①] 他们能够运用单纯的语言或逻辑来进行思考和陈述。

儿童的道德发展是有阶段性的，各阶段都具有其各自的独特性。[②] 小学生正处于具体运算阶段，皮亚杰认为在这一阶段是认知发展的一个主要的转折点，当儿童达到这一阶段时，他们的思维更加与成人而不是感觉运动和前运算阶段的儿童的思维相似。在2～7岁的前运算阶段，儿童思维所能达到的最高水平是以自我为中心的直观思维，而在7～11岁阶段儿童的思维则可以进行具体运算，所以认为具体运算是比自我中心思维更高一级的认知结构。具体运算是指这一阶段的儿童已经能够在头脑中对具体的事物按照逻辑规则进行思考，而不是必须依靠实际的动作。这个阶段儿童的认知特点：能够理解事物的变化是可以逆转的，或者说他的思维是可逆的，他的注意力不是集中于事物的某一个特征，还能同时转移到其他特征，在时间上不限于当前的瞬间，能把握事物前后的变化过程。这样，这个阶段的儿童就形成了相当稳定的概念。这表现在他们还能解决一系列具体运算阶段的任务。认知的发展还不完善，才使得小学生的诚信认知虽较为准确但不全面。

处于具体运算阶段的小学生，认知水平不断发展，他们在认识方面主要有以下特征。[③]

(1)感知觉

感知觉从无意性、情绪性向有意性、目的性方向发展。小学生主动观察力比较弱，目的性较差，往往被新异和自己感兴趣的事物所吸引，通常能发现事物的表面的、明显的特征，很少观察事物的细微特征，常常看不到事物之间的关系，更不善于揭露事物间本质特征，要达到对事物清晰、本质的认识尚需要培养过程。

(2)注意力

小学生的注意力由不集中、不稳定向集中、持久的方向发展。小学生的注意力往往在他们直接感兴趣的事物上，如新奇、鲜艳的图画，有趣的动画片等。他们的认识活动主要依赖无意注意，有意注意随着教学活动的深入逐渐发展。他们的注意力不稳定、很容易分散，分配能力不强，转移品质较差，不善于把注意力从一件事情转移到另一件事情上。这一特点在低年级学生身上尤其突出。

---

① 劳拉·E.贝克.儿童发展[M].吴颖，等译.南京：江苏教育出版社，2002：311-359.

② 戚万学，唐汉卫.学校德育原理[M].北京：北京师范大学出版集团，2012：164.

③ 章永生.现代儿童心理学[M].广州：暨南大学出版社，2007：116-122.

（3）记忆

小学生记忆的特点是由无意识记、机械识记、具体形象识记向有意识记、意义识记和词的抽象识记发展。小学生记忆能力主要是以机械记忆为主，意义记忆逐步发展，且发展迅速。表现在，一、二年级的学生以机械记忆为主，四、五年级主要是意义记忆占主导。记忆从无意识记向有意识记发展；从具体形象记忆向抽象记忆发展。到初中，学生的记忆水平就能达到一个比较高的水平。

（4）思维

小学生思维的基本特征是从以具体形象思维为主逐步过渡到以抽象逻辑思维为主要形式。低年级学生在学习过程中主要是运用具体形象思维，高年级学生在学习过程中主要运用抽象逻辑思维，且他们的抽象逻辑思维在很大程度上仍然直接与感性经验相联系，这两种思维形式的转折大多发生在四年级前后。

（5）想象

低年级学生以再造想象为主，随着年龄的增长，高年级学生想象中的成分不断增加。低年级学生想象的形象还不完整，随着年龄的增长，高年级学生的想象富有现实性。例如，让低年级学生画人，他们只画出头和眼，而对身体部分不大注意；而高年级学生就能完整地画人，还能加上服饰与动作等。

小学教育是基础教育的基础，正是因为小学生在知觉、注意、记忆、思维、想象等认知方面的迅速发展，加上生理方面的快速发育，使他们能够学习道德知识，并将所学知识习惯化。林崇德认为品德发展表现出一般的、典型的、本质的阶段性，小学阶段是品德发展协调性时期，此时小学生出现比较协调的外部和内部的动作，道德知识系统化，并形成相应的行为习惯。① 只有从小接受诚信教育，养成诚信道德，才能孕育出诚信所需要的其他各种品德，抵制成长过程中各种不良的诱惑，明是非，辨真伪，保障自身的健康成长。

2. 小学生的诚信发展特点

美国学者劳伦斯·科尔伯格在皮亚杰理论的基础上提出了一套道德认知发展理论，确切地说是道德判断发展理论。个体的道德判断发展经历性质不同但相互关联的三种水平和六个阶段，这三种水平六个阶段是按照不

---

① 林崇德.品德发展心理学[M].上海：上海教育出版社，1992.

变的顺序由低到高逐步展开的。更高层次和阶段的道德推理能兼容更低层次和阶段的道理推理方式；反之，则不能。科尔伯格的三水平六阶段理论如下。①

(1)第一水平：前习俗水平(0～9 岁)

包括以惩罚与服从为定向和以工具性的相对主义为定向两个阶段。第一阶段以避免惩罚和无条件地屈从力量为准则，而不是尊重为惩罚和权威所支持的那种基本的道德秩序。处于第二阶段的儿童知道公平、互换和平等分配，但他们总是以物质上的或实用的方式来解释这些价值。交换就是“你帮我抓痒，我也帮你抓痒”，而不是根据忠义、感恩或公平来进行的。

(2)第二水平：习俗水平(9～15 岁)

包括以人与人之间的和谐一致或“好男孩—好女孩”为定向和以法律与秩序为定向两个阶段。第三阶段的儿童认为凡是讨人喜欢或帮助别人而为他们称赞的行为就是好行为，经常用意图去判断行为。第一次把“他的用意是好的”作为行为的一个重要因素，好孩子就会获得别人的赞许。第四阶段的儿童更加广泛地注意到维护普遍的社会秩序的重要性，开始强调每个社会成员都应当严格遵守全社会共同约定的某些行为规则，即强调对法律和权威的服从。

(3)第三水平：后习俗水平(15 岁以后)

包括以法定的社会契约为定向和以普遍的伦理原则为定向两个阶段。第五阶段的儿童清晰地意识到个人的意见和价值是相对的，从而相应地强调要求有一个取得一致意见的程序和规则。在法律领域之外，自由同意和契约乃是遵守职责的一个具有联结作用的因素。第六阶段的儿童认为根据良心做出的决定就是正确的，而所谓根据良心做出的决定就是根据自己选择的具有逻辑全面性、普遍性和融贯性的伦理原则做出的道德决定。

根据上述理论，科尔伯格将小学生的诚信发展分成两个阶段：人际诚信和群体诚信。

(1)以人际诚信为主要特征的诚信发展阶段

根据科尔伯格的研究，9 岁以前的小学生属于前习俗水平，主要特征是关注人物行为的具体结果和关心自身的利害。②

在这个时期，人际交往活动对儿童诚信的发展有着较大的影响。因为 9

---

① 李幼穗.儿童社会性发展及其培养[M].上海：华东师范大学出版社，2004：217-218.

② 袁桂林.当代西方道德教育理论[M].福州：福建教育出版社，1995：62-64.

岁以前的儿童，在群体中的交往缺乏正式的规则，群体对学生的影响相当有限。他们对诚信的理解是比较肤浅的、表面的，概括水平较低而具体性较大，只注意诚信的效果，认为诚信主要与自身的利害有关，诚信的范围主要局限于与自己关系密切的朋友、家人。他们的道德动机主要被恐惧心理束缚，希望免除由于触犯规则而受到的处罚。该阶段的诚信经历了规则诚信和策略诚信两个层面。①

所谓规则诚信是指学生了解诚信规则在调节各种社会关系中所发挥的作用，并努力按照这些诚信规则践行。一、二年级小学生的诚信认知主要以诚信规则为主，并认为某一个人破坏了这些规则，会产生一定的后果。从三年级起，学生开始进入策略诚信层面。所谓策略诚信是指学生在理解基本的诚信规则的基础上，与自己亲密接触的朋友、家人践行诚信。由于这种诚信的践行是与学生个人的直接利益有关，而且学生也经常根据自身的利益得失来决定诚信与否，因此将该层面的诚信称之为策略诚信。在该层面，学生的诚信动机主要是从自身利益出发，因为学生做出诚信的举动对其自身有利，因此诚信发生；否则，学生将不会采取诚信的行为。

(2)以群体诚信为主要特征的诚信发展阶段

科尔伯格认为 9 至 12 岁的小学生的道德发展处于习俗水平，主要特征是自我意识快速发展，满足社会的期望，较多地关心他人的需求。② 而且，学生从小学高年级起，其群体组织机构更加完善，对学生的压力也日益明显。因此，到了小学高年级，学生逐渐进入以群体为主要特征的诚信发展阶段。从以人际诚信为主要特征的诚信发展阶段过渡到以群体诚信为主要特征的诚信发展阶段与小学生自我意识的快速发展有着重要的关系。从小学高年级开始，学生所结成的同伴团体发生的变化为小学生自我意识的快速发展提供了平台，学生更加以群体中的自我来进行自我评价。诚信的范围从与自己关系密切的朋友、家人扩展到了整个群体。小学高年级的学生处于被动迎合群体诚信阶段，这是指学生主要在同伴团体的压力下践行诚信。学生的诚信动机主要是服从群体对其成员的诚信要求，迎合群体的诚信期望。小学生的诚信认知只要是：对群体及其成员的诚信是正确的行为，这是与群体的利益与发展相一致的。

从小学高年级开始，学生的交友范围逐渐开始缩小。在这样的交友条

---

① 王丹. 基于学生诚信发展的诚信教育研究[J]. 教育科学，2008(1)：86-90.

② 袁桂林. 当代西方道德教育理论[M]. 福州：福建教育出版社，1995：62-64.

件下，学生对朋友的诚信既是维护朋友关系的保障，也是对以人际诚信为主要特征的阶段的延续。群体的结构对学生产生深刻的影响，学生诚信的动力来自群体的压力，通过扮演群体中的角色，承担群体所赋予的职责，习得诚信。

这两个阶段的诚信不稳定，第一阶段的小学生，诚信主要是“你对我诚信，我就对你诚信”。在诚信发展的第二阶段，主要以对“我们”诚信为特征，“我们”只是局限于群体之内。如两个阶段中出现一些不诚信的事或人将动摇学生的诚信，甚至使学生做出不诚信的行为。学生在整个小学阶段的品德发展中认知与行为，言与行基本上是协调的，但随着小学生年龄的增长，特别是当进入小学高年级后，逐渐会出现言行不一的现象。小学生不诚信的首要表现就是言行不一致。

3. 小学生的学习特点

学习是小学生系统的、持续的智力活动。小学生的学习活动主要是在学校的教学过程中，在教师的指导下进行的。人与动物有着根本的区别，人懂得观察、思维、判断，即人有认知能力。借助这种能力，个体在人际互动中，不须靠直接的亲身经验，同样可以学习，这也就是班杜拉（Albert Bandura）所说的观察学习。

美国著名心理学家班杜拉在20世纪60年代提出了著名的社会学习理论。所谓社会学习理论，班杜拉认为是探讨个人的认知、行为与环境因素三者及其交互作用对人类行为的影响。在解释人类复杂的学习行为方面，班杜拉的社会学习理论无疑是比较完善的。[①] 他将社会学习分为直接学习和观察学习两类。直接学习是个体对刺激做出反应并受到强化而完成的学习过程，学习模式是刺激—反应—强化。观察学习是个体通过观察榜样在处理刺激时的反应及其受到强化而完成学习的过程。班杜拉认为人类通过观察学习就能获得大部分的新行为。[②] 由此可以看出，观察学习在人类学习，尤其是儿童学习中占有十分重要的地位。他的社会学习理论是以观察学习为核心而建立的。

---

① 唐卫海，杨孟萍. 简评班杜拉的社会学习理论[J]. 天津师范大学学报(社会科学版)，1996(5)：30-35.

② 阿伯特·班杜拉. 社会学习心理学[M]. 郭占基，等译. 长春：吉林教育出版社，2004：22.

(1)观察学习的过程

班杜拉认为,人的行为,特别是人的复杂行为,主要是后天习得的。他认为,行为习得有两种不同的过程:一种是通过直接经验获得行为反应模式的过程,班杜拉把这种行为习得过程称为"通过反应的结果所进行的学习",即我们所说的直接经验的学习。另一种是通过观察示范者的行为而习得行为的过程,班杜拉称之为"通过示范所进行的学习",即我们所说的间接经验的学习。① 班杜拉的社会学习理论所强调的是这种间接经验的学习,即观察学习。观察学习决定于以下四个子过程。②

注意过程。注意过程是观察学习的起始环节,在注意过程中,示范者行动本身的特征、观察者本人的认知特征以及观察者和示范者之间的关系等诸多因素影响着学习的效果。

保持过程。在观察学习的保持阶段,示范者虽然不再出现,但他的行为仍给观察者以影响。要使示范行为在记忆中保持,需要把示范行为以符号的形式表象化。通过符号这一媒介,短暂的榜样示范就能够被长期保持在记忆中。

动作再现过程。观察学习的第三个阶段是把记忆中的符号和表象转换成适当的行为,即再现以前所观察到的示范行为。这一过程涉及运动再生的认知组织和根据信息反馈对行为的调整等一系列认知的和行为的操作。

动机过程。动机是推动人行动的内部动力。动机过程贯穿于观察学习的始终,它引起和维持观察学习活动。能够再现示范行为之后,观察学习者(或模仿者)是否能够经常表现出示范行为要受到行为结果因素的影响。行为结果包括直接强化、替代性强化和自我强化。前两种属于外部强化,后一种属于内部强化。班杜拉把这三种强化作用看成是学习者再现示范行为的动机力量。直接强化就是学习者行为本身受到强化,如教师表扬成绩好的学生。代替性强化是指通过观察别人受到强化,在观察者身上间接引起的强化作用。例如,看到别人成功就会产生同样行为的倾向。自我强化指人依靠信息反馈进行自我评价和调节,并以自己确定的奖励来加强和维持自己行为的过程。

---

① 董晶晶.观察学习在小学教学中的应用研究[D].华中师范大学,2009.

② 阿伯特·班杜拉.社会学习心理学[M].郭占基,等译.长春:吉林教育出版社,1988:22-30.

(2)小学生的观察学习

观察对于人的生活及学习具有重要的意义。孔子最早谈到观察的意义,“人之过也,各于其党。观过,斯知仁矣”(《论语·里仁》)。察看一个人的过失,就可以辨别贤愚。观察是人类感知世界、认识事物最基本最古老的方式。

观察对人的生活和学习具有重要的意义。首先,观察有利于获得信息和经验。莎士比亚曾说,经验是一点点观察的结果。积累丰富的材料是认识客观事物或现象的前提和基础,是积累经验的主要来源。其次,观察有利于促进智力的发展。王充在《论衡实知》中说:“不目见口问,不能知见也。”观察力是人的智力结构中不可忽视的一个重要因素,观察对智力发展具有重要的意义,其发展是其他智力因素发展的基础。再次,观察有利于培养科学素养和态度。科学研究的初始阶段或基础是观察,一切科学成果都是构筑在观察的基础之上的。巴甫洛夫的座右铭是“观察、观察、再观察”,他一再告诫他的学生,不会观察就当不了科学家。最后,观察是小学生学习知识,认识世界的重要途径。[①] 小学生的所有课程或活动都需凭借一定的观察。例如,自然课中认识昆虫的形态。

班杜拉把道德发展看作是一种学习过程,强调观察学习在儿童品德形成中的作用。自我的直接经验和他人的榜样作用对其诚信的形成有着重要影响。他认为,儿童的道德行为模式是从社会学习中获得的,通过观察学习而表现出来的行为经过认同就能成为个性的构成物。品德心理学的研究结果表明,处于品德形成关键期的儿童,有“先入为主”的特点。[②] 即如果在这一时期先形成了某种思想品德,以后想用相反性质的思想品德教育去转化它,会遇到很大的困难和阻力。

小学生独立意识较差,观察力和模仿力较强,凡是他们感兴趣的,包括看到、听到、接触到的许多诚信的人和事,他们都会去模仿,去注意。儿童可以因为直接强化、代替性强化和自我强化而将一些诚信的行为稳定下来,比如儿童看到同学因勇于承认了自己的错误而受到老师表扬,通过类似经验,儿童逐渐形成有关诚信的条件及诚信程度、诚信的结果等诚信认识。[③]

综上所述,小学生的认知处于具体运算阶段、以人际诚信和群体诚信为

---

① 董晶晶.观察学习在小学教学中的应用研究[D].武汉:华中师范大学,2009.

② 楼黎社.诚信校园建设的理论与实践[M].杭州:浙江大学出版社,2008:45.

③ 吴继霞,黄希庭.诚信结构初探[J].心理学报,2012(3):354-368.

主、具有很强的观察力，小学时期是诚信品行养成的最佳时期。

（三）小学诚信教育——小学生健康成长的内在需要

孔子曰："少成若天性，习惯成自然。"这里说的是从小培养怎样的习惯，习久成性，就会形成怎样的品性。教育从本质上讲就是塑造人。① 小学阶段是学生形成人生观、价值观的重要时期，正面的引导能够帮助塑造他们的诚信品质。

小学生正是长身体、长知识、养成良好习惯的关键时期，小学生的诚信教育是指家长、学校和社会在对小学生的道德规范教育中，使小学生了解诚信的基本内容，懂得诚信是做人的基本准则，增强小学生法律意识和诚信意识，提高守法、守规的自觉性，牢固树立守信为荣、失信可耻的道德观念，从小做一个讲诚信、讲道德、守法纪的人。

1. 小学诚信教育的内容

诚信属于道德范畴，是最基本的道德，在整个人类各个民族之中，它都作为一种具有普遍性和初始性的道德规范出现，也是我们中华民族数千年来源远流长的一种传统美德。所谓诚信教育就是教育者让受教育者全面了解诚信含义，帮助受教育者将诚信内化为自己的心理品质，培养诚信意识，树立诚信信念，并促使受教育者将诚信转化为自己外在行为的活动。诚信教育作为德育的一个重要组成部分，它具备了德育的本质特征和一般功能，诚信教育也必须要遵循德育的一般规律。

小学生的诚信教育主要应包括如下内容：

在诚实教育方面，培养学生诚实待人，以真诚的言行对待他人、关心他人，对他人富有同情心，乐于助人。严格要求自己，言行一致，不说谎话，作业和考试求真实，不抄袭、不作弊。

在守信教育方面，培养学生守时、守信、有责任心，承诺的事情一定要做到，言必信、行必果。遇到失误，勇于承担应有的责任，知错就改。在诚实守信教育的同时，还要加强遵守法律法规、校规校纪和社会公德的教育，培养学生的法律意识和规则意识，具备良好的道德品质。小学生的诚信教育是今天推进素质教育，培养具有高度责任感、健全人格的全面发展型人才的重要任务，也是提高学校德育针对性、实效性的必由之路。

---

① 何洪涛. 试论小学教育的可塑性特征：小学教育特点研究之三[J]，延边教育学院学报. 2009(5)：21-23.

2. 小学诚信教育的功能

(1)实现小学培养目标的必然要求

诚信教育是当前道德建设的重要内容之一。《公民道德建设实施纲要》明确提出,要在全社会大力倡导“爱国守法、明礼诚信、团结友善、勤俭自强、敬业奉献”的基本道德规范①。学校是新知识、新思想的摇篮,承担着传承文明、传播文化知识和培养人才的使命。学校引领社会进步和文明发展,因此,学校通过营造良好的校园诚信氛围,塑造学生的诚实品质,对社会诚信氛围的形成起到带头作用,对整个社会的信用体制的发展和完善起到积极的促进作用。

小学生是充满朝气、学习力强的群体,也具有很强的可塑性。加强小学生的诚信教育,才能抵制诚信缺失的危害,才能实现教育的目标。小学不仅是传播科学文化知识的殿堂,更是对学生进行道德教育的主要阵地,担负着为国家培养有理想、有道德、有文化、有纪律的高素质人才的使命。切实加强小学校园诚信教育和小学生诚信素质,有利于培养社会主义诚信公民、实施诚信教育的要求,也是小学保证人才的质量,实现长远发展的必要条件。

(2)小学生全面发展的必要条件

学校教育的根本目的是为了人。② 马克思主义关于人的全面发展的核心内容就是人的素质的全面发展。诚信就个人而言,是个人成才、全面发展的根基。素质诚信教育从属于传统的德育范畴,它是品德教育的一个方面。小学生关系到国家和民族的兴旺,他们品德素质的提高,主要靠的是学校的德育工作。小学生的思想道德科学文化素质如何,直接关系到新世纪中国的面貌,关系到我国社会主义现代化建设战略目标能否实现,关系到党和国家的前途命运。诚信是一个孩子全面发展的最基本道德基础,没有诚信,学生不可能在各方面真正获得充分发展。

(3)小学生健康成长的内在需要

人走向善是从诚信开始的。③ 北宋著名学者周敦颐认为:“诚,五常之本,百行之源也。”就是说“诚”是至善无恶的,它是圣人的根本,也是仁、义、礼、智之源,同时还是一切行为的基础。诚信是张扬人的善行、形成美德、塑

---

① 新华社.《公民道德建设实施纲要》颁布(附全文)[EB/OL].(2001-10-25)[2016-06-22].http://www.china.com.cn/policy/txt/2001-10/25/content_5069881.htm.

② 李逸凡.高等职业院校诚信教育引论[M].杭州:浙江大学出版社,2009:75.

③ 邢旭升.关于小学生诚信教育的研究与探讨[D].石家庄:河北师范大学,2005.

造完美人格的基础。小学生正处于身心迅速发展的时期，培养诚信品质的关键时期，人生观、价值观形成的重要时期，只有从小接受诚信教育，养成诚信品德，才能孕育出社会所需要的各种其他品德，抵制成长过程中各种诱惑，保证小学生自身健康成长。而要达到此目的，就要以培育小学生的诚信品格为主要目标。具备诚信品质，才能使人向善、求真。只有当他们拒斥一切虚伪、欺诈、言行不一的坏习气，养成开诚布公、襟怀坦白、刚正不阿、求真务实的良好品质，公正、关心、同情、勇敢、坚韧不拔等品质才有可能在他们身上生根、发芽、开花、结果，小学生才可能从一株幼苗长成参天大树。

人若不讲诚信，就失去了抵制邪恶和抑制私欲的屏障，就会迷失人生的方向，肆无忌惮、为所欲为，给自己、社会和他人带来深重的灾难。① 失去了诚信的小学生，容易偏离成长的轨道，甚至走向犯罪。由此可见，加强小学生的诚信教育，培养他们的诚信品质，是小学生健康成长的内在需要。

① 高玉平.试论当前我国中小学生的诚信教育[D].武汉:华中师范大学,2003.

第二章　诚信文化的语义、本质与价值向度

诚信作为人类最古老的道德准则，从古至今备受不同国度人民的推崇和关注。诚信是观念、行为和制度的集合体，是社会运行必不可少的润滑剂。诚信不仅关系到一个社会经济能否繁荣，而且也关系到人们的生活是否和谐、幸福。诚信是人类社会长期发展的产物，经历了一个漫长的发展过程。不同历史时期的诚信内涵有所差别，即使是相同时期的不同地域的诚信文化也各具特色。本章将从语义的角度对诚信、诚信文化进行探讨，以明晰诚信文化的本质与价值向度。

第一节　诚信文化的西文语义

在西文中，诚信一词有多种表达，如 faith、honesty、believe、trust、credit、authenticity、sincerity、integrity 等，下面从词源角度对西文诚信的语义进行梳理。

一、诚信的词源及语义

（一）词源

在拉丁文中，诚信一词写作 bona fides。fides 来自于动词 fieri，为“已经做成”之意，具有信任、信义、诚实的含义。在私人关系中它表示为“相信他人会给自己以保护或某种保障，它既可以涉及从属关系，也可以涉及平等关系”。后来，fieri 更多地包含“信”的意思，是因为西塞罗和古罗马的斯多葛

学派利用其词源学意义，把 fides 解释为“行其所言谓之信”。[①] 西塞罗声称“没有诚信，何来尊严”，至今还被世界人民所称颂。bona，是“好”的意思，起强化 fides 的作用，两者结合为“良信”之意，人们一般将其释译为“诚信”——诚实信用，也就是英语中的 good faith。

从词源学上看，“诚信”为诚实信用，值得信赖之意。“诚实信用”源自德语“tren und glauben”。“诚信原则的内涵是信赖，它在有组织的法律文化中起着一种凝聚作用，特别是相互信赖，它要求尊重他人应受保护的权益。”[②] 英语中则用“honesty”来对应“诚信”，其基本含义是：值得信赖的，不可能是谎言或欺骗；直率的，不隐瞒事实。社会契约论者基本上把诚信视为人的一种然诺、履约行为规范。其先行者格劳修斯指出，守约是人的本性，人们订立契约产生民法，“有约必践，有害必偿，有罪必有罚”[③]。

（二）语义

1. 诚信即信任

在西文中，“诚信”的传统语义基本上属于“信（faith）”的范畴，西塞罗关于“信”的定义被普遍接受。西塞罗对于“信”的定义涉及多种“诚信”现象。例如，他认为，“诚信”是对承诺和协议的遵守和兑现。如果某人不履行自己的诺言，就是行恶意之事。所谓“信”就是信任的意思。其中，“信”又有两层含义，一方面“信”是指个体是否值得他人信任的因素；另一方面“信”指能为他人信任的程度。

“信”一开始是一个宗教名词，指人对上帝的内心态度、信念和信赖。诚信伦理最早也产生于宗教，如《圣经》中的《旧约》就是人神之间的盟约。进入中世纪，“信”乃是基督教伦理的最高原则。托马斯·阿奎那说：“信”是一切德性之首，“信”的源泉在上帝。[④]

文艺复兴时期，路德发起了宗教改革，但仍倡导“因信称义”，仍把“信”作为新教的首要原则。在世俗社会中，西方哲人也试图论证诚信的道德至上性。休谟说，履行许诺的法则、稳定财务占有法则和根据同意转移所有物法则是人类社会的三条基本自然法则，履行许诺是永久的社会正义的体

① 西塞罗. 论义务[M]. 王焕生，译. 北京：中国政法大学出版社，1999：22-23.

② 霍恩. 德国民商法导论[M]. 楚建，译. 北京：中国大百科全书出版社，1996：148.

③ 袁华音. 西方社会思想史[M]. 天津：南开大学出版社，1988：170.

④ 托马斯·阿奎那. 神学大全[M]. 段德智，译. 北京：商务印书馆，2013.

现。[①] 黑格尔在《法哲学原理》中认为善是福利与法的统一，守约是在合法的基础上实现双方的利益，是利与法的统一，因而是善；不守契约是个人特殊意志对普遍意志的破坏，是不法。[②] 在西方社会，诚信也总是与“上帝”“善”“普遍规律”和“绝对命令”等概念关联在一起，是一个具有道德至上性的范畴。

“信”是基督教伦理学的核心，是对耶稣基督、对基督教的绝对信仰。托马斯·阿奎那认为“信”能够净化心灵，“信”不仅是一种自由选择，而且还是一种理智的行为。德国古典哲学家康德还把守诺、言而有信、信守契约视为个人对他人的完全义务，不允许假诺。假如人人都可以许假诺，那就会毁掉许诺本身。而且许假诺从根本上来说是对他人自由权利的一种侵犯。不许假诺的义务正是对他人自由权利的尊重和维护。在古希腊时期，苏格拉底本人就是因为不愿意撒谎而被处死，不惜用自己的生命捍卫诚信美德和社会正义。[③]

2. 诚信即诚实信用

对于西文“诚信”的现代语义，可以用诚实信用来概括。在西方现代社会中，“诚信”是指市场经济活动中的一项道德法则。在国际社会，诚实信用原则已成为一切参与市场竞争活动的人的道德标准。其中，在英文中，believe、trust、credit 三个词常用来表达“诚信”的概念。believe 作为动词使用，表示接受某件事物的真实性，确信某事的好意、功效、能力或认为是真实可靠的。[④] 在这个意义上，believe 主要强调事物的物理特征。trust 被解释为对人或对物的特性、能力、力量和真实性的确实信赖，或者是对人的信任[⑤]，强调对人性的期待，从 trust 引申出来的关联词有 trustful、trustworthy 和 entrust 等，这类词常用于表示人际间的信任。credit 用来表示对事物真实性的信任、好的名声、荣誉或认可等意。[⑥]

在当代国外文献中，表达“诚信”的词汇主要有 authenticity、sincerity、

① 休谟. 人性论：下卷[M]. 关文运，译. 北京：商务印书馆，1980：563-66.

② 黑格尔. 法哲学原理[M]. 范扬，张企泰，译. 北京：商务印书馆，1961：71.

③ 龙庆华，王杰康. 高校诚信道德建设研究[M]. 昆明：云南大学出版社，2007：35-36.

④ 梅里亚姆-韦伯斯特公司. 韦氏高阶英汉双解词典[M]. 北京：中国大百科全书出版社，2017：104.

⑤ 梅里亚姆-韦伯斯特公司. 韦氏高阶英汉双解词典[M]. 北京：中国大百科全书出版社，2017：1296.

⑥ 王飞雪，山岸俊男. 信任的中、日、美比较研究[J]. 社会学研究，1999(2)：67-82.

integrity 三个词。authenticity 的基本语义是“拥有个人的经验，了解自己，了解你自己的原则决定着其思想、感情、需要、需求、偏好、信念、过程。也就是说，更深层次的意思是，个人需要按照真实的自己行动，通过各种方式表达自己使其和自己内在的想法一致”①。sincerity 的基本语义是“所说的和实际感觉一致。也就是说，是指个体对感觉和想法的外在表达和其个人实际经历一致”②。sincerity 和 authenticity 的主要区别在于前者是更加重视表达和经历一致，后者更加重视个人的行动与自己内在的特征、价值观和信念一致。integrity 的基本语义是正直、诚实、诚恳，“长期的、程度更深的 integrity 才能叫作 authenticity”③。

整体而言，在西文中，“诚信”的基本含义就是尊重事实和信守诺言。“诚信”一般被定义为“忠于事实”或在此基础上再加上“遵守公平交易的合理商业标准”。④“在一个社团之中，成员对彼此常态、诚实、合作行为的期待，基础是社团成员共同拥有的规范，以及个体隶属于那个社团的角色。”可见，西方诚信的语义包含尊重实际存在、诚实无欺、讲究信用、信守诺言等意思。

二、不同语境中的诚信

（一）宗教语境中的诚信

在西方，古代诚信观念的起源可以追溯到基督教文化中的诚信道德观和契约文明。在西方的传统观念中，诚信不仅受制于契约关系，而且还和西方基督教文化观念联系在一起，契约是神圣不可侵犯的，主要是来自于上帝要人们信守承诺。“信、望、爱”是基督教最基本的伦理道德要求，三者构成了基督教神学的三大德行，它们还和柏拉图所总结的古希腊的“四美德”（理智、正义、节制、勇敢）一起，共同构成了基督教的“七美德”。在《圣经》中，我们到处都可以看到人与上帝立约，如果违反规定，就会受到上帝的制裁，上帝成了最高的外在权威。这就使人们确立了对契约神圣的信仰。⑤

诚信是清教徒的德行要求和伦理价值取向，是治产经商的规则。《旧

---

① 原宁.国内外诚信涵义研究文献综述[J].商业时代，2014(7):29-30.

② 原宁.国内外诚信涵义研究文献综述[J].商业时代，2014(7):29-30.

③ 原宁.国内外诚信涵义研究文献综述[J].商业时代，2014(7):29-30.

④ 迈克尔·D.贝勒斯.法律的原则：一个规范的分析[M].张文显，等译.北京：中国大百科全书出版社，1996:223.

⑤ 李逸凡.高等职业院校诚信教育引论[M].杭州：浙江大学出版社，2009:24-25.

约·箴言》就说“行事诚实的，为上帝所喜悦”。在西方历史上，诚信不仅是上帝对人们的品质要求，更是清教徒为在经商中获利而必须遵循的基本规则。清教徒的诚信指不说妄语、不轻易起誓，禁绝买卖交易中的欺诈。17世纪英国著名的清教徒牧师理查德·巴克斯特在他的名著《基督徒守则》中指出，商业中存在竞争是无法避免的，但是竞争时不能放弃“诚实”这一美德。事实上，“诚实乃最精明的行为”，这是一句备受青睐、广泛流行的格言。因此，17世纪英国的清教徒商人视诚实信用为市场交易的重要准则。显而易见，诚信既被视为一般新教伦理道德，又被视为神圣的经营伦理观，在清教徒实践中含有获取世俗功效和利益的内容。

(二)法律语境中的诚信

如果说在经济活动中清教徒推崇诚信是出于对上帝的敬畏和对利益的追逐，那么西方在生活各个领域中推崇诚信，则更主要是源于诚信在法律中的特殊意义。法律语境中的“诚信”，意为诚实、善意、正当、守信等，主要指守信履约，即诚信是“对承诺和协议的遵守和兑现”①。欧洲中世纪著名的经院哲学家托马斯·阿奎那曾对诚信与法律的关系做了明确的说明，他说：“一件出售的物品，如有以下三种缺陷之一，就构成了欺骗，是不道德的，是非法的。第一种是关于物品之品质方面的，如果卖给者知道他所卖的物品中的缺陷，他就是进行欺骗，这个销售就是非法的。”“第二种缺陷是关于那种用量具来测认的数量方面的，如果一个人在出售物品时有意地使用较小量具，他就是干着欺骗人的勾当，这样的销售也是非法的。”“第三种缺陷是关于质量方面的，诸如，把一个衰弱畜牲当作强壮的来卖，假如一个人有意地这样做，他就是在销售中做着欺骗人的勾当，因而这个销售是非法的。”②

诚信获得法律形式最早见于罗马法。受希腊自然法和平等思想的影响，同时也出于现实的法律需要，罗马人认为“任何受治于法律和习惯的民族都部分适用自己特有的法律，部分地适用全人类共同法律。每个民族专为自身治理制定的法律，是这个国家所特有的，叫作市民法，即该国本身特有的法。至于出于自然理性而为全人类制定的法，则受到所有民族的同样尊重，叫作万民法，因为一切民族都适用它”③。在罗马人的观念中，市民法

① 徐国栋.客观诚信与主观诚信的对立统一问题——以罗马法为中心[J].中国社会科学，2001(6):97-113.

② A.E.门罗.早期经济思想[M].蔡受百，译.北京：商务印书馆，1985:45.

③ 查士丁尼.法学总论[M].张企泰，译.北京：商务印书馆，1989:67.

是罗马固有的法律，是“永恒不变的”，适用于罗马人；“出于自然理解而为全人类制定的”万民法适用于与罗马人有经济交往关系的异邦人。为了适用于全人类，万民法引入了自然和人之本性的诚实信用，并将其列为法律规则。合意契约是罗马的一个创造。合意契约典型地体现诚实信用的法律效力，它要求诉讼法领域中当事人以自己的行为忠实地履行自己的义务，即恪守诚信原则，实现利益关系的平衡。诚信原则上升为法律原则后，就体现为法律范畴内权利和义务的统一，表现为强制性规范，广泛地作用于社会生活的各个领域，包括各种市场交易、金融活动、文化交流和政治活动，等等。

现代意义上的诚实信用原则是由1907年瑞士《民法典》确立的，其第二条规定：“任何人都必须诚实、信用地行使其权利并履行其义务。”它是诚实信用要求和自由裁量权的统一，该原则一经确立，则被许多国家和地区广泛采纳，成为现代市场经济国家法律体系中一项重要的法律原则，被学者称为“帝王条款”。法律界人士认为，首先，道德具有人格性；其次信用具有财产性。所以，信用有时也称资信，有资本才有信用。①

（三）伦理语境中的诚信

诚信作为一种伦理规范，在西方社会中的基本含义是尊重事实、实事求是、真诚无欺和信守诺言。现代意义的诚信概念产生于过去80年。Harter将诚信定义为“拥有个人经验，了解你自己的原则决定着其思想、感情、需要、稀缺、偏好、信念、过程”。因此，诚信包括两方面的内容：拥有个人经验；行动与自己的真实信念相一致。Kernis在发展“最优自尊的本质”理论时，从实证角度考察了诚信。他将诚信定义为“在一个人的日常工作中毫无障碍体现真实的、核心的自我”。Kernis发现了诚信的四个组成部分：认识、不偏不倚的信息加工、行动、关系。Avolio认为诚信的核心是了解自己、接受自己并且保持真实的自我。②

在近现代西方社会中，人们由于所处的地位、背景不同，对问题分析的角度不同，对诚信观念产生了多种不同的解释。具体可以把西方近现代诚信道德观的内涵归纳为：第一，契约伦理学。契约论有一个最基本的前提就是诚信原则。社会契约论者基本上把诚信道德观视为人的一种许诺、履约的道德规范。契约要能生效，必须要履行义务，并以制定约定的各方信守诺

① 龙庆华，王杰康．高校诚信道德建设研究[M]．昆明：云南大学出版社，2007：38.

② 原宁．国内外诚信涵义研究文献综述[J]．商业时代，2014(7)：29-30.

言为先决条件。契约如果没有诚信作保证，那么就等于一纸空文。第二，在信奉纯粹利己主义的价值观中，有破坏信誉获利的机会，交易者可能就会破坏信誉；而在信奉利己主义与利他主义相结合的价值观中，有破坏信誉去获利的机会，交易者可能也不会做出机会主义行为。在现代市场经济中，市场主体不仅仅是一个经济人，同时必须是一个遵守诚信原则的道德人。①

总之，西方诚信没有停留在一般社会道德的层面，它以契约关系为基础，一开始就与经济和法律相伴，基本属于具有强制约束力的法律诚信，相对中国传统诚信而言，具有明显的功利性，是一种工具理性，缺乏道德规范的自主自觉性。对中外诚信观进行历史审视和比较，有助于科学界定、深刻理解诚信的基本内涵，正确认识、全面把握诚信在现代市场经济发展中的重要作用。②

第二节 诚信文化的中文语义

在我国，“诚信”一词孕育于商朝晚期至春秋时期，形成于战国时期。它由“诚”“信”两个独立的字演化而来。由于“诚”与“信”的意义和使用有许多相通之处，因此后来逐渐结合，形成了双音词“诚信”。其含义有三：诚实不欺；守信履诺；相信、信任。③ 下面从词源与语义的角度对诚信进行考察。

一、诚的词源与词义

（一）诚的词源

“诚”字首见于《尚书》。《尚书》中出现两次“诚”字，但都有疑义。《诗经》中出现一处“诚”字，但只作虚词使用，并无实际意义。《易经》《周礼》《仪礼》《春秋》中都无“诚”字。可见，在春秋之前，作为实词的“诚”字并未通用。作为实词的“诚”字较早见于《左传·文公十八年》“明允笃诚”，疏云“诚者，实也”。又《易·乾》曰“闲邪存其诚”“修辞立其诚”，疏云“诚谓诚实”。又《礼记·乐记》曰“著诚云伪”，疏云“诚谓诚信也”。此四处以“实”“信”释诚，

---

① 龙庆华，王杰康. 高校诚信道德建设研究[M]. 昆明：云南大学出版社，2007：39.

② 宫菊花. 诚信的多维诠释[J]. 山东师范大学学报（人文社会科学版），2006(3)：90-95.

③ 付子堂，类延村. 诚信的古源与现代维度之辨[J]. 河北法学，2013(1)：2-9.

以“伪”对诚，已基本接近于现代汉语中“诚”的意义。①

“诚”的观念最早源于对待鬼神的态度，是虔诚和敬畏的表现。特别是在祭祀之中，人们为了祈福、避祸等目的，必须竭尽诚意，才能获得心理安慰。其中的“诚”当解为“虔诚”。

“诚”是形声兼会意字。小篆从言，成声，成兼表盟定之意。隶变楷书后写作“誠”。汉字简化后写作“诚”。《说文・言部》：“诚，信也。从言，成声。”（诚，信实不欺。从言，成声。）②对于诚的词义，《礼记・大学》的解释是：“所谓诚其意者，毋自欺也。”朱熹《四书章句集注・中庸章句》认为：“诚者，真实无妄之谓。”戴震《孟子字义疏证・诚》认为：“诚，实也。”

（二）诚的词义

1.“诚”的本义

“诚”的本义是：真心实意、不虚伪。如成语“精诚所至，金石为开”中的“精诚”指至诚，这个词的意思是至诚所达到的地方，连金石那样坚硬的东西也会被它打开。孔颖达《周易正义》注疏：“诚谓诚实也。”《易经・乾卦》认为：“君子进德修业，忠信，所以进德也，修辞立其诚，所以居业也。”要“进德”就必须“忠信”，要“居业”就必须“修辞立诚”。诚实两个字连在一起使用时，它的古义有二：一是确实，具有本体特性的意思；二是忠诚老实，具有德行的意思。

《列子・汤问》中的北山愚公以锲而不舍的精神论证了“立诚”和“居业”的关系。他率举家老少，移山北之塞，“寒暑易节，始一反焉”，终于“帝感其诚，命夸蛾氏二子负二山”“自此冀之南，汉之阴，无陇断焉”。《孟子・离娄上》中说：“诚身有道：不明乎善，不诚乎身矣。诚者，天之道也。诚之者，人之道也。……诚之者，择善而固执之者也。”愚公之所以能够移山，就在于他“择善而固执”于他的“至诚”。

2.“诚”的引申义

“诚”的引申义是“真实”，与“伪”相对。《礼记・乐记》的“著诚去伪”最早提出了与“诚”相对立的概念“伪”，把“诚”的意思更加明确。《增韵・清韵》：“诚，无伪也，真也，实也。”如：《管子・乘马》：“非诚贾，不得食于贾；非诚工，不得食于工。”《论语・子路》：“善人为邦百年，亦可以胜残去杀矣。诚

---

① 肖周录，王永智，许光县，等. 诚信教育论[M]. 北京：中国社会科学出版社，2012：3.

② 张章. 说文解字[M]. 北京：中国华侨出版社，2012：92.

哉是言也!"《韩非子·说林上》:"巧诈不如拙诚。"意思是机巧奸诈不如粗拙真实。另外,《左传》中东周战败国乞和曰"求成",定和约曰"成"。因此,"成"字有"就、终、平和解"之义。诚者成也,"诚"蕴含着动词"成"的成就、完成的意思。①

"诚"也是社会人的一种德行规范,着重于自律和内在修养。如《大学》所言:"所谓诚其意者,毋自欺也。如恶恶臭,如好好色,此之谓自谦。故君子必慎其独也。小人闲居为不善,无所不至,见君子而后厌然,掩其不善而著其善。人之视己,如见其肺肝然,则何益矣。此谓诚于中,形于外,故君子必慎其独也。"②可见,诚就是心意真诚,不自己欺骗自己,强调个体修为。"诚意""自欺""慎独"构成解读诚信的一组关联概念。"诚"是内心意念活动的开始,"自欺"主要指内心所想与言行相悖,"慎独"则是一种操行境界。只有"诚"和"毋自欺",才能做到言行一致,最终达到在任何状态中都能诚实无欺的"慎独"境界。"诚"是人们身心自律的重要目标,更是古时君子修为的必备要素。"故君子必慎其独也。"君子修养重在心胸开阔,所谓"富润屋,德润身,心广体胖,故君子必诚其意"③。儒家提出了个人道德修养的目标是"明明德""亲民"和"止于至善",而要实现目标,必须"格物""致知""诚意""正心""修身""齐家""治国""平天下"。因此,《孟子集注·孟子序说》中说:"大学之修身、齐家、治国、平天下,其本只是正心、诚意而已。"只有"心得其正",才能"知性之善"。"诚意正心"讲的就是人的修养道德原则。周敦颐《周子通书·诚上第一》认为:"诚者,圣人之本。'大哉乾元,万物资始',诚之源也。'乾道变化,各正性命',诚斯立焉,纯粹至善者也。"

作为圣人之本的"诚"源于万物之始的"太极",是在"太极"的千变万化中确立的;"诚"是至善道德的最高境界,是圣人之所以为圣人的先决条件。"诚"是"仁、义、礼、智、信"五常的根本,是人们从事各行各业的伦理道德的源头。先秦诸子散文中论述"诚"最多的是《中庸》。《中庸二十二》说:"唯天下至诚,为能尽其性。能尽其性,则能尽人之性。能尽人之性,则能尽物之性。能尽物之性,则可以赞天地之化育。可以赞天地之化育,则可以与天地参矣。""诚"是对千变万化的事物的发展规律的认识,"诚"不仅仅是自我道德情操的修炼,更重要的是要以"诚"的心境去求"物"。然而仅靠内心的意

① 康殷.文字源流浅说[M].北京:国际文化出版公司,1992:460.

② 孔子,等.论语·中庸·大学[M].北京:中国画报出版社,2013:259.

③ 孔子,等.论语·中庸·大学[M].北京:中国画报出版社,2013:259.

志是不能达到“诚”的境界的，重要的是把握规律，按规律办事才是真正的“诚”。

综上所述，“诚”从字面上可以概括为四种含义：第一，本义为说话符合实际，言语真实不欺；第二，与伪相对，真实之意；第三，诚者成也，动词成就、完成之意；第四，恭敬、审慎的心理状态。①

二、信的词义

（一）信的词源

大约从晚商至春秋时期，“信”首先在金文上出现。中山王鼎上就浇铸有“余知其忠韵（信）也”的文字；战国中山王方壶也铸有“忠信”二字。金文的“信”字由“言”和“身”组成，形象地体现了“信”的思想内涵。《说文解字》：“信，诚也。从人，从言。”本义是“语言真实，不虚伪”。“信”的字形构成是“左人右言”，象征人说话，所以古籍中多从言说的角度来论“信”，如“信言不美，美言不信”。

在先秦诸子经典中，“信”字出现比较频繁，单单是《论语》中就出现了38次，孔子有三次专门谈到了“主忠信”的问题。诸子百家居于自己的言论立场，对“信”的解释比较多。《墨子》的解释是：“信，言合于意也。”就是言论必须要符合自己的真实的主观愿望，不能想一套，说一套，做一套。孟子在《孟子·尽心下》中回答“何谓善？何谓信”的问题时说：“可欲之谓善，有诸己之谓信。”心怀亲善之心，就是诚信。《贾子道术》则说：“期果言当谓之信。”期望能够实现，言论妥当得体，就是诚信。《礼记·经解》：“民不求其所欲而得之谓之信。”人要克制自己的欲望，不能过于追求自己毫无节制的野心，自然而然地实现自己的愿望和要求，就是诚信。可见，信在规范人的言行和交往中，起着非常重要的作用。孔子很重视“信”的作用，他认为朋友之“信”是最起码的人伦道德，是君子所当为，学者之所乐。同时，统治者对黎民百姓的“信”又具有很特殊的政治效用。“上好信，则民莫敢不用情”，而“民无信不立”，既然这样，就必须“信则人任焉”。孔子的“信”不仅有个人交往之信的道德问题，还有一个政治责任的问题，实现它将会使天下得到稳定，百姓获得实惠。

① 肖周录，王永智，许光县，等．诚信教育论[M]．北京：中国社会科学出版社，2012：3.

(二)信的词义

1.“信”的本义

“信”的本义是:诚实、不欺,语言真实。如《老子》:“信言不美,美言不信。”泛指诚实有信用。《白虎通义·情性》:“信者,诚也。专一不移也。”《诗经·卫风·氓》中记述了一名女子被“氓”所弃的故事。当初的“氓”“信誓旦旦”和女子结下百年之好,女子人老珠黄,“氓”又把她无情地抛弃,这“士贰其行,二三其德”的无耻行为和昔日的“信誓旦旦”成了鲜明的对照。这就是背信弃义。而《诗经》的编纂者收入《氓》篇的主要意图就是要“经夫妇,成孝敬,厚人伦,美教化,移风俗”,其核心就是“信”。“信”下可“用之乡人焉”,上可“用之邦国焉”,这和孔子的观点是非常吻合的。孔颖达在《毛诗正义》中对“信誓旦旦”的解释是:“信,不欺也。”说明“信”和“欺”就是相互对立的道德行为。

2.“信”的引申义

“信”的引申义是:真实,不虚伪。如《战国策·楚策一》:“子以我为不信。”《三国志·诸葛亮传》:“谓为信然。”“信”的另一引申义是:守信用。如《荀子·富国》:“已诺不信则兵弱。”《左传·庄公十年》:“小信未孚。”“信”的引申义还有:相信、信任。如《战国策·齐策》:“不自信。”《论语·公冶长》:“听其言而信其行。”相信则听从、任随,所以“信”又引申听从、任随。成语“信马由缰”,就是放松缰绳,听凭马儿任意走。现代人说的信件的“信”,古代叫“书”,而称送书者即送信的人为“信”。后来,“信”由送信人引申指音讯、消息。如李白《大堤曲》:“不见眼中人,天长音信断。”

古人一直把“信”作为人的修行之一,是一个有抱负的人所必须具有的一种高尚品格,也是最高统治者应有的美德。《山海经·南山经》:“(丹穴之山)有鸟焉,其状如鸡,五采而文,名曰凤凰,首文曰德,翼文曰义,背文曰礼,膺文曰仁,腹文曰信。是鸟也,饮食自然,自歌自舞,见则天下安宁。”凤凰就是有高尚品德与情操的国君,“德、义、礼、仁、信”是聚集在他身上的美好品德,有了这五性,才能“齐家、治国、平天下”,才能担负起“天下安宁”的大任。楚汉之争时,项伯曾对刘邦做了这样的评价:“吾令人望其气,皆为龙虎,成五采,此天子气也。”(《史记·项羽本纪》)同时,“信”是维持正常社会秩序的根本,是统治者有效治理国家、维护统治地位的保证。《吕氏春秋》专门有《贵信》篇,对先秦诚信观作了比较系统的总结:“君臣不信,则百姓诽谤,社稷不宁。处官不信,则少不畏长,贵贱相轻。赏罚不信,则民易犯法,不可使令。交友不信,则离散郁怨,不能相亲。百工不信,则器械苦伪,丹漆染色不贞。”这说明吕不韦已经很注意诚信在政治、行政、法律、生活、经商等社会各方面的重要作用了。

(三)“信”的词义变化

对“信”的认识，在不同时期略有不同，因此在五性(常)的排次也随之有所变化。孔子认为“能行五者，于天下为仁矣”，这五者就是“恭、宽、信、敏、惠”，“恭则不侮，宽则得众，信则人任焉，敏则有功，惠则足以使人”。孔子并不把“信”的排位排得很高，其理由是“信”是不学之人也应常具有的品格，如“十室之邑，必有忠信如丘者焉，不如丘之好学也”。因此，孔子把“言必信，行必果”的读书人列为第三等士，排在能“行己有耻，使于四方，不辱使命”的第二等士之后，其地位虽然高于“今之从政者”，但还是属于“硁硁然小人哉”！孟子认为尧舜使契为司徒时所施行的“五教”是“父子有亲，君臣有义，夫妇有别，长幼有序，朋友有信”(《孟子·滕文公上》)。在孟子的伦理道德体系中，“信”居然落到了末尾。汉代的董仲舒提出“夫仁、义、礼、智、信，五常之道，王者所当修饬也”(《举贤良对策》)。这和《白虎通义·三纲六纪》：“五性者何？谓仁、义、礼、智、信也”中“信”的排位，以及在《山海经》中“信”的排次一样，还是排在五性之末。董仲舒所提出的“五常”正是和“三纲”相匹配，成为儒家传统伦理道德的体系。儒家思想发展到宋代，明理学家则将“五常”转为强调“仁、义、礼、智”，“信”只能起着证实四者的辅助作用。

“信”的意义无论是“诚实”“真实”也好，还是“讲信用”也好，讲的都是做人应该遵循的一种道德行为和准则。若违背了“信”的原则，那就是小人了。荀子指出：“言无常信，行无常贞，唯利所在，无所不倾，若是则可谓小人矣。”(《荀子·荣辱》)

三、“诚”与“信”的关系

“诚”与“信”两字的关系有三：诚与信分离、诚与信相连、诚与信互析。

(一)“诚”与“信”分离

在中国古代早期文献中，“诚”“信”二字最初并非连在一起使用的。现存古籍中，出现最早的“诚”字，见于《尚书·舜典》：舜帝“五载一巡守，群后四朝。敷奏以言，明诚以功，车服以庸”。即舜每五年出巡一次，朝见群臣，明确地考察他们的功绩，用车马衣服作为奖赏来表彰他们的功劳。《易·乾》中也包含了两处“诚”字：“闲邪存其诚”“修辞立其诚”。其中的“诚”字，便包含有“诚实，忠诚”之意。不过，早期的“诚”带有强烈的宗教色彩，它往往含有对鬼神的虔诚之意。

我国古典文献中出现得最早的“信”字，见于《尚书·商书》中。商汤在伐桀的誓词中说："尔无不信，朕不食言。"（《尚书·汤誓》）其中的"信"，解释为"可信、相信"。即商汤请人们相信，他会信守诺言。"信"，从春秋开始已经高频率地出现，《论语》中的"信"达38处之多，《左传》中的"信"达217处之多。这些"信"，大多表达的是"诚信"的意思。虽然《论语》和《左传》成书于战国时期，但是《论语》主要反映了春秋晚期孔子的思想，《左传》也是记载春秋的历史。这说明，以"信"表达的诚信的思想从春秋开始逐渐变得明确。

（二）"诚"与"信"相连

《逸周书》出现了"诚"与"信"相连的记载：周公曰："父子之间观其孝慈，兄弟之间观其和友，君臣之间观其忠惠，乡党之间观其信诚。"不过，《逸周书》大多数篇章成书于战国时期，其资料的真实度不强。所以，这不能算是"诚"与"信"相连的最早记载。《管子》一文也出现了"信"与"诚"连在一起的记载。《管子·枢言》中说："诚信者，天下之结也。"就是说，诚信是天下万物的关键。管子是春秋时期的人物，但是，《管子》成书更晚，其资料的可信度不高。先秦儒家中最先将"信"与"诚"连在一起的是战国中期的孟子。《孟子·万章上》中记载：舜的弟弟象想方设法要杀掉舜，企图霸占两个嫂嫂和舜的一些武器和乐器。象走进舜的房间，看见舜正在弹琴时，对舜撒谎说："哥哥啊，我想您想得好苦!"舜见到弟弟"以爱兄之道来"，"故诚信而喜之"。不过，此处"诚信"不是作为一个道德命题出现的。先秦儒家明确提出"诚信"的是荀子，《荀子·修身》："端悫诚信，拘守而详。"《荀子·不苟》："端悫生通，诈伪生塞，诚信生神，夸诞生惑。"《荀子·致士》："诚信如神，夸诞逐魂。"这些都是说诚实守信可以产生神奇的社会效果，相反，虚夸妄诞则产生社会混乱，从而对"诚信"的社会作用给以充分的肯定。

在先秦儒家经典中，诚信思想主要是通过"信"表达出来。在金文词典中，"信"从人从言，或者从人从口，或者从言从口，或者从言从身，均作诚实解。达世平、沈光海解释说："金文'信'，人言会意。言语真实，对人讲信用。"在《说文》中，许慎把"信"归入"人部"，因为在许慎看来，"人，天地之性最贵者也"。"信"理所当然成为"天地之性最贵者"的品质，所以，《说文·人部》说："信者，诚也。"段玉裁将"信"归入"言部"。段注曰："信，诚也。释诂诚信也。从人言。会意曰信武是也。人言则无不信者，故从人言。"那么，何以用"诚"释"信"呢？段注又说："言必由衷之意。"清代朱骏声解释说："信，诚也。从言从人，会意，古文从人从口，又古文从言从心。"至于为何"从言从心"，清代王筠注曰："信，诚也，从人言。古文从言从心，即为言为心声。"

（三）"诚"与"信"互释

由于"诚""信"二字几乎具有相同的意义。许慎在《说文解字》中说："诚者，信也"；"信者，诚也"。《说文》以"诚""信"互释的方式，阐明了"诚信"的本来含义是：诚实不欺、真实无妄、真心实意、信守诺言。至此，我们可以对诚信的内涵做出这样一种解释：诚信作为一种道德规范，它是指个人立身处世、人际交往以及政治活动中以诚实不欺、信守诺言为准则进行自律和他律的一种道德法则。

"诚""信"二者虽然意思相近，可以互释，但还是有所区别并各有侧重。"诚"是指真实的内心态度和品质，它是内在的，重心在"我"。"信"是指"使人信任"，不仅是指个人的诚实无欺，更主要的是关注他人对自己的态度。它是外在的，其重心不在自己，而在他人；"诚"更多地指"内诚于心"，体现了一种自我的道德修养，"信"侧重于"外信于人"，体现了一种外在的社会关系；"诚"更多的是对道德个体的单向要求，其作用在于约束自己，"信"更多的是针对社会群体提出的双向或多向要求，其作用在于规范社会秩序；"诚"更多的是指道德主体的内在德行，"信"更多的是指"内诚"的外化，体现为社会化的道德践行。当然，这种区分并不具有绝对的意义，二者是相互贯通，互为表里的，"诚"是"信"的依据和根基，"信"是"诚"的外在体现。一个人内心不诚，他必将无法使人信任；相反，一个不能取信于人者是无法证明其待人之诚的。正如北宋理学家张载所言："诚故信，无私固威。"（《张载集·正蒙·天道》）非诚无以示信，非信无以明诚。这应该说是对"诚""信"二者关系的精练概括。[①]

四、诚信的语义

（一）诚信的宗教学解释

在我国，诚信最早起源于先民在宗教祭祀时对天神、祖先的敬畏、虔诚的宗教情感。这种情感源于对天神和祖先的崇拜。

1. 源于人们对天神的崇拜

天神崇拜从原始社会的自然崇拜演变而来。在原始社会，由于生产工具十分简陋，使得生产力水平较低，因此人们开始意识到自然力量的可怕，并对自然产生了恐惧心理和依赖感，从而产生了以自然崇拜为内容的原始

① 唐贤秋. 道德的基石：先秦儒家诚信思想论[M]. 北京：中国社会科学出版社，2004：93-96.

宗教。在原始社会时期，人们认为自然也同人一样，具有思想、感情和意志，并且有各自的灵魂存在，这就是所谓的“万物有灵”的观念。后来，随着王权的出现，“天”上升为至上神，成为百神之首。由于天神和自然之神管辖着自然万物，人们为了求福避祸，保证农业丰收，就想办法讨好天神和自然之神等，于是便产生了形式多样的祭祀活动。在宗教祭祀活动中，人们认为神灵无所不能，有求必应，但每个祭祀者必须做到的一点就是要心“诚”，因为只有心“诚”，祭祀者们的精神才可以与神灵相通，从而接受神灵的赐福。这就是我们所谓的“心诚则灵”的原则。在我国古代典籍中，多处强调了这种原则。《尚书·太甲》云：“鬼神无常享，享于克诚。”《尚书·大禹谟》云：“至诚感神，矧兹有苗。”《礼记·曲礼》曰：“祷词祭祀，供给鬼神，非礼不诚不庄。”这种祭祀原则，直接影响了儒家的思想。《中庸》云“至诚如神”，也是这个原则的发挥。

2. 源于人们对祖先的崇拜

祖先崇拜是从原始社会的鬼魂崇拜和图腾崇拜发展而来的。在古代，由于人们相信人死后有灵魂，才会有对祖先的崇拜，为了追寻氏族的生存繁衍之本，从而形成了对先人的敬奉之风。天为百神之首，祖先则为百鬼之先。“万物本乎天，人本乎祖”，为了“报本返祖”，则需要宗教祭祀活动。在祭祖活动中，“诚”同样是必需的要求之一。《礼记·祭统》说：“身致其诚信，诚信之谓尽，尽之谓敬，敬尽然后可以事神明，此祭之道也。”诚信敬尽就是深厚的宗教情感，没有这种宗教情感，宗教祭祀就失去了它的灵魂。为了在祭祖时笃实孝子的思想感情，就必须在心中再现祖先的音容笑貌。祖先的形象不离左右，长存于脑海，思之既诚，祭之必敬，而所作所为必不违离于祖训。这种以诚祭祖的思想同样被儒家所接受和保留。孔子说：“祭思敬，丧思哀”，这就是“诚”。《论语·学而》曰：“慎终追远，民德归厚矣。”主张祭祀祖先时感情上要诚信，祭祀祖先可以培养人们的孝悌之心，突出地强调了以诚祭祖的道德教化功能。①

(二)诚信的词源学解释

从词源看，诚信的意思是诚实守信。由“诚”的“以行成言”之本源含义和“信”的“以言立身”之本源含义派生而来。

在商代青铜器铭文中，“信”是一个会意字，由“言”和“身”构成。这表明

① 肖周录，王永智，许光县，等. 诚信教育论[M]. 北京：中国社会科学出版社，2012：2-3.

远古先民在造这个字时赋予了它"以言立身"的隐含语义，而这正是后世思想家们把诚信当作一个人"立身行己，应事接物"的根本原则的最初词源学依据。最早在篆书中出现的"诚"也是一个会意字，由"言"和"成"构成。这表明远古先民在造这个字时赋予了它"以行成言"的隐含语义，而这正是后世思想家们强调诚信的根本要求，是"言必信，行必果"的最初词源学依据。

现存最早的古汉语词典《尔雅》的编纂者们没有解释"诚"和"信"，但用"诚"和"信"解释"忱""谌""直""孚"等其他语义近义的词："忱，信也，诚也"；"谌，诚也，信也"；"直，信也"；"孚，信也"。由此可以推定，《尔雅》编纂者们视"诚"和"信"为可以通用的同义词。东汉语言学家许慎在《说文解字》中以"信"释"诚"，又以"诚"释"信"："诚，信也，从言，成声"；"信，诚也，从人从言，会意。"他也像《尔雅》编纂者们一样也以"诚"和"信"解释"忱""谌""孚"："忱，诚也"；"谌，诚谛也"；"孚，孵也……一曰信也"。古代语文学家们以"诚"和"信"互释，无助于人们更细致更深入地理解"诚信"的内涵。不过，他们以"诚"和"信"解释其他近义词，倒是可以扩展人们对"诚信"的理解。

语词的含义随着社会的发展而变异，其一般趋势是内涵逐渐丰富。这一点反映在词典编纂中，就是语词的义项与时俱增。现代汉语词典对"诚信"的解释就比古代汉语词典对它的解释要丰富具体一些。现代中国词典编纂家夏征农主编的《辞海》(1999 年版)中没有"诚信"词条，但有作为民法基本原则的"诚信原则"词条。从对"诚信原则"的解释可以看出，《辞海》编纂者们重视"诚信"的以下两个语义："诚实"和"信用"。中国社会科学院语言研究所组织编纂的《现代汉语词典》(2002 年版)对"诚信"的解释是："诚实，守信用。"可见，上述现代词典皆以"诚实"和"守信用"来解释"诚信"。这表明它们都把"诚信"当作一个由"诚实"和"信用"缩合而成的联合词。这是望文生义的结果。如前所述，"诚信"是一个复义词，由"诚"和"信"这两个语义近似甚至相同的词素叠加而成，而不是一个联合词，由"诚实"和"信用"这两个语义虽相关但不同的词语综合而成。"诚信"的语义中确有"诚实"和"守信用"两个义项，但它们为"诚"和"信"这两个词素所固有，而不是"诚实"义项属于"诚"，"信用"义项属于"信"。

综上所述，从词源角度看，诚信就是诚实守信，"诚"和"信"中皆有"言"字，可见古人最重视言语的诚信(简称言诚)，但诚信显然不限于言语的诚信，还有心意的诚信(简称心诚)和行动的诚信(简称行诚)，当然，言语的诚信在诚信的三个方面中占有特殊的位置，因此古人对此特加关注不无道理。

（三）诚信的语义学诠释

从语义角度考察，“诚信”的含义有三个层次，它们相互关联，层层递进，构成一个相对完整的语义结构。

第一层语义是诚实、真实、真诚，或者不欺诈蒙骗、不弄虚作假。它是“诚信”语义结构的基础，其他层次的语义必须在此基础之上生长。古代东方思想家们非常重视“诚信”的这层语义。例如西周的统治者们则把“忠”和“信”作为“九德”中的前两种，另外七种是“敬、刚、柔、和、固、贞、顺”。古代中国哲人们更倾向于从否定方面理解诚信，如“毋自欺”“真实无妄”等。如战国时代成书的儒家典籍《礼记・大学》云：“所谓诚其意者，毋自欺也。”南宋著名思想家朱熹云：“诚者，真实无妄之谓。”

第二层语义是守信、践诺、履约，或者不失信、不违诺。它是“诚信”语义结构的居中的主体，也是联结其他层次语义的必经之路。由于守信、践诺、履约是“诚信”的易于被觉察到的“外衣”，因此一般人最看重这层语义。而注重可证实性的西方思想家们也特别看重这层含义，他们中有些甚至认定诚信就是守信、践诺、履约。在古希腊学术政治宗教三合一团体毕达哥拉斯派的行为规范汇编《金言》中，第一条规范就是“敬重誓言”，也就是信守承诺。该派所说的誓言虽主要指人对神所发的誓言，但也包括人对人所发的誓言。在大多数近现代西方思想家们看来，“诚信”的试金石就是契约，一个人是否诚信以及有多大诚信，就看他是否和怎样遵守契约。先秦思想家们更是把诚信视为立身做人的首要的或根本的原则。如春秋时期孔子云：“人而无信，不知其可也。”一个人若没有信用，就不能立身处世。

第三层语义是相信、信任、信奉，或者不怀疑、不猜忌。在诚信的语义结构中，第三层语义是顶层，必须基于第一、二层语义之上才能建构起来。换言之，没有个人或组织的内在的诚实、真实、真诚，没有个人或组织的外显的守信、践诺、履约，就不可能有个人对个人、组织对组织、个人对组织或组织对个人的相信、信任、信奉。作为“诚信”结构的顶层或外围，第三层语义不太受重视，某些研究者甚至否认“诚信”有这层语义。但是，还是有一些著名思想家的相关言论表明，“诚信”含有其第三层语义。例如，孔子论及治国安邦三法宝——足兵、足食、民信时所说的“民无信不立”中的“信”就是相信、信任。这句话的大意是：如果民众对统治者缺乏信任，那么政权就不能建立和持存。①

综上所述，从语义学上看，"诚信"意指一个人在心意、言语和行动上对自身、对他人、对社会的真诚无妄、信实无欺和信任无疑。

（四）诚信的现代含义

随着社会的发展，诚信的内涵也不断丰富，为了准确地把握诚信的含义，首先要对几对概念进行辨析。

1. 诚信—信任—信用—信誉

（1）诚信与信任

信任是自我通过对他人的行为表现和特征的观察与分析之后，而对其行为的稳定性、可靠性及发展趋势所做出的一种"他会如此、他能如此"的思维惯性式的判断，是自我给予他人的一种预期的确定性。《现代汉语词典》解释说，信任，即"相信而敢于托付"②。

诚信是信任的前提和必要条件，信任是诚信的归宿之一。信任和诚信的不同在于：一是"信"字的含义不同。诚信的"信"是指守信，守信的前提是要先做出承诺或成约；而信任的"信"不是指守信，也不以事先做出承诺或成约为前提，而是指"相信"的意思。二是意思表达不同。在诚信关系中有明确的施信主体和受信主体，而且施信主体和受信主体都有明确的意思表达，即双方都是明知的。而在信任关系中，施信主体和受信主体虽然也明确，但是，它是不需要受信主体的意思表达的。三是行为的方向不同。诚信是双向的，而信任则可以是单向的。这就是说，信任可以由单方发出，不一定需要对方的意思表达，对方也不一定知道。而诚信则是双向的，各自在向对方施信的同时，又成为对方施信的受信。四是信任的内涵与外延也不完全等同于诚信的内涵和外延，而且信任的外延要大于诚信的外延。

诚信与信任既有联系，又有区别。在有的时候，诚信是信任的必要条件，没有诚信，就没有信任。但并非所有的信任都与诚信有关；所有的诚信也并非都能获得他人的信任。在外延上，两者是交叉的关系。③

（2）诚信与信用

信用有三种释义：一是信用即"谓以诚信用人，信任使用。""其君能下

---

① 杨方. 诚信内涵解析[J]. 道德与文明，2005(3)：24-26.

② 中国社会科学院语言研究所词典编辑室. 现代汉语词典[M]. 5版. 北京：商务印书馆，2005：1519.

③ 陈平. 新中国诚信变迁：现象与思辨[M]. 广州：中山大学出版社，2010：10-11.

人，必能信用其民矣。”[①]信用的这一含义更接近于信任而不是诚信。二是信用即遵守诺言，实践成约，从而取得别人对他的信任。信用的这一层含义就是对诚信中“信”的解释，这时的信用已非常接近于诚信。三是信用即价值运动的特殊形式。其形式主要有商业信用、银行信用、国家信用和消费信用。[②] 信用的这一层含义与诚信有明显的不同，诚信是一个道德概念，而信用则是一个经济概念。

信用作为国家聚集、调剂和分配资金的一种形式及其作为国家组织和管理国民经济的重要经济杠杆，其使用的范围和程度受到国家控制。在改革开放前，信用形式和使用范围集中于国家，而企业信用、个人信用被挤压甚至被取消。改革开放后，随着计划经济向市场经济的转变，多种经济形式的出现，出现了多形式、多层次的信用。

诚信与信用在外延上有交叉，因为有的时候信用近乎诚信的意思。信用是国家聚集、调剂和分配资金的一种形式，是国家组织和管理国民经济的一种经济杠杆，而诚信则不具有这层含义。诚信是信用的基础，没有了诚信就没有了信用。信用则是诚信的表现形式之一。信用可以在某种特定形式下被取消，而诚信则不能被取消，它在任何时期都是社会所必需的。另外，信用还有信任以用的意思，而诚信则不具有此层含义。

(3)诚信与信誉

什么是信誉？《现代汉语词典》的解释是：“信用和名誉。”[③]显然，信誉不仅包括了信用，而且还包括了名誉，其外延要大于诚信。从词义本身来看，诚信不包含名誉的含义。名誉已包含了被社会所知晓的程度和美誉的程度，即包含了知名度和美誉度。有诚信，不一定有名誉，即不一定有知名度和美誉度；而有名誉，则一定有诚信。

2.诚信的基本含义

从社会经济伦理的角度看，诚信含有言行真实、内心真诚、坚守承诺、外在信任等四层含义。

(1)言行真实

诚信的首要含义是诚实或言行的真实，这是诚信中“诚”字的主要含义。

---

① 辞海编辑委员会.辞海[M].缩印本.上海：上海辞书出版社，1990：280.

② 辞海编辑委员会.辞海[M].缩印本.上海：上海辞书出版社，1990：280.

③ 中国社会科学院语言研究所词典编辑室.现代汉语词典[M].5版.北京：商务印书馆，2005：1520.

显然，诚实所意味的言行真实强调的是言论的真实，因为即便是伪装做作乃至假冒伪劣坑蒙拐骗的行为，也是通过传递虚假信息的欺骗性语言表现出来的。

需要说明的是，言论的这种真实，是指心口一致或实话实说而不是指说出真理，是伦理上的真实而不是认识论意义上的真实。两者的不同在于，真理一般意味着“作为认识的言论与被认识客体的一致”，而“诚实”却意味着“言论与言行者主体内心的一致”；一个人如果自己相信了某种并不真实的认识然后再传递给别人，我们可以说他的言论不是真理，却不能说他不诚实。区分这一点的重要性在于，由于传统的真理源于谎言的对立面，我们便很容易混淆认识论意义上的真理与伦理意义上的诚实，错误地用言论本身的真理性来衡量言论的诚实性。

(2)内心真诚

如果说诚实主要意指心口一致或实话实说，那么是否意味着为人诚实就必须逢人都掏心窝子呢？这个问题的意义在于，一方面，为人诚实显然并不需要把自己的所思所想都表达出来，将自己的内心和盘托出不仅在很多情况下是一种不负责任的行为，而且事实上也根本没人能够做到这一点；另一方面，故意只说某些实话而避开另一些实话，很可能意味着一种更加高明的欺骗，因为有选择性地实话实说往往会更有效地误导别人。因此，诚实就不仅仅在于实话实说，更重要的是如何实话实说、如何在主观上不隐瞒有可能对他人造成损害的真实信息。可是什么样的实话实说才体现了诚实，在理论上却并不存在明确的客观标准。①

解决这个问题的最有效办法，是在言行的真实中加入真诚的因素，即关照他人利益、与他人合作的真心实意。一个人如果内心诚恳，真心与人为善而不愿损人利己，自然应该知道什么真实信息是不应当加以隐瞒的，从而做到诚信。于是诚字又包含着真诚的意蕴。

(3)坚守承诺

除了诚实之外，诚信的另一个主要含义是守信或对承诺的坚守，这是诚信中“信”字的主要含义。在人际交往中要真正做到诚实不欺、合作双赢，不仅需要狭义的诚实或实话实说，而且还需要“言必信，行必果”，说到做到。这是因为，言论在以合作双赢为目的的伦理关系中不仅具有传递信息的功能，而且具有做出承诺的功能；无论是虚假的信息还是虚假的承诺，都会导

---

① 徐大建.企业伦理学[M].北京:北京大学出版社,2009.

致损人利己、破坏合作的后果。因此,广义的诚实或真实言论不仅包括心口一致或实话实说,而且还包括言行一致或说到做到;虚情假意满口谎言当然不是真实的言论,而一味承诺却从不履行也只能被人认为是不诚实或言论不真实的表现。

(4)外在信任

诚信中的"信"字还有一层含义,那就是为人诚信所必然产生的信任后果。诚信之所以会成为基本的道德准则或品质,归根结底,是由于诚信具有的基本功能:不讲诚信会侵害他人的权益而失去他人的信任,讲诚信则会获得他人的信任而形成双赢的局面。因此,诚信既为做人之本,也是社会正常运行的基本条件之一。就个人而言,得不到别人的信任,在社会上便没有立足之地;就社会而言,缺乏人与人之间的信任,就会充满猜疑和阴谋而衰亡。

由此,信任便成为衡量诚信的客观标准,构成诚信含义不可或缺的组成部分。不知道个人和社会的信任度,就无法判断个人和社会的诚信状况,一味强调内心的真诚而不顾个人和社会的信任度,更会陷诚信于空洞,甚至导致真正的虚伪。

综上所述,我们在讨论诚信时要注意:一方面,诚信具有不同层次的含义,不仅意味着诚实守信的道德规范,而且意味着主观的真诚意愿和客观的信任程度;另一方面,我们决不可将伦理意义上的诚实混淆为认识论意义上的真理,更不可误以为诚实等同于完全的表里如一。①

第三节　诚信文化的本质与价值向度

一、诚信文化的本质

诚信的本质是由心意、言语、行动三者构成的一个整体。对这一整体的描述不是只言片语的概述可以办到的,而需要从以下几个方面做比较细致的分析。诚信在本质上就是一个人或组织的心意、言语、行动三者各自的真实性和一贯性及彼此之间的一致性。这几个方面处于不同的层次,其中心意的真实性和一贯性处于最深层,行动与言语的一致性处于最表层,其他方面居间。

① 徐大建,赵果.古今诚信之辨——基于中西比较的视角[J].伦理学研究,2014(1):45-51.

（一）心意、言语及行动的真实性和一贯性

1.心意的真实性及一贯性

心意的真实性是指一个人不违背自己的心灵，而忠于自己的意志、情感等心理因素。心意的真实性是诚信的众多本质属性中最内在的一种，它不同于人们通常所说的真心实意，其最难发觉也最难做到。如果达成了心意的真实性，也就达到了诚信的高级境界，因此，心意的真实性对于诚信修养是至关紧要的。正因此，古人强调："再三须重事，第一莫欺心。"（《增广贤文》）人生在世，难免要做出这样或那样的违心逆意的妥协退让。合理的和必要的妥协退让不算是违背诚信，但不合理的和不必要的妥协退让就有违诚信了。心意的一贯性是指一个人在确立某种心意之后，在没有明显条件变化的情况下，始终保持这种心意不变。简言之，就是心永恒。精忠报国、尽忠职守等成语实质上描述的就是心意的前后一致性，而朝秦暮楚、见异思迁等则违背了心意的一贯性。

需要强调的是，心意一致性的前提是条件（特别是客观条件）没有发生重大变化。如果这一前提不存在，那么心意的不一致性并不一定是对诚信的违背。例如，一个人背弃本国昏庸的统治者而投靠别国仁明的统治者，这并非对国民诚信的违背。诚信所拒斥的是轻率地背主。诚信支持人们忠于国家，但并不反对弃暗投明；诚信鼓励人们扎根岗位，但并非严禁人们正常调动。

2.言语的真实性及一贯性

言语的真实性是指一个人或组织所说的话语真实地表述了所指涉的对象。这也就是通常所说的说真话。从指涉对象角度来看，言语的真实性可分为自评诚信、他评诚信、社会诚信和自然诚信的言语真实性等。言语的一贯性是指一个人或组织在不同时间关于同一事物所说的话语保持不变，没有明显差异，更不至于相互矛盾或彼此冲突。简言之，就是言有定。就承诺而言，它意指一个人始终保持其所做口头的或书面的承诺不变，直至完成该承诺。

对于自评诚信，要求人们有自知之明，正确地认识和自我评估，切勿自夸自诩，当然，也无须自卑自贱。妄自尊大和妄自菲薄都有违自评诚信；对于他评诚信，要求人们正确地看待和评判他人，不可阿谀奉承，更不可造谣诽谤。刻意逢迎与恶意中伤都有违他评诚信；对于信息诚信，要求人们尽可能全面如实地发布关于社会事物的信息，不可夸大或歪曲事实，不可添油加

醋、以偏概全。[1] 对于自然诚信要求人们尽可能精确地表达关于自然事物的属性和关系的知识,不可任意编造或改动客观事实,不可歪曲自然事物的本质和规律,不可以点代面、以特例为常规,更不可出于神秘主义、蒙昧主义、利己心、虚荣心等而炮制和传播伪知识、伪科学。

3.行动的真实性及一贯性

行动的真实性是指一个人或组织所采取的行动确切真实地反映其自身的实际情况。通俗地讲,行动的真实性就是踏踏实实做事,老老实实做人。行动的一贯性是指一个人或组织在不同时间对同一对象所做的事情在价值倾向上是相同的。简言之,就是行有常。阳奉阴违、两面三刀等成语所形容的行为都违背了行动的一贯性这一本质。古人称赞识时务者为俊杰。这种称赞有一定道理,但要加上限制性条件。即只有当识时务者的向背去留不违背正义时,他才可以被称为俊杰;否则,只能被斥为反复无常的小人。

(二)言语、行动与心意的一致性

1.言语与心意的一致性

言语与心意的一致性是指一个人或组织所说的话语能够真实反映其意志、思想或情感等心理因素。通俗地说,言语与心意的一致性就是怎么想就怎么说,或者说真心话。这里需要指出的一点是,说真心话不等同于说真话。前者强调的是话语与心意的一致性,后者强调的是话语与实情的一致性。只有当话语指涉的对象是心意时,说真话与说真心话才是一回事。例如,言不由衷、词不达意等成语所表达的意思都违背了言语与心意的一致性。

在某些情况下,人不得不说违心的话。那么,在何种情况下,人可以暂时放弃言语与心意的一致性呢?这里有一个原则就是,在违心说话不会伤害他人而不违心说话会危害自身之时。例如,在古代中国,一言不慎就可能送命乃至株连九族的臣僚对皇帝说话时难免不出违心之言。

2.行动与心意的一致性

行动与心意的一致性是指一个人或组织所采取的行动真实地反映了其意志、思想或情感等心理因素。简明地说,行动与心意的一致性就是怎么想就怎么做,做真心事。笑里藏刀、绵里藏针等描述的做法均违背了行动与心意的一致性。例如,司马迁《史记·吴太伯世家》挂剑冢树的故事中的季札

---

① 杨方.诚信本质的六个层面[J].吉首大学学报(社会科学版),2005(4):33-36.

超常地做到了行动与心意的一致。季札代表吴国出访，途经徐君府第，后者羡慕其佩剑而未言，前者心知此事，但因要出使而不便当即赠剑。待季札出使归来再造徐君府第时，后者已死，前者便把自己的佩剑挂在死者陵墓旁的树上。随从人员问道："徐君已经死了，你的剑还送给谁呢？"季札答道："我曾在心里答应赠剑于他，岂能因为他死了而违背我的心意？"

但在某些特殊情况下，行动与心意的不一致是允许存在的。例如，在戏剧表演中，演员往往需要保持行动与心意的不一致，以免陷入角色的情感中不能自拔从而使演出难以为继。再如，在某些地方，妇女代人哭丧，她们也需要保持行动与心意的不一致，否则她们将因不能坚持足够长的时间而丢掉饭碗。只不过，这些都只是特殊的情形，因此我们不能否定保持行动与心意的一致性在现实生活中是非常必要和重要的。

3. 行动与言语的一致性

行动与言语的一致性是指一个人或组织把自己所说的话与所做的事统一起来，就是我们所说的用行动实现诺言。通俗地讲，就是怎么说就怎么做，或者说到做到。在诚信的众多本质要素中，行动与言语的一致性历来颇受重视。大多数人一提起诚信，就会想到这一点。有些思想家们论及诚信时甚至仅仅强调这一点。例如，战国时代著名思想家墨翟如此论说诚信："言必信，行必果，使言行之和，犹合符节也，无言而不行。"（《墨子・兼爱》）他认为"言足以复行"的人是值得信赖的"有常"君子，而"言足以举行"的人是夸夸其谈的"无常"小人。《韩非子・外储说左上》的曾子杀彘的故事中，战国时期思想家曾参因他妻子的一句戏言，其妻为哄小儿子不要随她去集市而戏称回来后宰猪烹肉给他吃，其后曾参真的宰猪烹肉给儿子吃，因为他不想让子女对父母失去信任。

诚信本质的这几个方面虽处于不同的层面，但其围绕的核心都是诚实守信。其中，心意的真实性和一贯性处于最深层，奠定其他层面的心理根基，且最难被察觉，也最难做到。行动与言语的一致性处于最表层，成为其他层面的最明显的表征，正因此，人们往往以言行一致指代诚信。比较而言，行动与言语的一致性无疑最易被察觉，也最易做到。其他四个方面则介于最深层与最表层之间。其中，言语与心意的一致性、行动与心意的一致性所处的层次较深，因而相对地较难觉察，也较难做到；言语的真实性和一贯性、行动的真实性和一贯性所处的层次较浅，因而相对较易察觉，也较易做到。综上所述，若依据由深到浅的层次排列，诚信本质的六个方面则依次是：心意的真实性和一贯性—行动与心意的一致性—行动的真实性和一贯性—言语的真实性和一贯性—行动与言语的一致性。[①]

二、诚信文化的价值向度

纵观现代社会对“诚信”的文化诠释，大体上有三种价值向度：一是目的论取向；二是策略论取向；三是工具论取向。值得留意的是，它们不仅是理论上对“诚信”的理解和诠释，更进一步由这些理解和诠释衍化为践行诚信的三种动力。三种价值向度中，目的论的理解在强大的市场规则和世俗法则中日渐隐退；功利论的理解则表现得比较隐蔽，重要原因之一是它与中国传统的伦理道德有一定的间隙；相对来说比较前沿，且拥有比较大的认可度的是策略论或战略论的理解。

（一）目的论取向

“诚信”文化的目的论取向的主要代表人物是康德。目的论被认为是传统的，其范式就是康德“善就是善的目的”。在康德看来，“诚信”的根本在于敬重诚信法则这一特殊的道德情感的养成，并且他还认为，人必须努力克服外部世界的干扰，善于清除任何功利的动机，才能保证“诚信”的纯洁和高尚，从而无私地践行诚信法则所包含的道德责任，也只有这样“诚信”才可能成为人的一种“义务”，继而在感性世界中获得令人敬重的地位。当人不是为了别的目的而只是为了诚信而诚信的时候，这样的行为就有了道德价值。例如，如果商人发自内心地认为骗人不符合道德，且先把发财抛在一边，没有主动获取利润的目的，仅仅以为了践行“诚信”为目的，虽最终没能取得任何成就但也不放弃“诚信”，这才是真正的“诚信”，该商人才真正具备“诚信”的美德。

另外，康德还主张，诚信行为全部价值的本质性东西取决于：诚信法则直接地决定意志。尊奉诚信，必须以诚信为目的，诚信法则是诚信行为的决定性根据，否则就不是德性或道德的善，至少歪曲了它的本性。它要求活动和行为，坚定不移地贯彻落实诚信的意图，因对诚信法则的纯粹敬重而使人的道德激情猛烈迸发，变敬重为战斗的诚信行为。“我们受着理性的节制，并且在一切准则中都不应忘掉要全心全意地屈从于它，对它有所减损，也不要因为私心妄想，把我们意志的动机不置于法则自身和对这个法则的敬重里面，而把它置于别处，因而减损了法则的权威。我们应把我们与法则的关系称为职责和义务。在那个被自由所建立并被实践理性提出来让人敬重的

① 杨方.诚信本质的六个层面[J].吉首大学学报(社会科学版),2005(4):31-36.

道德国度里，我们诚然是立法者，但同时又是其中的臣民，而非统治者，因而我们如果忽视了我们(作为被造物)的低微等级，而妄自尊大地排斥了神圣法则的权威，那在精神上就已经背叛了那个法则，纵然我们实现了它的条文。"①康德认为，"对于道德法则的敬重是唯一而同时无可置疑的道德动力，并且这种情感除了仅仅出于这个根据的客体之外，就不能指向任何客体"②。

对于诚信道德法则的敬重，不仅是造就诚信德性的动力而且就是诚信德性本身。在康德看来，诚信本身就是目的，诚信要比一切政策更好，按照这个法则，判断"我们应该如何行事"并不是什么难事，即便是一般的人，也知道该怎么做。因为诚信法则是人人不辩自明的。一个言而无信或出尔反尔的人，只要他一拿诚信法则去衡量自己，他就一定会从内心鄙弃自己。因此，对诚信法则的"敬重心"来说，乃是唯一的而同时又无可怀疑的道德动机。虽然诚信法则的定言命令不容违背，但是如果一个人是出于对诚信这一道德法则的"敬重之情"，那么，他就会心甘情愿地置身于精神或灵魂的更高级的境地，以寻求自我心灵的慰藉。

(二)策略论取向

策略论将诚信当作个人尤其是企业达到其社会或经济目的一种发展策略，这种理解初看起来缺乏理论根据，实际上在西方现代学术研究中，早就存在一种将文化当作"战略"的特殊学术的视角。③ 西方人有句格言："诚实是最好的策略。"诚实常常能比欺骗带来更大的好处，尤其从长远和总体看更是这样。诚实的信誉一旦建立，会自动保护诚信者的利益。④

道德行为所导致的对个人或企业的某些利益，看作是道德行为的"副作用"，比"正作用"或"根本作用"更具有文化合理性，也更有文化解释力。道德的文化本性和文化本务如果是对利益的谋求，甚至主要是教导人们如何去谋求利益，那么道德就是一种谋利的策略。

---

① 伊曼努尔·康德. 道德形而上学原理[M]. 苗力田，译. 上海：上海人民出版社，2005:36.

② 伊曼努尔·康德. 实践理性批判[M]. 关文运，译. 桂林：广西师范大学出版社，2002:84.

③ C. A. 冯·皮尔森. 文化战略[M]. 刘利圭，蒋国田，李维善，译. 北京：中国社会科学出版社，1992:79.

④ 何怀宏. 良心论[M]. 北京：北京大学出版社，2009:118.

(三)工具论取向

功利论是自边沁、密尔的功利主义产生以来就存在的一种道德诠释,在中国市场经济发展中,它被逐渐发展为一种被认为是有效和有解释力的道德理解模式。功利主义思想的源头可以追溯到古希腊的伊壁鸠鲁的快乐主义(hedonism)。伊壁鸠鲁认为,快乐是幸福生活的开端和目的,因为幸福生活是人天生的最高的善,人生的最高目的就是得到快乐,并以此来判断一切的善。边沁接受了经验论的道德学说的人性观,把人性的本质解释为对利益的追求。所谓道德的功用和效果就是,一种具有给所有当事人求福避苦特性的行动,也就是给人带来利益、福祉,产生快乐,同时免除伤害和痛苦。

在这种快乐主义的人性观的基础上,边沁建立了他的道德的功利原则:"功利原则指的就是,当我们对任何一种行为予以赞成或者不赞成的时候,我们是看该行为是增多还是减少当事者的幸福。"①因此,边沁的功利主义可以称为快乐论的功利主义。他的快乐人性论是他的道德实践论的基础。边沁提出的功利原则意味着能够满足人们对快乐的追求的行为和原则就是善的,也就是道德的;如果行为和原则给人们带来了伤害和痛苦,就是恶的,就不具有道德价值。所以,按照边沁的道德的功利原则,道德本身不是行动和实践的目的,而只是实现利益、获得快乐的工具。②

在道德问题上,密尔仍然诉诸功利原则。③ 他与边沁一样,把追求快乐和幸福作为人性的本质,他保留了边沁的功利主义思想的基本原则,但是又对它做出了修正。如果人性仅仅追求物质的欲求满足之后的快乐,道德行动便不能产生利他性,人也将丧失对能够为个人和社会带来普遍利益的道德行动的追求,结果是人对美德、普遍的善不再感到快乐,不再对精神的愉悦感兴趣,这反而使道德行动的功利不能实现。

密尔为普遍的功利主义提出了源自人们内心的情感基础,这就是人们的道德情感。道德情感来自社会情感,即每个单个的人在存在中与他人成为一体的情感的渴望。④ 这种社会性情感使人自然地把个人的快乐与他人

---

① 周辅成.从文艺复兴到十九世纪资产阶级哲学家政治思想家有关人道主义人性论言论选辑[C].北京:商务印书馆,1996:582.

② 金生鈜.德性与教化——从苏格拉底到尼采:西方道德教育哲学思想研究[M].长沙:湖南大学出版社,2003:231-232.

③ 约翰·密尔.论自由[M].程崇华,译.北京:商务印书馆,1982:11.

④ 穆勒.功用主义[M].唐钺,译.北京:商务印书馆,1957:33.

的快乐联系在一起，使每个共同生活的人具有了共同的目标，也使人人把实现他人的利益看作是于自己有益的行动，在这种行动中获得了共同生活的道德情感的体验。

边沁的功利原则回避人在道德生活中所获得的精神品质——德性。但是，在现实中，我们不能排除有的人出于纯粹的对美德的热爱而追求美德，它们不以道德行动作为获得功利的手段，他们的纯粹德行表现了作为个人品质的德性。密尔承认美德的存在以及人对美德的追求，但是，他把美德置于功利主义原则之下。美德之所以被人追求，因为它能够促进公共利益和社会福祉。

第三章　小学校园诚信文化的构成要素

从狭义角度理解，诚信文化是文化的下位概念，因此它具有文化的所有属性，文化的构成要素自然也是诚信文化的构成要素。同时诚信作为道德的范畴，又有其自身独特的个性。小学校园又是一个特殊的文化存在，因而必然有其自身的特点。为了厘清小学诚信文化的构成要素，本章按照结构学的逻辑，依据文化和诚信文化的构成要素，剖析小学校园诚信文化，梳理其构成要素以及各要素之间的复杂关系。

第一节　诚信文化的构成要素

诚信文化既属于文化范畴，又属于道德范畴。诚信文化是一个复杂的系统，从不同视角不同维度可以给予它不同的定义，因而也就由不同的要素构成。在分析诚信文化的构成要素之前，首先要分析文化的构成要素。

一、文化的构成要素

"我们说的文化不是平面的，而是立体的。"① 文化结构是指文化系统内部诸多要素相互联系、相互作用的方式与秩序，各要素之间相互作用、相互影响，使文化不断发展。在整个文化系统中，各个要素通过一定的方式有机组合，从而使得文化呈现出一定的结构。文化系统的结构具有复杂性，若干

---

① 钱穆. 国史新论[M]. 北京：三联书店，2001：346.

系统组成一个高级系统，这个高级系统又可能是另一个系统的子系统。分析文化的结构要素，必须从不同层次不同维度进行。因此，讨论文化的构成要素在某种程度上是极其困难的，不同的人有不同的见解。

（一）文化层次

文化具有不同的层次，不同的人对文化层次的划分也各不相同，诸如钱穆的三层次说①、余英时的四层次说②、庞朴的三层次说③等。但不论怎么划分，大体上都主张文化从内到外有三个层次：表层结构、中层结构、深层结构，或者说底层文化、中层文化、高层文化。本书从个体的角度出发，将文化分为以下三个层次。

1. 高层文化

人格理想处于文化结构的高层，因此相关的人格文化就是高层文化，它包括学术文化和文学艺术文化两个组成部分。中华文化和世界各国文化的人格理想，首先寄托在文学艺术作品之中，其次表现在学术文化所追求、表述的真理之中。高层人格理想的基调或实质，是无私奉献自己的一切，造福各民族和全人类。

2. 底层文化

与高层文化相对的是底层文化。它指的是人身文化，即人类个体的肉体文化和精神文化。在这一层次，人格就是指人的个性。底层文化是对人身文化的观察和思考。人自身是肉体与精神的统一体，在其他人文社会科学中，人自身的对象时常被淡忘，被排斥，致使许多学者在论著中对人自身产生误解。余秋雨曾抱怨“中华文明较少关注个体意义和机体意义上的自

---

① 钱穆把文化划分为三个层次：首先是“物质的”，亦可说是“自然的”人生，或“经济的”人生。此是人类生活最先必经的一个阶段，我们可称之为文化的第一阶层。其次是“社会的”人生，或称“政治的”人生、“集团的”人生。这是第二阶段的人生，我们称之为文化的第二阶层。最后才到达人生的第三阶层，我们称之为“精神的”人生，或说是“心灵的”人生。这是一种无形累积的人生；这是一种历史性的、超时代性的哲学化的人生。参见钱穆. 文化学大义[M]. 台北：联经出版事业公司，1998：11-13.

② 余英时继承和发展了钱穆的文化变迁三层次的观点，提出了文化四层次说，即物质层次、制度层次、风俗习惯层次和思想与价值层次。参见余英时. 从价值系统看中国文化的现代意义[C].“文化：中国与世界”编委会. 文化：中国与世界：第1辑. 北京：生活·读书·新知三联书店，1987：88.

③ 庞朴. 文化结构与近代中国[J]. 中国社会科学，1986(5)：81-93.

我"①。底层文化人格，是人格理想的起点，因而对它的起码要求是热爱生命，不损害自己，保持个体身心健康。这是崇高人格理想的底线，若离开它，人格理想完全是空谈。

3. 中层文化

处于高层与底层文化之间的是中层文化，即社会物质文化和制度文化。在这一层，存在着文化整合的巨大空间，如同文化人格的大熔炉。中层文化的人格实质，是在底线的起始点上更进一步，不要损害别人，使全社会所有个体彼此间和睦相处。

文化的层次结构及其各层的文化人格基调大致可以概括如图 3-1 所示。

文化
- 高层文化
  - 学术文化——无私奉献
  - 文艺文化——造福人类
- 中层文化
  - 社会物质文化——不损害别人
  - 社会制度文化——全社会和睦相处
- 底层文化
  - 人的肉体生命文化——不损害自己
  - 人的精神文化——保持身心健康

图 3-1 文化的结构层次

从整体看，文化与人类的日常生活息息相关。人总是首先作为个体的人出现的，而每个人要生存下去就必须满足生命本能的基本需求，如此满足这种基本需求的文化形态，诸如衣食住行等方方面面的文化，便成了文化的最基础或最基本的层次，亦即底层文化；但人又是一个社会性的存在，自然要与他人、群体和社会进行种种交往，为了保证交往的有序和顺畅就必须建立各种制度与规则，因而就形成了各种社会文化，诸如社会制度、行业规则等，这便是中层文化；而人类与动物的最大的区别在于心理层面的差异，在不同的历史时期、不同的社会形态中、不同的种族或民族或地区中、不同的性别或不同的年龄阶段，人类的心理需求和满足过程是极其不同的，而表达这种差异的方式往往是文学艺术，这就是高层文化。这三层文化交织贯穿人类生活的整个过程，因而产生了丰富多彩的文化式样。"文化构成的层次性，使我们感受到文化存在的多样性和丰富性，这是由作为地球上最复杂的高级动物——人类及其所组成的社会的复杂性决定的。"②

① 余秋雨. 千年一叹[M]. 长沙：岳麓书社，2013：71.

② 陈华文. 文化学概论新编[M]. 北京：首都经济贸易大学出版社，2009：21.

(二)文化要素

文化是一个极其复杂的概念,它一方面由文化特质、文化丛、文化区、文化模式等概念构成;另一方面,不同的文化元素或文化丛之间具有一定的秩序关系。但不管文化的概念如何繁多,秩序关系如何复杂,其中有四个要素是在讨论文化时不可或缺的,它们是物质文化、制度文化、行为文化和精神文化。

1. 物质文化

物质文化也称器物文化,是人类在满足自我生存、克服自然、适应自然并改造自然、战胜自然过程中创造的文化形态,它包括生产工具、生活工具的诸多要素或内容,诸如动物的畜养、植物的种植以及加工工具的形态、衣饰的材料及其加工和制作、居室的建造及其可以感知的形态和内容、交通工具等。总之,它包括人类的"饮食习惯、住所、运输与旅行、服装、器皿用具、武器、职业与工业"①方面的内容,是人类物质生活资料生产方式和产品的总和。

物质文化不仅是人类创造的最原始的文化形态,同时也是人类在文化延续期间不断创新发展的文化形态。如生产工具,它除了具有丰富的内容之外,在世界各地各民族中存在着巨大的差异,并且处于不断地更新过程之中。在文化系统中,物质文化是整个文化的基础,也是其中最活跃、变化最快的要素,它是衡量一个民族或一个时代的文化发展程度的外在标志。

2. 制度文化

制度文化是人与社会交互作用的产物,它是通过规范的习惯或文字文本形式固定下来的,人们生产、生活典范的文化成果,如风俗习惯、行为规范、组织形式、典章制度等。一般来说,以文字规范形式出现的制度文化是制度文化最重要的组成部分,而习惯性规定的制度文化是文字性规定的制度文化的民间部分,二者的适应范围和对象不同。前者对应的是全体民众或国民或团体,后者仅仅在传统的社会或团体中起作用。制度文化具有很大的层次性。国家层面的法律制度适用于全体国民,它以宪法为最高规范。除了国家层面的法律制度之外,还有区域性的法律制度,如地方性的法律法规等。

制度文化反映人与人之间的关系,它一旦形成,就成为一种规范,制约

---

① 陈序经.文化学概观[M].北京:中国人民大学出版社,2005:248.

着特定群体中人们的行为，有相当的稳定性与继承性。

3. 行为文化

“狭义的行为是指能够观察道德一切外在的活动；广义的行为除了包括狭义行为之外，还包括内在的思想和心理过程。内在的思想和心理过程支配外在的行为，外在的行为是内在思想和心理过程的表现。”①也可以理解为行为是人类生活态度观念的外显，它是在一定的物质环境中，不同的个人或群体，在社会文化制度、个人价值观念的影响下，在生活中表现出来的某种行为的基本特征或对内外环境因素刺激所做出的能动反应。行为文化主要指通过日常生活中的各种行为方式进行表达的文化形态。人类是具有文化的动物。这些所谓的文化，表现在日常生活中，就是各国、各地区、各民族的人民在行为方式上存在的各种差异巨大的习惯性现象。

行为文化的内容广泛，涉及人类生活的方方面面，诸如人们的交往、生活、生产、婚姻、丧葬、喜庆等，它不以文字的形式记录，但它却是每一个生活于其间的人必须习得的知识。没有这种知识，人们不仅不能适应其所在地区、所在族群的生活，更不能融入该地区、该族群的生活，当然也无法被该地区、该族群的文化接受。

4. 精神文化

文化系统的里层是精神文化，如价值观念、思维方式、道德情操、审美情趣、宗教感情、民族性格等，是文化的核心部分。精神文化是一种看不见摸不着的文化。一方面，它通过人类所有的文化进行传达，如通过建造宏伟而又精美的建筑来展示王国的强大或富有等，并通过这种展示获得某种精神上的慰藉；另一方面，它通过一些特殊的文化形态来直接展示人类不同于其他动物的观念、意识、信仰、心理等需求。后者，我们常常称它为精神文化。

精神文化的内容涉及诸多层面，它包括宗教信仰层面的文化，文学与艺术层面的文化以及语言层面的文化。很多情况下，精神文化决定了物质文化的创造形态和内容，如对民族器物的审美角度就由精神文化层面决定。同时，精神文化还决定一个国家、一个地区或一个民族文化的特色或差异，如宗教信仰与民间信仰、民族语言的差异，决定一个国家、一个地区或一个民族文化的发展方向，决定人们的生活方式，决定人们的道德伦理、价值观念、审美习惯和思维方式。因此，精神文化是一种人类文化中不可或缺，有着其他文化形态不可替代作用的文化形态，它是文化的灵魂和中枢，决定并

① 库少雄. 人类行为与社会环境[M]. 武汉：华中科技大学出版社，2005：2.

在一定程度上支配其他文化形态的存在。

精神文化，是文化的核心部分，是一个民族在特定的自然与历史环境中积淀而形成的，带着鲜明的民族特点，是文化变迁中最难改变的部分。

二、诚信文化的构成要素

诚信文化隶属于文化，文化的构成要素自然是诚信文化的构成要素；但诚信文化又是一种道德存在，因而在构成上又有其特殊性。诚信文化的构成要素可以从主体、过程、内容三个维度进行分析。

（一）从主体维度分析

人们通常所说的诚信，是指发生在主体和客体之间的行为，即行为主体对客体对象的诚信不欺和信守承诺。那么谈到诚信，必然涉及诚信的主体、客体以及两者之间的关系。“由于主、客体之间一般都是基于某种既定的身份、角色形成相互间的联系，并且这种联系又同时内含着某些特定的角色责任和义务，这就必然使不同的诚信主体所应体现的诚信要求不尽一致。”[①]同时，由于现代社会主体多由各种现实方式和组织方式构成，社会主体多元化，从而也导致了诚信主体的多元化。根据现有社会体系，可以将诚信文化的主体大致分为政府、企业和个体。

1. 政府

对于政府的定义，在政治学中有广义的政府和狭义的政府之分。狭义的政府指行政机关，俗称官府、衙门、公家等。广义的政府是一个政治体系，是包括立法机关、行政机关、司法机关、军事机关等公共机关的总和。不管从哪个方面认识政府，它的本质内涵是不变的。

首先，政府是国家权力的行使主体，它按照国家的意愿，运行国家赋予的权力。因此，政府代表的是国家的意志也必须以执行国家意志为准则。某种程度上，政府行为也具有了国家象征意义上的权威性。其次，政府要按照国家要求系统地行使权力，必须以一定的政府体制作为基本框架。满足要求的政府体制系统必须是有着完整而严密的结构，保证权力的正常运行。最后，政府作为具体的权力执行主体，它是集权、责、利于一体的行为主体。也就是说，政府的行为过程首先是履行政府责任的过程，接受国家授权的同时也意味着承担责任。政府利益是政府权力的衍生形态。

政府的这些内涵决定着政府在诚信文化中的地位。政府从本质上讲，

---

① 王良. 社会诚信论[M]. 北京：中央党校出版社，2003：247.

反映的是一种权力委托与利益互动的关系，能够维系这种关系的正常运转的主要因素有两个：信任、诚信。第一，信任即人民对政府的信任，这是前提和基础。政府是代表国家，也就是代表人民行使权力。只有获得了人民的信任，政府才能获得授权并且保持这种授权。第二，诚信即兑现对人民的承诺——维护和实现人民的利益要求。政府只有讲诚信，守诺言，才能够获得人民的信任。所以，政府诚信是政府工作、政府文化的重要内容。它不仅是政府自身存在的基础，而且对于维持国家的正常运转，维护国家尊严，保证人民基本利益也起着至关重要的作用。

政府诚信是指以政府各部门为主体的诚信，指政府必须在公共事务中履行对公众的承诺，遵循诚实信用原则和规范。政府诚信是现代社会中政府责任的重要标志，体现的是对政府主体的要求。具体来说，政府诚信文化主要包括三个方面的要求：实事求是的行为品格和行为方式、言行一致的行为准则和忠于人民事业的信念与理想。实事求是是构建政府诚信的基础要素和基本要求，言行一致是政府执行决策的具体要求，忠于人民事业的信念与理想是政府诚信最核心的内容。

2. 企业

1988 年颁布的《中华人民共和国全民所有制工业企业法》规定：企业（全民所有制工业企业的简称）是“依法自主经营、自负盈亏、独立核算的社会主义商品生产和经营单位”①。它是一种社会经济组织。现代经济学理论认为，企业内涵不仅包含商品生产者、市场主体，也不仅仅是追求利润的最大化，企业的真正内涵是不同要素的拥有者经由市场交易达成一个长期契约。这种契约连接不仅存在于各种要素的拥有者之间，还存在于企业内部成员之间，以及企业与消费者之间。要实现各自利益的最大化，契约关系的各方当事人就必须信守承诺、履行自己的责任和义务。因此，企业性质决定了，企业不仅仅具有经济上和法律上的规定性，而且还内在地具有诚信伦理的规定性。只有按照规定运行，企业才能获得一个稳定而长远的发展根基，实现企业、市场、消费者的共同收益。

企业诚信是以企业为主体的诚信文化。为了保证市场的正常运转、企业与消费者的利益都得到保障，企业必须遵守契约，讲究诚信。企业诚信的具体要求表现在要素市场的契约关系、企业与消费者及社会的契约关系。要素市场的契约关系包括资本与劳动的契约关系、资本与资本的契约关系、

---

① 贾怀廷. 企业法规选编[M]. 开封：河南大学出版社，1988：1.

货币资本与生产资料两大要素所有者之间的契约关系。这些关系即生产资料持有者、设备原料占有者和劳动的提供者之间的关系。这部分企业诚信强调的是，企业与企业之间的合作契约精神和对企业员工的契约精神。要求作为诚信主体的企业，对其合作伙伴和雇用的劳动力兑现诺言，保证生产的顺利进行。

企业与消费者之间的契约关系是企业诚信另外一个重要部分。根据马克思的资本运动公式，货币的流通、商品的交换通过 W—G—W 的形式实现。“商品流通的过程是 W—G—W，由商品转化为货币，再由货币转化为商品，为要买而卖。在这种形态之旁，还有第二种要特别加以区分的形态，是 G—W—G，由货币转化为商品，再由商品转化为货币，为要卖而买。”“在第一阶段 G—W(或买)上，货币转化为商品；在第二阶段 W—G(或卖)上，商品再化为货币。”[①]为实现商品的使用价值，企业必须将商品销售出去，这就涉及企业与消费者之间的契约关系。在这个过程中，企业的诚信在于能否满足消费者的需求和利益。企业诚信或者与消费者之间的契约要求企业必须履行对消费者的承诺，保障消费者的权利。这样才能赢得消费者的信任，维持消费关系。另外，企业诚信还包含了社会责任，不仅要满足消费者的需求，还应该维护社会利益，不能为了获得自身利益不择手段，以牺牲社会利益破坏环境为代价。也就是说，企业还应该承担起保护环境、节约资源的责任。

3. 个体

个体是社会组成的最小单元，也是诚信主体中的最小单元。每个个体都不是独立存在的，他身处于特定的社会关系中，这些社会关系意味责任与义务，对自己、对他人和对社会的责任。而诚信是社会成员在为人处事、人际交往、家庭关系和事业发展方面应遵循的诚信行为规范，是社会成员立身处事的基本原则、人际交往的基本前提、家庭和睦的基本条件、事业发展的重要保证。

第一，人有诚信则可以得到他人的信任，进而可以在社会立足，行事方能通达。“没有信任，我们的日常生活是不可能进行的。”[②]个人是群体中的个体，不可能脱离群体独自生存。每个人都是生活在特有的群体中，有着多

---

① W 代表 warenmarkt，德语，商品市场的意思；G 代表 geldmarkt，德语，货币市场的意思。参见马克思. 资本论[M]. 郭大力，王亚南，译. 北京：人民出版社，1956：150.

② 郑也夫. 信任：合作关系的建立与破坏[M]. 北京：中国城市出版社，2003：35.

个人际交往圈子。要想在群体中立足，得到群体其他成员的认可，就必须信守承诺；否则，言而无信、背信弃义的人不仅会受到舆论的谴责，被社会其他成员排挤，严重的还可能受到法律的制裁。

第二，诚信是人际交往的基本前提。个人诚信使得个体在群体中有了立足的基础，要进一步进行人际交往，诚信则是交往的名片。诚信的人才会拥有更多的朋友，在群体中树立高的信任度。

第三，在家庭生活中，个人诚信与否决定家庭是否和谐。个人诚信影响夫妻间的关系。婚姻关系就是对彼此的承诺，现代婚姻是受到法律保护的。男女双方一旦结为夫妇，必须恪守夫妻间的诚信，真诚相待，履行对对方的责任。家庭中和睦的父母与子女关系、兄弟姐妹关系也离不开诚信。家庭成员间不仅要相互信任，讲究诚信也是相亲相爱的基础。

第四，个人诚信是职业发展的保证。诚信的人才能得到上司和同事的认可。在求职过程中，如实地呈现个人简历信息和自己的真实能力，不捏造事实，不夸大自身能力。在工作中，个人诚信要求忠于自己的职责，认真负责地完成任务，履行岗位应尽的责任；同时，遵守公司规定，维护公司正当利益；最后，还应与同事坦诚相处。

个人、企业和政府作为不同的诚信主体都是社会生活中必不可少的成分，同时也是社会诚信中紧密相连的三个组成部分。然而，个人、企业和政府在现实生活中扮演着不同的角色，个体诚信、企业诚信和政府诚信在社会诚信体系中也占据着不同的地位。“个人诚信是基础，企业诚信是核心，政府诚信是保障。个人诚信是社会诚信的最直接表现，是社会诚信的基础。企业、政府都是为一个个社会个体服务的。”①没有个人诚信，企业诚信和政府诚信就没有存在的意义。只有当无数个个体坚持诚信行为，才会实现企业、政府的诚信。政府是代表人民使用国家权力的主体，政府诚信对社会个体组织具有引导和示范作用，直接影响其他社会主体的诚信行为。同时，政府也是社会运行的管理者，监督和保障社会诚信的运行。政府自身也具有内部诚信，当政府诚信建立起来时，才能维持人民的信任。企业诚信涉及社会经济，是社会诚信的核心内容。“个人诚信和政府诚信都要为企业诚信服务，企业诚信需要个人诚信和政府诚信的支撑。”②

① 李桂梅.诚信的类型分析[J].中共长春市委党校学报，2005(6)：13-16.

② 李桂梅.诚信的类型分析[J].中共长春市委党校学报，2005(6)：13-16.

（二）从形成过程维度分析

人的品德由知、情、意、行四个要素组成，具体是指认知、情感、意志、行为。诚信是一种品德，其结构上也由四个要素组成：诚信认知、诚信情感、诚信意志、诚信行为。从形成诚信认知、培养诚信情感、树立诚信意志到付诸行动，也可以看成是诚信形成的基本过程。

1. 诚信认知

认知或认识（cognition），在心理学中，指通过形成概念、知觉、判断或想象等心理活动来获取知识的过程，即个体思维进行信息处理（information processing）的心理功能。而哲学的解释是"认知是人脑对实际的辩证反映"①，它是"施行的前提，施行须有认知做指导"②。因此，诚信认知是诚信行为的前提，它将指导诚信行为。认知首先是从个别主体获得，再发展起来和传播开来。当认知在人与人之间交流，并逐渐传授开来，就形成"社会认知"。③ 也就是说，认知不仅有个体的认知，还有群体的认知、社会组织的认知。

诚信认知，是诚信主体对现实诚信关系和诚信规范的认识，包括诚信印象的获得、诚信概念的形成和诚信思维能力的发展等。诚信认知的类型有个体诚信认知、群体诚信认知和社会诚信认知。具体而言，诚信认知通常主要包括六个部分：诚信觉识、诚信价值的认知、诚信观点的判断、诚信推理、诚信抉择、诚信的自知。诚信觉识，是指个体、企业或者政府对现实诚信问题、诚信情境的敏锐觉察和感知；诚信价值的认知，指诚信主体对公认诚信价值、诚信观念的识记、理解与认同，以及对这些价值、观念在具体情境之中的意义的把握；诚信观点的判断，指认取和把握别人的诚信观点，并设身处地地从别人的观点角度看问题；诚信推理，则指对诚信意义及人们的言行符合诚信意义与否的理由的明确认识；诚信抉择，指面临诚信情境时所做出的选择；诚信的自知，即通过反省和批判，对自己的言行或者组织机构的言行进行的诚信觉识，以及对自身品格、形象状况的认识。

正确的诚信认知不论对于个体、企业还是政府都起着先决作用，是一切诚信行为的前提。只有当诚信个体具有正确的诚信认知，才会进而形成企业的诚信认知和政府的诚信认知。错误的诚信认知，会造成政府失灵，从而

---

① 陈南荣. 认知论[M]. 厦门：厦门大学出版社，2000：2.

② 陈南荣. 认知论[M]. 厦门：厦门大学出版社，2000：76.

③ 陈南荣. 认知论[M]. 厦门：厦门大学出版社，2000：110.

引发一系列社会问题。

2.诚信情感

诚信情感是指诚信主体根据一定的诚信标准，对现实的诚信情景、对他人或自己的诚信行为产生的爱憎好恶等心理体验而形成的一种主观态度。它是一种复合情绪，主要包括厌恶、移情、内疚、羞耻等内容。根据诚信主体的诚信情感可以在一定程度上评价某种诚信行为是否正确得当，诚信情感这种情绪倾向还能强化或削弱个人对某种道德义务的认识和实践，从而影响诚信行为。情感通常指人的情感，诚信主体中的企业、政府是在一定的组织机制下的公司职员、政府官员，他们作为个体具有自己的诚信情感，同时他们作为组织的一员在工作中应该遵从组织的情感价值。诚信情感不只是强调感性的判断和情绪，政府、企业还是具有统一的情感价值的组织，并且服从国家社会情感价值观。个人一旦对某种义务和行为形成道德情感，就会积极地影响其道德选择。某种道德情感一旦扩展为社会性的情感，也就会不同程度地影响社会道德风尚。政府、企业的诚信情感也影响着自身的工作行为方式，影响组织中成员的诚信行为以及社会的诚信行为。应该强调的是，诚信情感应该是建立在诚信认知基础上的，但是具有一定的主观性。企业和政府，不仅要顺应社会的正确的情感价值观，还应该在实际生活中不能过分感情用事。

3.诚信意志

“人为了实现某种预想的目的，因而依据自我对于客观规律的认识，能动地和坚决地通过克服各种困难去改变某一客观过程（包括自然过程、社会过程乃至心理过程）的实践活动，就叫作意志行动。人在意志行动中由于有意义地，积极地、理智地和顽强地变革某一客观过程，以实现预定的目的所表现的那种调节自我，克服困难的主观能动性的作用，就叫作意志。”①诚信意志是诚信意识的内容之一，是指人们在履行诚信义务、实现诚信目标的过程中所表现出来的自觉克服一切困难和障碍的毅力、做出抉择并兑现承诺的坚持精神，也是构成个人道德品质的要素。诚信意志是诚信主体表现出的自觉能动性。自觉、坚持、果断和自制是一个人意志品质的四个基本要素，也是诚信培养的四个基本环节和有效途径。政府代表着人民的意志，它的诚信意志体现在克服困难、兑现诺言、坚决履行责任的魄力中。“道德不具有法律的强制性，而只是通过意志自律，道德行为总是以个人的特殊意志

① 杨清.心理学概论[M].长春：吉林人民出版社，1983：475-476.

行为为其载体而表现出来，当人的行为发生时总是伴随着诸如人的动机、期待与意愿而发生的。"[①]因此，诚信意志是除法律之外对主体行为的约束，强调内在的自律，不仅是要求个体自律，还要求政府、企业按照一定的诚信准则约束自身的行为。

4. 诚信行为

诚信行为是在一定的诚信意识的支配下产生的，是现实生活中能够观察到的诚信现象。它是诚信主体在一定诚信认知的指引下，在诚信情感和诚信意志的激励下，表现出对自身，对他人或社会所履行诺言，具有诚信意义的一系列具体行动。政府诚信执政、企业诚信贸易、个人诚信做人都是诚信行为的内容。诚信行为是主体诚信认识的外在表现，是以主体的诚信作为评价依据的外在具体表现，是实现诚信动机的手段，与"非诚信行为"相对。

理论上，诚信行为应该包括符合诚信的行为和不诚信的行为两大类。本书中所讲的诚信主要指符合诚信规范的诚信，是有利于他人和社会的行为。当然不同时代、民族、社会和阶级对诚信行为有不同的标准。诚信行为根据不同标准可以划分为不同类型。从诚信文化产生的领域看，可以分为政治诚信行为、经济诚信行为和生活诚信行为；从诚信主体行为产生的动机可以分为理性的诚信行为和感性的诚信行为；根据诚信主体的差异，也可分为个体诚信行为、企业的诚信行为和政府的诚信行为等。

诚信认知、诚信情感、诚信意志都属于诚信意识的内容。意识是物质世界长期发展的产物，是人脑的机能和属性，是物质世界的主观映象。意识活动的过程，是人脑对客观存在反映的过程。这一过程不是消极、被动的，而是一个能动的创造性过程。这种能动作用是指人的意识所特有的积极反映客观世界与改造世界的能力和活动。"诚信意识，是指人们对诚信道德规范及其内涵的价值意义产生的一种内心体验、自觉认同和自由选择的意向。"[②]诚信意识作为一种道德观念，属于上层建筑，是思想层面的东西。要将诚信意识转化为诚信行为，首先要让人们接受，进而内化为人的一种内在品质。

总之，社会生活中诚信行为无处不在，它受到诚信意识的影响，也会反作用于诚信意识。作为诚信形成阶段的最后一个环节，诚信行为也是诚信教育的最终目标。

---

① 易小明，吴昌强. 意志、道德意志、善良意志[J]. 学术交流，2010(12)：8-12.

② 蒋锦洪. 论大学生诚信意识的养成[J]. 教育评论，2008(3)：14-17.

(三)从内容维度分析

从内容维度分析,诚信文化的构成要素有四个:诚信物质文化、诚信制度文化、诚信行为文化和诚信精神文化。

1. 诚信物质文化

诚信物质文化包括孕育、发展、完善诚信的物质环境,也包括诚信文化产生的物质基础。诚信物质文化属于物质文化的子系统,同时它也存在于生活的各个领域。根据董武清对于物质文化的分类解析①,诚信物质文化可以分为四大类。

一是满足诚信主体需要的物质文化。诚信主体是有生命的个体,诚信主体存在的前提是一切生存的基本需求能够得到满足。人类生存的基本需求主要包括食物、服饰、住所、交通工具、日常用品等。

二是作为人类诚信活动手段或工具的物质文化。这部分物质文化主要指维系诚信交往的合同、抵押物、契约书、档案资料等。

三是作为物质能力和物质关系的物质文化。这种物质文化主要指诚信生产以及在生产过程中产生的经济关系。

四是作为诚信实践活动产物的物质文化。这种物质文化包括反映诚信理念的建筑物(如政府、企业的建筑风格往往蕴含诚信的意蕴)、室内布置、公共设施;宣传诚信精神的标语、横幅、书籍、影像制品等;代表诚信的组织机构,例如信用社、银行等。

诚信物质文化是诚信文化的基础,为诚信文化的产生和发展奠定了基础,在整个诚信文化系统中它也是诚信制度文化、诚信精神文化和诚信行为文化的基础。

2. 诚信制度文化

诚信制度文化,简言之就是与诚信相关的制度文化。诚信制度文化是在社会生活的各个领域中以诚信为内容的规范、习俗或者以文字文本形式存在的典章制度。法律本身就是诚信文化的体现,反映的是社会公民、组织团体遵纪守法的承诺。诚信的行为规范和规章制度是诚信制度文化的主要内容。从国家到个人道德,可将诚信制度进行不同层面的划分:国家诚信制度层、组织单位内部层、社会诚信道德层。

---

① 董武清.实践人类学——马克思主义哲学人类学引论[M].北京:当代中国出版社,1995:234-238.

国家诚信制度层的法律法规中都包含有与诚信相关的条例，体现诚信的理念。《中华人民共和国宪法》总纲第五条规定“中华人民共和国实行依法治国，建设社会主义法治国家”①。《中华人民共和国民法通则》第一章第四条规定“民事活动应当遵循自愿、公平、等价有偿、诚实信用的原则”②。另外，还包括强化公民诚信道德的《诚信教育大纲（试行）》《公民道德建设实施纲要》，在深圳率先发布的《深圳市个人信用征信及信用评级管理办法》，保障人民正常经济交往的《合同法》《担保法》《消费者权益保护法》等涉及各个领域的法律规范。

组织单位内部层制度指组织内部的规章规范，它们适用于本组织或单位内部成员，例如企业内部的《公司守则》《员工管理条例》《员工考评制度》等代表企业与员工之间契约关系的制度。学校内部的《教师行为守则》《中小学教师职业道德规范》等与诚信相关的校规校纪等。

社会诚信道德层制度指涉及诚信的社会风俗习惯和个人行为规范。

基本的诚信行为规范是人们生活中约定俗成、共同遵守的规范，违反这些规范就会受到社会舆论的谴责；国家或团体制定出的成文的规章制度是社会公民或者团体成员必须遵守的，违反国家法律条文就要承担相应的法律责任，而违反团体制度将受到团体相应的惩罚。

3. 诚信行为文化

诚信行为即在一定的诚信精神理念下，诚信主体在特定的物质环境中的一切行为活动。诚信行为的内容极为丰富，大致可以分为诚和信两大类。诚，即诚信实意；信，指信守诺言。具体地，诚信行为可以概括为言行真实、内心真诚、坚守承诺、外在信任。

就个体而言，诚信行为首先是内心真诚，真诚地对待自己内心的想法，不欺骗自己；克制自己的欲望，不过于追求自己毫无节制的野心，自然地实现自己的愿望和要求；真诚地、怀着善良之心与人交往，说话符合实际，不撒谎欺骗他人。其次，信守承诺，努力完成许下的诺言，遵纪守法，履行法律规定的义务和责任。最后，把握事物规律，按规律办事。

就企业来说，诚信行为有履行对企业内部员工的承诺，按时发放工资，

① 全国人民代表大会. 中华人民共和国宪法[EB/OL]. (2004-03-14)[2016-06-26]. http://www.gov.cn/gongbao/content/2004/content_62714.htm.

② 全国人民代表大会. 中华人民共和国民法通则[EB/OL]. (1986-04-12)[2016-06-26]. http://www.npc.gov.cn/wxzl/wxzl/2000-12/06/content_4470.htm.

不克扣拖欠等；按照契约合同与其他企业合作，诚信交往；按照法律规范，确保产品的质量与合理价格，顺应市场规律的发展，保证消费者的权益。

政府的诚信行为包括实事求是、言行一致和忠于人民事业。政府诚信行为具体包括：尊重事实和真理，必须一切从公民的生活实际出发，实事求是；依法执政，依法行政，依法办事；言行一致，兑现对人民的诺言，依法履行人民赋予的职责，贯彻执行法律法规；忠于职守、尽职尽责；忠诚于人民的事业，维护和实现人民群众的根本利益。

4. 诚信精神文化

诚信精神文化即人们奉行的与诚信相关的精神理念，是诚信文化的内核，是反映人内心世界的信仰、观念、思想的理性体系。根据庞朴精神文化系统的划分，将诚信精神文化分为诚信价值观念、诚信思维方式、诚信道德操守、诚信民族性格、诚信宗教情绪、诚信文学艺术等。①

诚信价值观念。它是诚信精神文化的顶层。诚信价值观念，即诚信主体拥有的判断对错、选择取舍的诚信标准。它会指导诚信主体坦然面对困境，提升别人对自己的信任度，具体包括守信用、讲信誉、重承诺的信念和价值观等。

诚信思维方式。思维方式就是思维活动过程中相对稳定的模式、程序和习惯，也表示着人们看待事物的方位、视角。② 诚信思维方式即主体在面对诚信问题时，相对稳定的一种思维习惯。这种思维方式受主体所处的社会文化背景和主体拥有的价值观念的影响，诚信思维方式也直接影响主体的诚信行为。

诚信道德操守。道德操守是一个人在社会生活中做人的基本原则，它在长期的实践过程中形成，并得到社会的公认，进而成为整个民族的性格组成部分。诚实守信是中华民族的最基本的道德操守。

诚信民族性格。民族性格是诚信价值观念、思维方式和道德操守在一个民族性格上的显现，它是一个民族长期形成的并比较稳定地保持着的共有的思想特征和活动。例如，中华民族素来具有大度宽容、诚实守信等优秀性格。价值观念、思维方式和道德操守被认为是“理性化”的民族性格，属于

---

① 庞朴. 文化结构与近代中国[J]. 中国社会科学，1986(5)：81-98.

② 闫顺利. 马克思哲学过程论：一种实践过程思维方式[M]. 北京：中国书籍出版社，2013：72.

文化心理的内容。①

诚信宗教情绪。不论在人们信仰的哪一种宗教中，诚信都是他们信奉的内容之一。例如，佛教强调“礼敬诸佛”，对一切众生能以“诚信”相待；《圣经》记载的摩西十诫也同样对诚信做出了规定。

诚信文学艺术。一方面与诚信相关的文学艺术是诚信价值观念、诚信精神品质的流露和表达；另一方面文学艺术也宣扬和传播了诚信精神和价值观念。与诚信相关的文学艺术主要指弘扬诚信文化的文学艺术形式，小说、诗歌、传记、电影等处处都体现着诚信的理念，蕴藏着诚信精神，例如诚信歌谣等。

诚信精神文化还影响一个国家、一个地区或一个民族文化的特色或差异；影响一个国家、一个地区或一个民族文化的发展方向；影响人们的生活方式；影响人们的道德伦理、价值观念、审美习惯和思维方式。因此，精神文化是诚信文化的核心内容，它渗透在诚信文化的各个部分，影响其他各个部分的发展、变化。

第二节　小学校园诚信文化的构成要素

小学校园是一个特殊的文化丛，因为文化主体、存在环境和活动形态的特殊规定性，所以小学校园诚信文化的构成要素也有其自身的特点。

一、文化主体

校园文化主体是校园内师生员工组成的集合体，文化主体是文化结构中的能动因素，其素质和有机构成直接决定着校园文化的性质、水平以及活动的方式选择，他们是推动校园文化变迁、传播的直接动力。在小学校园里，诚信文化的主体主要有小学生、教师、管理和服务人员三大类。

（一）小学生

小学生是小学校园诚信文化主体中最大的群体。他们既是校园诚信文化的主体，又是校园诚信文化塑造的对象，是校园诚信文化的受体。

小学校园诚信文化建设主要围绕着小学生展开，小学生是受教育的对象。小学生在学校的主要任务是在教师的指导下，获取知识，提升能力，养

① 郭齐勇.文化学概论[M].武汉：武汉大学出版社，2014：170.

成品德，发展素质。作为教育机构的学校，其主要任务是促进小学生德智体美劳全面发展。在诚信教育方面，我国现行的《小学德育大纲》规定："培养学生初步具有爱国家、爱科学、爱社会主义的思想情感和良好品德；遵守社会公德的意识和文明行为习惯；良好的意志、品格和活泼开朗的性格。""为使他们成为德、智、体全面发展的社会主义建设者和接班人，打下初步良好的思想品德基础。"①而诚信教育是小学生德育的重要内容。2004 年《教育部办公厅关于进一步加强中小学诚信教育的通知》中指出："中小学诚信教育要以'三个代表'重要思想和党的十六大精神为指导，认真落实《中共中央国务院关于进一步加强和改进未成年人思想道德建设的若干意见》《公民道德建设实施纲要》和《关于开展社会诚信宣传教育的工作意见》，突出抓好诚实教育和守信教育。通过多种形式的教育活动，使中小学生了解诚信的基本内容，懂得诚信是做人的基本准则，增强学生法律意识和诚信意识，提高守法、守规的自觉性，牢固树立守信为荣、失信可耻的道德观念，从小立志做讲诚信、讲道德的人。"②

小学生是处于发展过程中的群体，他们乐于接受新事物、新观念；同时，由于知识的缺乏和正确价值观念尚未完全形成，因此，小学阶段是诚信培养的重要时期。

（二）教师

作为教育者的教师，其主要任务是传道、授业、解惑。他们闻道有先后，术业有专攻，社会要求以及社会文化的选择最终必须通过教师的劳动贯彻落实。换言之，教师在校园诚信文化活动中起着主导作用，教师主体直接制约着校园诚信文化的性质、方向和水平。

教师是校园诚信文化建设的主体要素，教师的诚信价值观念、诚信行为都会对小学生的诚信观念、诚信行为产生很大的影响。

首先，教师起引导作用。小学生大部分时间是在学校度过的，教师则通过课堂教学、课外活动、社会服务等多种方式引导学生形成正确的诚信价值观，在诚信情境中做出正确判断，逐步培养小学生的诚信品质。其次，教师起榜样作用。亲其师，则信其道；信其道，则循其步。而小学生又具有强烈

---

① 国家教委. 小学德育纲要[J]：人民教育，1993(9)：27-30.

② 教育部办公厅. 关于进一步加强中小学诚信教育的通知[EB/OL]. (2004-03-25)[2016-05-30]. http://www.moe.edu.cn/publicfiles/business/htmlfiles/moe/s3325/201001/81949.html.

的向师性，所以教师是最直观的、最有教益的模范。教师的言行举止、思想观念等都潜移默化地影响着小学生，影响着他们的处世态度和人生观。再次，教师起深化作用。在诚信文化建设的过程中，教师能够针对实际情况不断地加以引导，不断地提高对诚信的认识，并逐步将诚信体系序列化，长效化。最后，在长期的实践过程中逐步形成具有教师群体共性的诚信价值取向和职业行为特征，最终成为维系教师群体诚信的一种精神力量，使校园诚信文化逐步深化。

（三）管理服务人员

管理服务人员是小学校园诚信文化结构中的重要因素，他们的管理理念、服务态度和工作水平，直接决定着小学校园文化建设的成败。

科学、技术与管理，被认为是现代文明的三大支柱。“在校园诚信文化中，领导班子既有行政管理的职能，又有课题研究的职能。领导班子成员既是诚信校园的建设者，又是诚信教育的实施者。”①学校领导班子是学校管理的决策层和设计者，在校园诚信文化建设中影响整个校园诚信文化的建设。后勤服务人员则通过管理和服务工作对校园诚信文化产生具体的影响。后勤服务工作诚信无欺，那么就会使诚信的理念落实到学校生活的各个方面。

如此，就要求管理服务人员具有以诚为本的诚信意识；从实际出发，权衡利弊解决问题的诚信艺术；守信务实，公正高效的诚信施政本领；严于律己，做好表率的诚信为人。诚信地解决问题，处理事情，诚信施政，诚信为人都属于诚信领导的范畴。

小学生、教师、管理服务人员是小学校园文化的三大主体要素，在校园诚信文化建设的过程中，教师和学校管理人员起着主导作用，他们的思想境界、行为作风，对于校园诚信文化的建设有着重要的影响。小学生是学校的主要群体，诚信教育的主要对象，他们的求知欲、人际关系以及心理状态等，都将折射到学校诚信文化中，成为诚信文化的核心要素。后勤服务人员的服务态度和工作水平，也是学校诚信文化中不可忽视的部分。小学校园诚信文化的各个主体之间相互影响，主体的行为也影响和改变着诚信文化的环境。

二、存在环境

小学校园诚信文化的存在环境是指师生群体从事诚信文化创造、诚信

---

① 楼黎社. 诚信校园建设的理论与实践[M]. 杭州：浙江大学出版社，2008：73.

文化传播及诚信文化活动的背景和条件。一个诚信的校园环境是学校建设诚信文化的前提，同时也为师生提供诚信活动的空间。从文化环境的角度分析，小学校园中的诚信文化要素主要包括物质环境、制度环境和精神环境三大类目。

（一）物质环境

物质环境是诚信文化的物质基础，诚信文化中作为社会存在的实在部分，是以物质形态存在的表层文化。物质环境是诚信文化形成的土壤，诚信文化的萌芽与发展都离不开其赖以存在的物质环境。

物质环境指学校所处的自然环境、为实现育人目标而规划和创建的包括校园建筑、校舍布置、校园艺术景点以及教学的基本设施等方面的整体格局。它主要包括两大类：一是物态环境，包括校园内的校舍建设、场馆设施、图书室、宿舍、食堂、教学设施等与学生学习、生活密切相关的物质形态；二是自然环境，包括各种自然景观和人文景观，如花草树木、园林景色、雕塑饰物、光线、色彩以及各种有形的东西。①

1. 地理位置

学校是一块“净地”，所处的地理位置影响着学校的诚信文化氛围。同时，以学校为中心的周边地区很容易形成优雅闲适的“文化区”，具有浓郁的文化气息。成立比较早的学校往往位于市中心的位置，周围商业气息较浓厚，而新成立的学校大部分会位于新城区或者市郊，环境比较优雅。另外，学校所处的地理位置也影响着学校的交通状况。地理位置的差异会在一定程度上导致学生心理的差异，进而影响学生的思想品质。

2. 房舍建筑

校园中存在着功能各异的建筑物，诸如行政楼、教学楼、宿舍楼、食堂、操场、大门、宣传窗等。这些建筑物由于其功能的不同，因而在造型上也有所不同，而这种不同的造型本身就蕴含着特定的文化。此外，小学校园中的建筑物大部分都有一个名称，这些名称可以彰显学校的校园文化。例如，行政楼取名为“弘德楼”，表明了学校领导以德治校的理念；教学楼命名为“格致楼”“睿思楼”或“折桂楼”，沉潜与奋跃兼而有之；教工宿舍命名为“修心斋”，女生宿舍命名为“易安轩”，男生宿舍命名为“抱朴阁”或“卧龙居”，体现了教师与学生的不同追求；食堂则命名为“思源楼”或“俭园”，蕴含“一粥一

---

① 秦岭.学校环境文化建设[M].北京：北京工业大学出版社，2009：2-8.

饭，当思来之不易；半丝半缕，恒念物力维艰”“俭，德之共也”等传统美德的传承。

3. 雕像作品

很多学校或多或少都会有一些雕塑作品，这些作品除了美化校园之外，都暗含着特定的含义，隐含着学校的精神，可以说它们是学校文化的象征。或许你第一次看到它们时会震撼于它们的外形，但如果你深入考证或许会增加你对这所学校的了解，并领会到教育的博大精深。

4. 教室布置

教室是学校的中心。一般而言，师生会对教室进行一定的布置，而这种布置隐含着特定的文化。教室的布置分为基础性布置和装饰性布置。基础性布置，如课桌椅、黑板、讲台等；装饰性布置有黑板报、交流园地、班级荣誉等。除了教室之外，多功能厅、阶梯教室、图书室、实验室、语音室等都是“文化区”的一部分，它们共同组成了学校的“文化区”。

小学校园的物质环境，作为一种物质的客观存在，能为人们的感官所直接触及，具有直观形象的特点。这种直观的存在反映的就是设计者的价值观、审美观以及诚信理念。

（二）制度环境

“制度就是一种规矩，是规范人行为的准则和要求。这种文化影响力就是所谓的文化限制功能。它主要是通过建立行为规范，来创设学校和学校的文化环境与文化背景，并借以制约和倡导、传递和输送某种文化价值，进而影响学生的人格发展。”①

“不以规矩，无以成方圆。”每所学校都有各种各样的规章制度，其中许多与诚信有关。在小学校园中，与诚信相关的诚信制度涵盖社会、学校、班级和个人四个层面。

1. 社会层面

国家颁发的与诚信相关的法律制度是每个公民必须遵守的道德底线。与诚信相关的法律制度大致有下列几种：一是国家法律，如《中华人民共和国民法通则》第一章第四条规定“民事活动应当遵循自愿、公平、等价有偿、诚实信用的原则”②。二是专门性法规，如《公民道德建设实施纲要》《诚信教

---

① 楼黎社. 诚信校园建设的理论与实践[M]. 杭州：浙江大学出版社，2008：67.

② 全国人民代表大会. 中华人民共和国民法通则[EB/OL]. (1986-04-12)[2016-06-26]. http://www.npc.gov.cn/wxzl/wxzl/2000-12/06/content_4470.htm.

育大纲(试行)》等。三是规章规范,如《中小学教师职业道德规范》要求教师“爱国守法”“坚守高尚情操,知荣明耻”①。《小学生日常行为规范》第六条明确规定“诚实守信,不说谎话,知错就改,不随意拿别人的东西,借东西及时归还,答应别人的事努力做到,做不到时表示歉意。考试不作弊”②。

2. 学校层面

为了提高育人效率,每所学校都会遵循国家的标准、当地行政部门的要求,结合自身学校的实际制度等制定一系列相应的规章制度。这些制度中或多或少地包含诚信方面的条款。例如,行政人员的职责与要求、教师行为规范与要求、考勤考核制度、考试制度、教学制度和课外活动制度等。这些制度主要是对师生的学习和生活的最基本方面进行规范和制约,是正规的、硬性的制度。此外,有些学校还会制定专门的诚信管理制度,如浙江省湖州市月河小学旨在将师生规则意识与诚信理念融为一体的管理制度——《学校管理手册——诚信篇》,就是一种专门的诚信管理制度。

3. 班级层面

根据学校的相关要求,每个班级为了将学校的要求落到实处,往往会制定相应的班级管理细则,具体形式大致有班规、班级管理手册、班级管理条例、三好生评比规则等。“诚实守信,拾金不昧”“按时交作业”“不迟到旷课”“考试不作弊”等与诚信相关的内容一般都是基本条款。

4. 个人层面

出于个别教育的需要,有些教师还会与个别学生或家长进行私人约定,或者学生与教师或家长进行个人约定。这种约定往往根据具体的情况进行具体约定,一般而言,其内容比较具体而细小,当任务完成后就自动取消,但由于任务比较具体明确而往往能够取得良好的效果。如某学生与教师的“诚信约定”:我保证每节课至少回答一个问题;我一定记住爸爸妈妈的生日,并且在爸爸妈妈生日时亲自为他们送去祝福;我答应的事,一定尽量做到。

诚信制度属于诚信文化中社会存在部分,是诚信文化的一种表现形式。

---

① 教育部. 中小学教师职业道德规范(2008 年修订)[EB/OL]. (2015-04-22)[2016-06-20]. http://www. moe. gov. cn/publicfiles/business/htmlfiles/moe/moe _ 25/200407/943. html.

② 国家教委. 小学生日常行为规范[EB/OL]. (2015-04-22)[2016-05-26]. http://www. edu. cn/20040326/3102379. shtml.

在诚信文化体系中，诚信规则受诚信物质环境和诚信精神氛围的影响，同时又是诚信行为的保障和衡量标准。

(三)精神环境

校园精神环境是指潜在于学校内部的价值体系或教育观念、精神氛围等，属于意识形态范畴。它是全校师生员工共同的理想追求、精神境界和价值目标，主要包括价值观念、人际关系、校风教风、办学理念以及学校校训、校歌、校徽、校级道德规范等。①

1. 办学宗旨

办学宗旨是学校办学的灵魂，是师生行动的指南，是学校一切工作的方向标，也是形成良好教风和学风的基础。例如，“诚信为先，以人为本”“格致、崇文、厚德、笃行”“一切为了学生，为了学生一切”“对每一位学生的终身发展负责”“为学生终身发展奠定基础”等都蕴含着特定的价值取向，其中不乏诚信的意蕴。

2. 校训、校歌、校徽

校训是一所学校的灵魂，它体现一所学校的办学传统，代表着校园文化和教育理念，是人文精神的高度凝练，是学校历史和文化的积淀。校训不仅体现学校的办学目标与原则，而且也是一种文化，是一种面向社会的精神标志，能对学校起到一定的宣传作用。校训，作为一个标尺，激励和劝勉在校的教师和学子们，是广大师生共同遵守的基本行为准则与道德规范。它既是学校办学理念、治校精神的反映，也是校园文化建设的重要内容，是一所学校教风、学风、校风的集中表现。例如，“堂堂正正地做人，勤勤恳恳地做事”(成都市实验小学)、“端、勤、毅”(张家港实验小学)、“唯严、唯勤、唯本、唯实”(广东佛山市第九小学)、“公、勇、勤、朴”(长沙市第十一小学)、“诚信做人，踏实做事”(浙江余姚黄家埠小学)等。

校歌是校园文化的重要组成部分，常常是一所学校对内的号召和激励，对外的形象展示和宣言，它反映的既有办学者、教育者的理想、要求、愿望，又有受教育者的感受、追求和成长心声。如北门里小学的校歌(节选)“……啊，啊，北门里小学，你是我们前程的起航。勤奋，乐学，诚实，进取，优良的校风念念不忘。……”歌词中就包含着诚信的内容，体现了学校对小学生诚信品质的要求。

---

① 刘军. 校园文化视野下的学校德育研究[M]. 合肥：合肥工业大学出版社，2008:93.

校徽，是一所学校的象征与标志之一，其目的在于通过图案、文字来介绍学校的性质，分辨人员，提高学校的知名度，让学校每一分子感到自豪、荣耀。校徽是校园文化体现的途径和载体之一。

3.校风、教风、学风

校风是一所学校师生员工所共同具有的理想、志向、愿望和行为习惯等多因素的综合，是一种精神状态和行为风尚。它体现为一种独特的心理环境，稳定而具有导向性。校风是一种无声的命令，一经形成，便成为一种巨大的教育力量、一种习惯势力。优良的校风，可以促人奋发向上。

教风是教师的世界观、人生观、价值观、道德修养、知识水平、文化水准、精神面貌等的综合表现，是教师的德与才的统一。教风不仅表现在课堂教学及各项教学活动中，也表现在科学研究和学术活动中，还表现在教书育人和为人师表等方面。

学风有两种含义：一是指学校的治学精神、治学态度、治学原则；二是指学生的行为规范和思想道德的集体表现，是学生在学习过程中所表现出来的精神风貌。有时也特指学生的学习态度和学习风气。

校风、教风、学风是小学校园文化的重要组成部分。学风是校园文化的核心与灵魂，是校风建设的主要内容和归宿；教风是基础，是前提，是良好学风的根基和导向；而校风则是教风、学风的综合反映，是教师队伍精神面貌和优秀校园文化的展现。三者形成一个相互影响、相互促进的统一体。

4.管理理念与人际关系

从目前的实践角度分析，学校管理大致可以分成三种类型：一是制度管理，或称之为基础管理，强调确保学校的合格、安全和基本质量。因此，侧重各种制度的制定与执行，形成一种岗位责任文化，使学校中的每个人都明确地知道自己的职责并努力履行。二是超越规范的管理，或者说是一种情态的管理、人文的管理。这种管理强调人文化的管理、人性化的管理和人格化的管理，更为强调“人格本位、学生至上”，一切以人的发展为中心。三是教育思想的管理。思想管理取向的管理强调对教师教育教学理论和实践研究的思想指向的管理，试图通过改善、引导和规范教师的教育教学思想，进而实现教育教学活动的最优化。不同的管理理念自然地形成不同核心理念、核心价值观，进而影响师生员工的精神品质与行为方式。

小学校园是一个小社会，涉及各种各样的人际关系。如果一所学校的人际关系是和谐宽容、朴实诚信、互信互爱的，那么就奠定了诚信文化的基础；而如果教师之间、同学之间钩心斗角、猜忌防范、相互拆台，那么就失去了诚信文化形成的基础。

学校办学宗旨是一所学校的灵魂和精神追求，校训、校歌、校徽是学校办学宗旨的具体化，校风、教风、学风是办学宗旨的具体展现，而管理理念和人际关系则直接影响学校办学宗旨的实现。它们共同构成了学校诚信文化的精神环境。精神环境在起着至关重要的作用，它决定着诚信文化的目标定位、内容取舍、实践方式和实际成效。

三、活动形态

文化主体在特定的文化环境中开展特定的文化活动从而形成特定的文化，可以说，任何文化都要借助活动得以形成和传播，所以活动形态是文化中最为活跃的因素。就小学校园诚信文化的活动形态而言，大致可以分成认知学习活动、感性实践活动、娱乐游戏活动三大类，小学生就是从这些活动形态中进行诚信认知，完成诚信体验，进而形成诚信意识，最后表现出诚信行为。

（一）认知学习活动

认知学习活动是在有目的、有计划、有组织的教育情境中，系统地学习诚信知识，提高诚信认识的活动。认知学习活动是诚信文化的最基本的要素，也是对小学生进行诚信教育最主要的方式。诚信文化视野内的认知学习活动主要包括讲授和讨论两种基本形式。

第一，讲授形式的认知活动。讲授是以老师的语言为主要媒介系统、连贯地向学生传授知识，表达情感和价值观念的教育方法。[①] 讲授是教育者以讲授方式传达诚信思想的活动，其中最主要的是课堂教学，包括专题性的诚信知识讲授和融合在其他学科中的诚信知识讲授。除了课堂教学以外，讲授还包括以诚信为主题的讲座、诚信模范报告、演讲会等各种形式。在这些活动中，讲授者用言语引导小学生诚信品质的发展，同时小学生也能够学习讲授者优良的诚信品质。这里的讲授者既可以是学校的教师，也可以是校外的模范人物，当然也可以是小学生，小学生将自己的诚信思想、诚信行为与同学分享往往能收到良好的效果。

第二，讨论形式的认知活动。讨论是通过双向性相互交流的活动形式，为解决某个诚信问题而进行探讨、辩论的活动，如各种课堂外的小组讨论、辩论会、书评、影评、访谈等。在这种相互讨论的过程中，信息的流向是往返

① 檀传宝.德育原理[M].北京:北京师范大学出版社,2007:238.

进行的。在讨论或者辩论的过程中，小学生事前需要认真地思考和整理自己的观点和论据，分析他人的观点和论据。通过讨论，小学生可以相互影响、相互促进、共同提高诚信认知。在这个过程中，老师需要正确评价与引导，帮助小学生树立正确的诚信观念。美国心理学家柯尔伯格认为，教师和儿童一起讨论道德两难问题可以提高他们的道德判断能力。

（二）感性实践活动

感性实践活动，即学校为小学生提供的在实践中感知诚信的活动。在这些活动中，小学生能够从实践中获得丰富的诚信感性认识和诚信情感体验，进而为诚信情感、诚信意志和诚信行为的发展奠定基础。这一类活动大体包括参观与调查活动、公益活动、模拟情境活动、主题活动等。

参观与调查活动。参与调查活动是让小学生通过对社会、学校和家庭中各种诚信行为的观察与调查，通过接触社会现实来提高诚信认知的活动。通过调查与观察，不仅可以提高小学生对生活中的诚信问题的关注，而且可以加深小学生对诚信知识的理解，并能对日常生活中的诚信行为做出更加合理的判断。

公益活动。公益活动是指组织小学生参加与诚信相关的社区服务、志愿者服务、社团活动、诚信知识传播、诚信文化艺术活动等，在向社会和他人传递诚信知识的同时提高自身的诚信意识、践行诚信行为。

模拟情境活动。模拟情境活动是通过具体情境的创设，让小学生面对具体的诚信问题，做出正确判断，付诸诚信行动。在这样的情景中，小学生能够在自身诚信认知的指导下，进行选择判断。通过这种真实的体验可以强化小学生的诚信情感，更好地促进诚信行为。

主题活动。主题活动是指学校或者班级围绕诚信主题开展的系列活动，例如诚信小品、诚信评价，诚信专栏等。

感性实践活动目的在于让小学生在实际的学习生活中去感受诚信的重要性，坚定诚信意志，实践诚信行为，同时也从诚信行为中获得新的认识或者强化已有的诚信观念。

（三）娱乐游戏活动

娱乐游戏活动是小学生活动形态中最具趣味的部分，它是小学生的娱乐方式也是教育的重要载体。因此，小学校园的娱乐活动总体上包括学生自发组织的娱乐活动和教师组织的带有一定教育目的的娱乐游戏活动。在娱乐游戏中进行诚信教育，能够让小学师生都参与其中，让小学生更加轻松地接受。同时,它是“连接小学生和社会的桥梁,让小学生从活动中理解社会角色,获得社会技能”①。

第一,娱乐活动。娱乐活动指教师组织的各种有诚信教育意义的愉快有趣的玩耍活动,如表演、旅行、看电影等。各种玩耍是小学生生活中不可或缺的部分,通过诚信故事话剧编排,不仅能培养学生团队精神,还能让学生感受作品的诚信精神,体验诚信行为;通过春游和秋游,感受与领略祖国山河的美丽风景与人文景观,激发他们保护环境的情感;通过组织学生观看有诚信教育意义的电影、电视,学习榜样精神、反思自己的行为。组织这些学生喜爱的娱乐活动,让学生在快乐的玩耍中获得诚信品德的发展。

第二,游戏。诚信游戏,是教育者组织的以诚信教育为目的的游戏。游戏是小学生活动的重要内容,对于他们的发展有着不可替代的意义。“游戏对我们成为社会中的成员发挥了重要作用”②,“儿童的游戏构成了一种最好的社会制度”③。游戏包含了参与游戏者遵守游戏规则的承诺,是儿童在成人指导下学习社会行为规范的方式之一,这也是诚信游戏的主要功能之一。诚信游戏的目的主要是为了使学生了解诚信知识、学习诚信榜样、体验诚信行为,同时还通过游戏形成规则意识、遵守参与游戏者之间的约定。除此之外,通过参与游戏也能让学生了解在与他人交往相处时应该真诚相待、信守承诺。具体而言,诚信游戏有介绍诚信知识的游戏,如诚信歌谣、诚信成语接龙游戏;介绍诚信榜样、宣传诚信精神的游戏,如讲诚信故事;体验诚信行为的游戏,如角色扮演、亲子活动、信任游戏、规则游戏等。

娱乐游戏对于诚信教育有着重要的意义,它可以“活化”诚信知识,增强学生的诚信学习动机,还有利于学生进行自我教育。诚信教育的效果只能在实践中得到检验,教育的最终目的也是为了使学生在实际生活学习和交往中坚持诚信原则。娱乐游戏活动是学生在真实的场景中,体验诚信,学习诚信,践行诚信。所以说,娱乐游戏活动使死板的诚信知识变成活生生的诚信行为。另外,有组织的娱乐游戏是一种寓教于乐的方式,以小学生喜欢的方式对他们进行诚信启发,能够刺激学生学习的动机,强化愉悦的诚信情感

---

① 但武刚.论德育活动课的类型[J].高等函授学报(哲学社会科学版),2000(2):38-41.

② 乔·L.弗罗斯特,苏·C.沃瑟姆,斯图尔特·赖费尔.游戏和儿童发展[M].唐晓娟,张胤,译.南京:江苏教育出版社,2011:27.

③ 让·皮亚杰.儿童的道德判断[M].傅统先,陆有铨,译.济南:山东教育出版社,1984:1.

体验。而在这类娱乐游戏活动中，学生积极参加，亲身体验，在实践中也能够自我反思，从而促进诚信认知。

综上所述，小学校园诚信文化由诚信主体（小学生、教师和学校的管理服务人员）、诚信环境（物质环境、制度环境和精神环境）和诚信活动（学习活动、实践活动和娱乐游戏活动）三大要素构成（详见图 3-2）。诚信主体是小学校园诚信文化的创造者，主体的行为可以创造环境和改变环境，它是小学校园诚信文化结构中最活跃、最核心的要素，起着灵魂和统帅作用。诚信环境是孕育诚信文化的土壤，为主体的诚信行为提供场所和支持条件，同时也是诚信文化的具体表达。具体而言，物质环境是基础，制度环境是保障，精神环境是核心。诚信活动则是连接诚信主体与诚信环境的纽带，只有通过诚信活动才能将诚信主体的意识转化成具体的诚信环境，形成特殊的学校诚信文化。诚信主体、诚信环境和诚信活动是一个有机的整体，他们相互依赖、协同作用，组成小学校园诚信文化的结构要素。

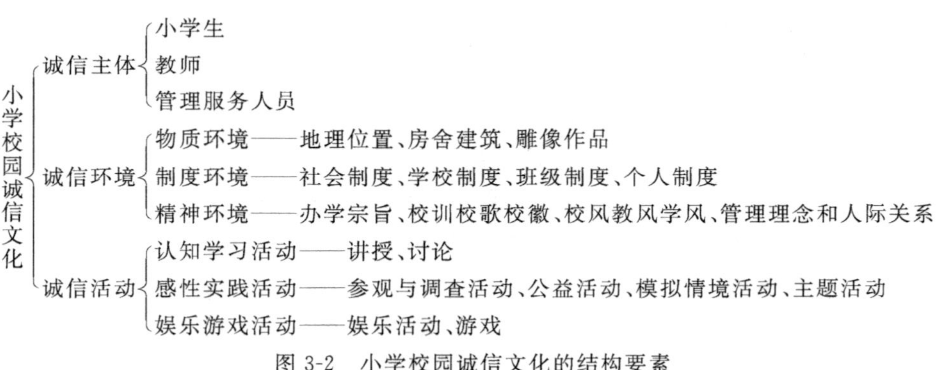

图 3-2 小学校园诚信文化的结构要素

第四章　小学校园诚信文化的影响因素与建设原则

"诚信"是中国优秀传统文化教育和道德建设的重要组成部分，是和谐校园的主要标志，诚信文化的构建和发展是小学校园文化传承与开拓的助力剂，在当前校园文化建设中发挥着积极作用。校园诚信文化建设，要求以鲜明正确的导向引领师生，以健康和谐的环境氛围熏陶师生，以科学有效的制度规范保证校园文化的建设。也就是说，校园诚信文化受到一定因素的影响，也应当坚持相应的建设原则，以确保校园诚信文化的建构与传递。

第一节　小学校园诚信文化的影响因素

由于诚信文化形成和发展的内在机理复杂，小学校园又具有独特的校园文化特点，因而小学校园诚信文化就是在这些复杂因素的交织和碰撞中产生，并无时无刻不受到这些因素的影响。总体来说，小学校园诚信文化建设的影响因素可以从教育理念、政策制度、教育环境、资源基础和人际群体五个方面进行考察。

一、教育理念

教育理念，"是关于'教育的应然状态'的判断，是渗透了人们对教育的价值取向或价值倾向的'好教育'观念"①。它源于对教育现实的思考，是教

① 陈桂生."教育学视界"辨析[M].上海：华东师范大学出版社，1997：4-12.

育主体对教育及其现象进行思维的概念或观念的形成物，对教育实践具有引导定向的意义。同样，科学的教育理念，对于小学校园诚信文化的建设和实践有着积极的影响作用。一般而言，现代的教育理念主要有以下几方面。

(一)以人为本

以人为本是科学发展观的核心理念，顾名思义，就是以人为根本。以人为本的教育，首先意味着在教育世界里，教师和学生虽各自担任着不同的角色，履行着不同的职责，但二者都是教育的主体，双方都应坚持"以人为本"，并在理解、对待师生关系的基础上确立双方共存共生的思维模式。其次，以人为本的教育应该全面考虑人的自然性、社会性和精神性的需求，并努力在三者之间寻求一种动态的平衡状态，促进人的全面发展。再次，以人为本的教育重视人的主体地位的凸显和主体性的发挥，尊重学生的选择和自由，培养学生的独立性和创造性，充分发展个体的潜能。最后，以人为本的教育在开展、丰富和表现人的发展过程中，不断创造出新的文化和新的自我。

(二)全面发展

马克思主义认为人的全面发展是指人的智力、体力得到充分的、自由的、和谐的发展，同时也包括道德、志趣、意向等个性品质的发展。全面发展的内容具体包括：(1)人的生产物质生活本身的劳动能力的全面发展；(2)人的才能的全面发展；(3)人自身的全面发展；(4)人的自由发展。① 马克思主义创始人坚持教育与生产劳动相结合是实现全面发展的唯一方法。②

在我国现阶段全面发展教育主要包括德育、智育、体育、美育、劳动技术教育五个方面。德育，即思想品德教育，包括政治教育、思想教育和道德品质教育，是指把一定的社会意识和道德规范转化为学生的思想品德，并养成良好的道德行为习惯。智育，即智能教育，是指向学生传授系统的科学文化知识和技能，培养和发展学生智力才能。体育，即身体素质教育，是指向学生传授身体运动及其保健知识，增强身体素质，并提高健康水平和运动能力。美育，即美学教育，又称审美教育，是指培养学生正确的审美观，发展他们感受美、鉴赏美和创造美的能力，使他们养成高尚的情操、高雅的情趣和文明的素养。劳动技术教育，亦称生产劳动技术教育，是指引导学生掌握劳

---

① 全国十二所重点师范大学联合编写．教育学基础[M]．2版．北京：教育科学出版社，2008．85-86．

② 上海师范大学教育系．马克思恩格斯论教育[M]．北京：人民教育出版社，1979：159．

动技术知识和技能，形成劳动观点和习惯。

此外，随着社会不断发展，未成年人的心理健康教育越来越受到重视。心理健康教育，也称心理素质教育，是指对学生心理的各个层面施加积极的影响，培养学生良好的心理素质，促进其身心健康和个性和谐发展的教育。

（三）素质教育

素质教育是20世纪80年代中期产生的，与“应试教育”相对立的一个概念，它的提出是广大教育工作者为摆脱“应试教育”的羁绊而进行的理论思考和实践探索的重要结晶。提倡素质教育，是时代发展的需要，是社会发展的需要，也是教育自身发展的需要。

对于素质教育的定义至今仍然没有一个统一的见解，但对素质教育的本质特征的认知还是具有相同之处的。一般认为，素质教育具有下列特征：(1)主体性和发展性。要尊重、发挥和完善学生的主体性，培养和提高学生自我学习、自我教育和自我发展的知识与能力，把教育重点转到启迪心智、开发潜能和增强后劲上来。(2)内在性。素质教育过程中要注重把外在的影响因素和要求“内化”为学生个体内在的、稳定的素质，使学生终身受益。(3)全体性和集体性。素质教育必须面向全体学生，使每一个学生都具备成为新一代合格公民的基本素质，同时也要提高全体公民的群体素质（即集体的精神面貌），注重集体主义教育，注重培育和弘扬民族精神。(4)整体性。合理的素质结构具有整体性特点，要注重学生各种素质之间的统一和相互影响，促进学生各种素质的全面发展。(5)基础性。要教授学生最基本的、必需的知识和技能，为学生的身心健康发展、进一步学习深造以及将来走向社会打好基础。(6)因材性。学生之间存在着个体差异，要注重因材施教，使每个学生在自己原有的基础上得到发展，重视个体素质的提高。(7)实效性。教育是否能够真正为社会主义现代化建设服务，是要由教育对象步入社会后发挥其功能的性质和水平决定的，任何追求暂时的、片面的和表面的效果教育，不可能经受住社会和历史的检验。(8)综合性。实施素质教育的过程中，全体社会成员要予以高度重视，予以良好的物质环境和精神环境支持，同时教育内部应自觉克服短期意识和行为，树立正确的战略思想，进行相应的教育改革。(9)时代性。素质教育活动要与时代发展的脉搏紧密相连，培养时代所需的素质人才，反映时代发展的水平和特征。(10)长期性。一个民族的素质是在动态过程中长期累积形成的，不是一蹴而就的，需要经过长期的、有序的教育才能促成一个民族的良好素质。

(四)终身教育

终身教育提倡从人的出生到死亡整个一生中都应进行持续的教育,其教育目的和形式根据个人发展不同阶段的需要而确定,从而使教育成为人们生活中不可缺少的一部分。终身教育的首倡者保罗·朗格朗认为:"人格的发展是通过人的一生来完成的","教育,不能停止在儿童期和青年期,只要人还活着,就应该是继续的"。[①] 终身教育的宗旨就是通过不断教育,从而使人的价值观念、科技知识和工作生活能力等方面都能适应社会的变化与发展,并始终保持与时俱进的创新活力。

(五)教育民主化

教育民主化包括三个层面:首先是指教育机会均等,不同种族、不同性别、不同社会地位的成员,都享有均等的受教育机会,其中包括入学机会的均等、享有教育资源机会的均等和教育结果的均等;其次是指教育管理民主化,即教育决策的制定、执行和教育管理方面均有公众的广泛参与;最后是指教学民主化,在教学过程中建立民主、平等、和谐的师生关系,提倡自由讨论、平等对话,做到教育活动、方式和内容的民主化,为学生提供更多自由选择的机会。

二、政策制度

人类社会发展的历史就是文化、制度与经济发展相互推动的历史,文化观念的形成和积淀、制度的形构和变迁,是在文化与制度的互动中不断演进的。就小学校园诚信文化的建设而言,其受到国家政策和校园制度的影响。

(一)国家政策的引导

学校是有目的、有计划地培养人才的场所。学校必须根据社会和国家的要求来培养和教育学生,学校文化必须跟社会主流文化保持一致。作为社会诚信文化建设的缩影,小学校园诚信文化的构建,不可避免地受到国家相关政策和法规的影响、引导与制约,与此同时,国家政策的风向标或直接或间接地指向学校的诚信文化建设,助力小学校园诚信文化的构建。

1.道德建设政策中的诚信

我国有关诚信的国家政策主要是以道德建设作为切入点。在2001年颁布的《公民道德建设实施纲要》中,"诚信"成为全社会应该大力提倡的基

---

① 高志敏.终身教育、终身学习与学习化社会[M].上海:华东师范大学出版社,2005:5.

本道德规范之一，成为人人都应该具有的道德品质。同时，中共中央国务院《关于进一步加强和改进未成年人思想道德建设的若干意见》提出“加强和改进未成年人思想道德建设是一项重大而紧迫的战略任务”，要“大力普及‘爱国守法、明礼诚信、团结友善、勤俭自强、敬业奉献’的基本道德规范，积极倡导集体主义精神和社会主义人道主义精神”[①]。2004 年，教育部办公厅下发了《关于进一步加强中小学诚信教育的通知》，提倡在中小学开展诚信教育，要求学校要认真抓好诚实教育和守信教育，培养学生从小诚实守信的品德。[②]

2. 经济建设政策中的诚信

社会主义市场经济体制健全和社会主义市场经济的繁荣发展，离不开稳定、健康、信用的市场氛围的构建。国务院《关于印发社会信用体系建设规划纲要（2014—2020 年）的通知》提出，要“以法律、法规、标准和契约为依据，以健全覆盖社会成员的信用记录和信用基础设施网络为基础，以信用信息合规应用和信用服务体系为支撑，以树立诚信文化理念、弘扬诚信传统美德为内在要求，以守信激励和失信约束为奖惩机制，目的是提高全社会的诚信意识和信用水平”[③]。《中共中央关于完善社会主义市场经济体制若干问题的决定》指出，建立健全社会信用体系和社会信用制度对于建设现代市场体系、规范市场经济秩序十分必要，这也需要“增强全社会的信用意识，政府、企事业单位和个人都要把诚实守信作为基本行为准则”[④]。

3. 文化建设政策中的诚信

我国文化建设中也少不了“诚信”文化的身影。2011 年，《中共中央关于深化文化体制改革 推动社会主义文化大发展大繁荣若干重大问题的决定》

---

① 中共中央国务院. 关于进一步加强和改进未成年人思想道德建设的若干意见[EB/OL]. (2004-02-26)[2016-05-30]. http://www.edu.cn/de_yu_777/20120209/t20120209_739012.shtml.

② 教育部办公厅. 关于进一步加强中小学诚信教育的通知[EB/OL]. (2004-03-25)[2016-05-30]. http://www.moe.edu.cn/publicfiles/business/htmlfiles/moe/s3325/201001/81949.html.

③ 国务院. 关于印发社会信用体系建设规划纲要(2014—2020 年)的通知[EB/OL]. (2014-06-14)[2016-05-30]. http://www.gov.cn/zhengce/content/2014-06/27/content_8913.htm.

④ 新华社. 中共中央关于完善社会主义市场经济体制若干问题的决定[EB/OL]. (2008-08-13)[2016-05-30]. http://www.gov.cn/test/2008-08/13/content_1071062.htm.

的颁布，掀起社会主义文化建设新高潮，该文件指出“诚信缺失”是一种危害社会主义文化、与社会主义核心价值体系相违背的不良风气，要想取得文化的大繁荣大发展，必须要在全社会进行诚信建设，在全社会广泛形成守信光荣、失信可耻的氛围。[①] 2014 年，教育部印发了《完善中华优秀传统文化教育指导纲要》的通知，提出要“深入挖掘和阐发中华优秀传统文化讲仁爱、重民本、守诚信、崇正义、尚和合、求大同的时代价值”[②]。“诚信”的要求也落实到了学校的文化教育上，要求学校努力把青少年培养成知荣辱、守诚信、敢创新的中国人，把“诚信”的优秀传统文化发扬光大。

（二）学校制度的导向

《辞海》将“制度”这个词解释为“要求成员共同遵守、按一定程序办事的规程”。由该定义可知制度是约束人们行为和调节人们关系的一系列规则。小学校园中常见的规章制度、管理条例、学生守则、检查评比标准等都属于小学校园中的制度。事实上，制度本身就是一种文化，又可以衍生出文化，制度文化可以规范人的行为，更能内化为人的思想和行为。[③] 制度文化是学校教育得以正常运转的具有丰富情感色彩的环境氛围，因为它不是单纯的文本，包含着社会的要求和传统，渗透着学校特定的道德意志与教育要求，可以“通过暗示、舆论、从众等特殊机制对学校的师生产生潜在的心理压力和动力，使他们自觉地接受影响，形成规范的行为”[④]。

2014 年，教育部公布《中小学生守则（征求意见稿）》（以下简称《守则》）。新版《守则》的修订将《中小学生守则》《小学生日常行为规范（修订）》和《中学生日常行为规范（修订）》合而为一，变成了 9 项内容，仅 380 多字，包括三“爱”、三“讲”、三“护”。三“讲”中提到有关诚信的内容：“讲诚信。守时履约，言行一致，知错就改，有责任心，不抄袭不作弊，不擅动他人物品，借东西

---

① 新华社. 中共中央关于深化文化体制改革 推动社会主义文化大发展大繁荣若干重大问题的决定[EB/OL].（2011-10-26）[2016-05-30]. http://cpc.people.com.cn/GB/64093/64094/16018057.html.

② 教育部. 完善中华优秀传统文化教育指导纲要[EB/OL].（2014-03-26）[2016-05-30]. http://www.moe.edu.cn/publicfiles/business/htmlfiles/moe/s7061/201404/166543.html.

③ 余清臣，卢元凯. 学校文化学[M]. 北京：北京师范大学出版社，2010：81.

④ 袁先潋. 学校文化力建设策略[M]. 重庆：西南师范大学出版社，2009：147.

及时归还。"相比于旧版中的"诚实守信，言行一致，知错就改，有责任心"①，新版中增加了"守时履约""不抄袭不作弊""不擅动他人物品，借东西及时归还"三项内容，说明了新时期校园诚信文化建设中"守时、履行承诺、学业诚信"等应被作为重点内容来落实。

一方面，学校制度是作为小学校园诚信文化建设的着力点和重要组成部分，以其特有的规范和规约的形式，助力诚信文化的建设；另一方面，学校制度作为指南针，为小学校园文化的构建指明方向，通过突显"诚信"品质的重要性，以引领和指导小学校园诚信文化的建设。

三、教育环境

小学校园是多元文化的聚集地，同时也是文化开放的窗口。小学校园文化作为社会文化的一个子系统存在于社会大环境之中，必然与社会文化、社会风气有着千丝万缕的联系，并受其影响。同样，小学校园诚信文化的建设，必然受到教育环境的影响，包括学校环境、家庭环境和社会环境，它们或有形，或无形，通过规范、暗示、潜移默化等形式直接或间接地影响着小学生诚信品质的养成。

（一）学校环境

学校环境主要指学校物质环境、人文因素、规章制度以及人际关系等方面，是小学教育环境的重要组成部分，对校园诚信文化的构建和学生诚信品质的养成是至关重要的。学校环境通过其特有的职能和优势，在小学校园诚信文化建设过程中发挥着独特的作用。这里，主要讨论学校环境中物质环境的影响作用。

当我们走进一所小学校园时，最先接触到的是校园内的物质环境，包括操场跑道、树木花草、校徽校标、教室桌椅、教学楼、图书馆、宣传栏等。学校的物质环境是一种物质实体形态，不仅是学校教育教学等活动的物质载体和空间基础，也是学校文化的物质载体，是一种物化的文化形态，既是校园精神文化的基础，也是文化的具体表现。它能够"迅速为人们提供感觉刺激，给人一种有意义的感情熏陶和启迪，是一种以物质形态为主要研究对象的表层学校文化"②。这种物质形态之所以能够提供感觉刺激，是因为它们

---

① 新版中小学生守则 VS 旧版中小学生守则[EB/OL].(2014-08-15)[2016-05-30]. http://xiaoxue.eol.cn/zjxx_3219/20140815/t20140815_1164415.shtml.

② 赵中建.学校文化[M].上海：华东师范大学出版社，2004：23.

能带给人直观式的感觉经验，而人恰恰是集情感和理性于一体的动物，“人的一切情感、理性、智慧的获得都必须建立在感觉经验的基础之上”[①]。

小学校园物质文化是整个学校文化环境的有机组成部分。学校作为教育活动的主要场所，其教育教学的过程就是文化“化人”的过程。无论是校园建筑、教学设施或一枝一叶都蕴涵着学校一定的价值导向、行为规范、精神境界。良好的小学校园物质环境“不需要用任何抽象的理智形式，像知识灌输一样，像道德说教一样，像行政命令一样，像法律制裁一样，从外面强加于人。它像空气一样包围着受教育者，让他不知不觉而自觉自愿地去感受，去体会，从而心甘情愿地接受教育”[②]。一个舒适、优美、文明的校园物质环境，会感染和陶冶生活于其中的人，使生活于其中的人受到无形的约束，知晓自己的哪些心理和行为与外界环境格格不入，感知应如何调节。这种作用即潜移默化地影响和教育人的思想和行为，净化人的心灵，给人以美的享受，这对于诚信文化的构建无疑是一种助力。如若校园主体能再将这种渗透进思想和性格中的自我要求外化为主动性的输出和表现，那么小学校园物质文化“化人”的目的也就实现了。

（二）家庭环境

家庭环境是指孩子生活在其中，并赖以成长和发展的家庭心理环境和物质环境的总和，包括家庭教养方式与理念、家庭结构、家庭地域、家庭氛围、经济状况、家庭成员的文化修养和道德修养、学识水平等方面。本书中主要通过讨论家庭结构、家庭收入两方面来探讨小学生所处的家庭环境对于小学校园诚信文化建设的影响作用。

1. 家庭结构

家庭结构就是家庭成员间层次和序列的结合，家庭结构包括家庭的组成人员、人数、家庭成员的辈分、家庭成员是否齐全等。[③] 不同的家庭结构都对小学生的诚信状况产生影响，并间接地作用于小学校园诚信文化的构建。

核心家庭是指两代人组成的家庭，核心家庭的成员是夫妻两人及其未婚子女，是社会中最普遍的家庭结构形式，其特点是家庭结构简单、成员数量少。一方面，由于核心家庭对亲属网络的依赖性小，父母权威较高，孩子的诚信思想和行为就会直接受到父母的影响，不会因为老一辈的原因造成

① 张鹏.校园视觉文化中隐性价值的研究[M].北京：人民教育出版社，2008：15.

② 俞国良，等.学校文化新论[M].长沙：湖南教育出版社，1999：102.

③ 刘铮.人口理论教程[M].北京：中国人民大学出版社，1985：318.

教育思想和步调的不一致；同时，父母与孩子的直接交往多、关系密切，当子女出现不诚信的思想与行为时，父母一般会很关注，能立即指出并加以教育。另一方面，现代社会中，核心家庭中的父母往往因为工作繁忙而难以及时了解子女的思想动态和行为，当孩子出现不诚信的思想与行为时，父母难以在第一时间发现，等孩子养成不良的品行再补救就会大大增加教育的难度。

直系家庭又称主干家庭，主要由夫妻、夫妻的父母或者直系长辈、未成年子女几代人组成，特点为层次多、人数多、规模大。在直系家庭里，当父母平日工作很忙时，祖父母可以帮助照顾和管理第三代，较少会出现孩子独处的情况。① 可以说，老人成为孩子除父母外的第二大教育者，甚至会超于父母成为和孩子接触交流最多的人，“使得祖父母代替父母在孩子的成长中起主要作用”②，少年儿童的诚信思想和行为也会更多地受到老人潜移默化的影响。若老人对孩子的思想品行较为重视，则孩子就会形成诚实守信、自信乐观、活泼开朗的性格品德。然而，由于是隔代照顾小孩，老人对小孩比较溺爱，当小孩子出现失信的思想和行为时，宠爱孩子的老人往往做不到和父母一样的理智对待，甚至会放任自流，对小孩的诚信思想品行的养成造成不利。

所谓单亲家庭是指由于丧偶、离异甚至未婚先孕等各种因素构成的家庭成员不齐全的家庭，由母亲或父亲单方抚养的孩子就是单亲家庭的子女。一般认为，生活在单亲家庭中的孩子由于缺少父爱或者母爱，较于双亲家庭的孩子将面临更多的心理成长和教育问题。然而，在诚信问题上，单亲家庭的孩子并没有表现出和双亲家庭孩子的显著差异。《小学生诚信生活的建构——基于浙江省城乡小学的调查与分析》的调查报告显示，在个人诚信方面，单亲家庭小学生诚信品质的均值都略高于双亲家庭，但两者不存在显著差异；在生活诚信维度上，无论是对人还是对事，单亲家庭小学生的均值均高于双亲家庭小学生；在教育诚信维度上，两者略有高低差别。以上调查结果说明，生活在单亲家庭里的学生品德发展水平不一定会低于双亲家庭的学生。生活在单亲家庭里的很多小学生，懂事的时间较双亲家庭孩子会早一些，表现出独立自主、艰苦奋斗的精神，对于成功的渴望较高，对自己的学习、行为品行方面也就有较高的要求。为了孩子的幸福和身心健康成长，单

① 赵忠心.家庭教育学[M].北京：人民教育出版社，1999：154.

② 闫旭蕾，杨萍.家庭教育新论[M].北京：北京大学出版社，2012：83.

亲家庭往往会给予孩子学习和品德发展方面更多的关心和教育，所以单亲家庭孩子在个人诚信和生活诚信上表现较好。而由于自卑、胆怯等心理，单亲家庭子女跟同伴交流的机会少、交流不顺畅，表现在对待同学的诚信度上略低于双亲家庭的学生。

2. 家庭收入

一个家庭的经济收入虽然不是跟家庭生活幸福指数成正比，但是在一定程度上对孩子的诚信品质也产生重要的影响。根据《小学生诚信生活的建构——基于浙江省城乡小学的调查与分析》的调查统计，家庭收入的高低的确会影响小学生诚信状况的好坏。无论是个人诚信、生活诚信还是教育诚信，来自月收入中下水平（月收入 3000～5000 元）家庭的小学生诚信状况都普遍优于家庭收入较高（月收入高于 5000 元）或较低（月收入低于 3000 元）的学生。一般而言，家庭收入较少的家庭，家庭生活负担相对来说比较重，父母则会将关注的重点放在工作及提高家庭物质水平上，对子女的品德包括诚信等方面发展和教育关注相对会减少。家庭收入较高的学生，往往会形成两个极端。有些父母由于家庭条件优越，抱着物质能解决一切的心态任凭子女去享受，对孩子思想品德教育不看重，这样的孩子往往会形成贪图享乐、以自我为中心的性格，诚信状况不佳。有些父母由于收入丰厚，物质上不用消耗较多的精力，就会在如何把孩子培养成具有完善品格的人方面下功夫。这样的家庭就会对孩子的诚信状况给予较多的关注、教育及指导，孩子的诚信状况自然会比较好。收入情况中下的家庭，家庭负担较轻，对子女会严格要求，对其学业和品德较为关注，孩子从小被灌输以诚恳、朴实的思想，希望他们将来能凭借个人资质往更好的方向发展，子女个人也会比较努力，因而来自该类家庭的小学生表现出较高的诚信度。

（三）社会风气

社会风气是指“在一定社会时期，一定群体中传播、竞相模仿或流行的思想观念、行为方式和时尚等社会风貌与精神气象”①。社会风气的好坏直接关系到社会的发展状况和个人的精神走向，更影响社会下一代的成长成才。社会风气的核心关涉价值理念与道德取向。由于社会风气的道德伦理内含具有较强的外显性和熏习性，容易被人们所感知与接受，因而通常以道

① 段妍，杨晓慧. 改革开放以来中国社会风气演变的历程[J]. 理论探讨，2012(4)：37-39.

德伦理为标准来判断社会风气的好坏。[①] 诚信作为道德范畴中的基本规范，时刻受到社会风气的影响，而小学校园诚信文化的建设，更是与其所处的社会环境及社会风气息息相关。

能够促进社会发展的先进意识之外化和表现的社会风气是正向的、良好的社会风气，向人们展示的是积极向上的价值追求和行为取向。例如，中国传统社会中，宗法制和专制制度结合而成的社会结构特征是中国文化形成伦理型范式的主要原因，“这种范式所带来的正价值使中华民族凝聚力强劲，注重道德修养，比较重视人际关系之间的温情，成为举世闻名的礼仪之邦”[②]。这种注修养、讲礼仪、重关系的社会风气为诚信在社会各方面的扎根发芽提供了重要的前提。社会中对“君为臣纲，父为子纲，夫为妻纲”的社会风气和“仁、义、礼、智、信”的道德规范的倡导和宣扬，使得君臣之间以及家庭内部中父与子、夫与妻之间相互忠诚、忠贞不渝，朋友、邻里之间诚信友爱。而阻碍社会发展的落后的意识之外化和表现的社会风气是负向的、不良的社会风气，向人们展示的是消极腐化的价值追求和行为取向，或表现为灵魂扭曲、思想僵化、行为过激，出现种种不良现象，阻碍社会发展。比如，在“文革”期间，“破四旧”运动使得无数优秀的文化典籍付之一炬，大量国家文物遭受洗劫，许多知识分子、民主人士和干部遭到迫害。在这种民主法制和社会秩序极度混乱、传统文化遭受丑化和否定的情况下，政治诚信遗失殆尽，失信甚至成为当时社会的主流。

诚然，导致社会风气败坏、诚信缺失现象严重的具体原因较为复杂，但无论如何，基于诚信道德在社会生活和社会主义建设中不可或缺的作用，有必要清除其根源，重新树立诚信风尚。如果从远一点说，那么我们可以说自“文化大革命”结束、拨乱反正开始，我们的党和国家对政治失信、经济失信、个人失信的治理就已经开始一步步地提上了议事日程。[③] 近年来，打造诚信社会已成为党和国家建设和谐社会的重要内容和目标之一。在当前这样一种倡导诚信的社会风气中，学校作为培养人才的摇篮，小学阶段有必要也有责任培育未成年人的诚信意识和习惯，使其养成良好的道德规范。在社会风气良好的环境下，学校应顺势而为，鼓励学生向模范人物学习，把诚信化

---

① 刘超良，杜时忠．社会风气：在制度德性的变革中转变[J]．高等教育研究，2009(4)：20-24．

② 张岱年，方克立．中国文化概论[M]．北京：北京师范大学出版社，2004：55．

③ 陈平．新中国诚信变迁：现象与思辨[M]．广州：中山大学出版社，2010：305．

为学生的道德理想信念，融入学生的日常生活和日常行为，形成普遍的社会认同。在社会风气不良的环境下，学校以贴近学生、贴近生活、贴近实际，以理服人、以文化人、以情感人的方式，对学生进行诚信教育，抵制不良思想对校园的入侵，打造诚信的校风、学风、教风。只有诚信的校园文化，才能净化人的思想、启迪人的心灵、催人奋进，才能使人们永远善良、健康、积极向上。

四、资源基础

小学校园诚信文化的建设需要各方面的共同努力，离不开基础资源的支撑与支持。现阶段，小学校园诚信文化建设的资源基础，主要包括经济基础、文化渊源以及学校课程载体等。

（一）经济基础

正如恩格斯所说："人们自己创造自己的历史，但他们是在既定的、制约着他们的环境中，在现有的现实关系的基础上进行创造的，在这些现实关系中，经济关系不管受到其他关系——政治的和意识形态的——多大影响，归根到底还是具有决定意义的，它构成一条贯穿始终的、唯一有助于理解的红线。"[①]因此，文化存在于一定的社会经济环境之中，又受到社会经济发展的制约。与文化受社会经济发展制约的原理一样，小学校园诚信文化不仅作为一种社会文化，更作为一种校园文化，是在一定的社会经济条件下，在小学校园这一特定的区域内所产生的一种独特的诚信文化，同样也受到社会经济制度和发展水平的影响和制约。

现阶段，我国经济体制改革的总体目标是建立和完善社会主义市场经济体制。社会主义市场经济具有市场经济的一般特征，表现为市场经济一直以来遵循效益原则，它不是通过政府而是借助于市场进行各种资源包括劳动力资源的配置，机理是通过优胜劣汰的竞争机制使资源得以流通。要使得资源最终达到合理且有效地配置，市场主体必须遵循的一个基本法则就是公平竞争，这也是市场经济本身蕴含的道德要求。价值规律要求市场主体遵守等价交换、平等互利的原则；经济交往的复杂性又要求市场主体都要遵守契约和合同。这些经济活动无不需要人与人之间的诚信来维系。因此，从经济角度看，"人与人之间的信用关系是商品经济产生、发展和成熟的前提。一个社会诚信程度越高，经济来往的交易成本就越低，风险也就越

---

① 中共中央马克思恩格斯列宁斯大林著作编译局.马克思恩格斯选集：第4卷[M].北京：人民出版社，1995：732.

小，商品流通速度也越快；反之，商品的生产与交换就止步不前”。

社会主义市场经济的发展需要诚信的社会公民参与，这一要求反映到教育上就是要求学校培养诚信的未来社会公民，形成人人诚信的社会风气和优良的市场秩序，推动市场经济稳步发展。而小学又是个体世界观、价值观形成与发展的关键时期，这个阶段形成的道德观念与行为准则将会影响人的一生，因此在小学阶段形成诚信的文化氛围，培养小学生的诚信品格是适应社会经济发展之举。因此，社会经济制度对小学校园诚信文化具有重要的影响。

社会经济发展水平也是除经济制度外的一个重要影响因素。其影响功效主要通过以下两条途径来体现。首先是社会经济发展水平对小学校园诚信文化建设的支持力度方面。社会经济发展水平越高，就越能为校园诚信文化建设提供雄厚的资金投入，为校园诚信文化的发展开辟广阔的道路。其次表现在社会经济发展水平对诚信养成的动机方面。经济发展水平较高，发展平衡的时期，人们往往生活幸福，人与人之间的诚信也能维持在较高的水平，小学校园诚信文化的内容、重点、建设路径等就会跟经济发展水平较低的时期有所不同。

（二）文化渊源

人类创造了文化，反过来也受到文化的约束。然而，这一约束是在无意识中形成的。每个人从出生之日起就处在一定的文化氛围中，举手投足间投射出其所处文化环境的烙印。作为中华儿女，每一个中国人都是由中国文化的土壤所滋养和培育起来的。“它首先是历史上以个体农业经济为基础，以宗法家庭为背景，以儒家伦理道德为核心的社会文化体系，儒家伦理文化一直是中华民族文化的核心，而且至今仍然影响着中华民族的思想方式和行为方式。”①儒家道德学说，作为中国传统道德思想，是以道德价值为核心的价值体系，而诚信作为道德的重要组成部分，经过时光流变，慢慢演变成为一种独特的文化思想。

在春秋战国时期，诸子百家就认识到诚信的重要性。孔子怀有积极入世的态度，提倡人们要修养自身，认为诚信是做人的根本，人们想要立足于世则离不开诚信。孔子认为诚信在人与人之间的交往中起到十分重要的作

① 余同元. 中国文化概要[M]. 北京：人民出版社，2008：21-22.

用，认为“吾日三省吾身，为人谋而不忠乎？与朋友交而不信乎”①。此外，孔子还认为“民无信不立”，诚信是治国安邦的准则。“亚圣”孟子也把“信”提升到重要地位，认为“父子有亲，君臣有义，夫妇有别，长幼有序，朋友有信”，从而也使得“信”成为调节人与人之间关系必不可少的伦理规范。② 到了汉代，董仲舒提出了“仁义礼智信”，建立了以“三纲五常”为基本内容的封建伦理思想体系。《白虎通·性情》：“信，诚也，专一不移也。”在儒家的“五常”中，“信”作为纽带，使得“仁”“义”“礼”“智”得以贯通和实现。“仁”—“义”—“礼”—“智”这一道德序列的出发点是“仁”，最终归宿是要造就一个完善的社会网络体系，这其中，任何一个环节的进行，都需要人与人之间的“信”为前提和纽带。因此，人如果无“信”，社会成员之间就没有交往的纽带，也就不可能建立人和人之间的美好关系。③ 此后，理学家既从理学视角演绎诚信思想，也注重诚信的修身功能。诚信被认为是一种人们追求的道德意识和精神，也是一种维持社会秩序，保证社会稳定的途径。宋代的新儒家们用“诚”来连接天人，并且把性和命结合在一起，将伦理理论上升到存在论的高度。④ 自此，个人的诚信有了立足的合理根基，“诚信”开始从抽象的伦理道德范畴里脱离出来，以实在的状态存在并对后世产生深远持久的影响。

由上述儒家诚信文化的思想变化发展历程可知，诚信在中国传统文化的熔炉中与个人修养、人际关系、社会政治环境有着千丝万缕的密切关系，最终发展成为中华民族的传统美德。现代诚信文化是中国传统诚信文化的继承和演变。诚信依旧是连接个人与个人、个人与社会的纽带，依旧是社会文明进步的永恒要素，成为现代中国社会的道德基础和道德建设的重点。小学校园诚信文化正是中国传统文化与现代社会需求相结合的产物。

（三）课程载体

课程不仅仅是某一门学科，而是教师、学生、教材、环境四因素的整合，是一个辐射性的多维空间，课程本质上是一种教育进程和实践状态的教育。⑤ 课程在很大程度上决定了学校教什么和怎么教，而学校的主要任务不仅是传授知识，还肩负着培育学生道德品质的责任。赫尔巴特说过，教学如

---

① 杨伯峻. 论语译注[M]. 中华书局，2011:1-10.

② 龙男男. 中西诚信文化比较研究[D]. 哈尔滨：哈尔滨工业大学，2013.

③ 谢文郁. 儒家五常新释[N]. 光明日报，2012-10-16(15).

④ 龙男男. 中西诚信文化比较研究[D]. 哈尔滨：哈尔滨工业大学，2013.

⑤ 余清臣，卢元凯. 学校文化学[M]. 北京：北京师范大学出版社，2010:120.

果没有进行道德教育，只是一种没有目的的手段；道德教育如果没有教学，就是失去了手段的目的。学校各门课程的内容及其实施过程中蕴含着大量的道德因素，而小学校园诚信文化的建设离不开课程载体的支撑作用。

1. 专门德育课程

在我国，小学开设的专门德育课程也就是思想品德课程，正式开设于 1981 年。当年 3 月教育部颁发了《全日制五年制小学教学计划（修订草案）》，要求各小学根据小学生的年龄特点与思想品德形成发展的规律来进行德育，并且突出了基础的道德教育。从 2001 年起，我国小学德育课程也列入了课程改革的队伍，新的小学德育课程由小学一至二年级的《品德与生活》课程和三至六年级的《品德与社会》课程组成。

《品德与生活》是一门以儿童的生活为基础，以培养品德良好、乐于探究、热爱生活的儿童为目标的活动型综合课程。在 2011 年的课程标准中，该课程的情感与态度这一课程分目标中，提出小学生要能够做到“诚实勇敢”。《品德与社会》是在小学中高年级开设的一门以学生生活为基础、以学生良好品德形成为核心、促进学生社会性发展的综合课程。在 2011 年的课程标准中，该课程的情感、态度、价值观这一课程分目标中，明确提出小学生在生活中养成“诚实守信”品质的目标。课程为小学生了解诚信的基本含义、明确诚信的基本道德规范、行为规范打下了基础。同时，教师在备课与授课、交流与反思中也进一步提高了自身的诚信认知，强化了诚信情感、规范了诚信行为，为学生树立良好的道德榜样。可见，在小学的低段和中高段，思想品德课程都在为校园诚信文化的建设铺路搭桥。

2. 渗透性德育课程

有学者指出，企图通过专门的德育课来提高学生道德的做法并不能真正提高学生的道德水平。回顾以往德育课程中的道德存在形态，可以用“知识道德”这个词来概括，即把道德作为知识来看待，或者说认为道德主要表现为知识。[①] 然而，道德是集道德知识、道德情感、道德意志和道德行为于一体的，而小学设置的专门德育课，其实只是教会了学生道德知识。此外，包括诚信在内的道德，真实而广泛地存在于每个学生的日常生活之中，不能作为一个孤立的东西来教，也不可能只通过一门课就能够达到道德教育的目的。因此，除了专门的德育课，一般的课程也会起到对小学生进行道德教育

---

① 鲁洁．德育课程的生活论转向——小学德育课程在观念上的变革[J]．华东师范大学学报（教育科学版），2005(3)：9-16.

的作用。各学科教师在课堂教学过程中利用教材蕴含的德育因素对学生进行的思想品德教育，即为“渗透性德育课程”。例如，小学语文教师在讲到《皇帝的新装》一课时，就可以对小学生进行诚信教育，启发他们思考在日常生活中敢于说真话，不自欺欺人。这样的课堂对于培养小学生的诚信品德具有巨大的影响作用。

3. 道德实践活动课程

除了通过静态的德育知识课程，还有以校园文化活动为载体开展的诚信道德实践活动课程。道德实践活动课是以学生的兴趣和直接经验为基础，以与学生学习和生活密切相关的各类现实性道德问题为内容，以研究性学习为主要学习方式，以提高学生的道德认知、规范学生的道德行为为主要目的的一类新型课程。例如，某小学为了进一步规范诚信教育的内容，促进小学生诚信道德的知行统一，在道德实践活动课上开展的辩论赛、演讲比赛、主题班会、作文比赛、观看诚信模范视频等活动，比枯燥的道德说教更能吸引小学生的兴趣，达到更好的教育效果。

五、人际群体

在个体的毕生发展和道德养成过程中，作为社会动物的个体，在生命的不同阶段均在找寻对其最有意义的关系，并试图进入这种关系中，与关系中的另一方进行相互作用、相互影响。① 在生命的早期，展现得最多的是亲子互动，家长的影响作用为其毕生发展奠定了基础；进入学龄期，有了与同伴、教师之间的互动，互动的结果就是儿童发展了各种亲子以外的关系，习得了积极的社会行为和品德修养。这种与人际群体间的互动，促进了个体的社会规范的内化和诚信品德的养成，也为小学校园诚信文化的建构打下了铺垫。

(一)家长

每一个孩子都是生活在一定的家庭环境里，接触最早且最多的人就是父母。家长的思想道德和所作所为，对子女来说，是无声的影响和无声的教育。颜之推也说过，“人在年少，神情未定，所与款狎，熏渍陶染，言笑举动，无心于学，潜移暗化，自然拟之”②。意思是说，人在成长早期思想感情尚未稳定，对父母的言行举止即使不是有意识地去模仿，但是由于各方面可塑性

① 李丹. 人际互动与社会行为发展[M]. 杭州：浙江教育出版社，2008：1-3.

② 颜之推. 颜氏家训集解[M]. 上海：上海古籍出版社，1980：128.

强又与父母朝夕相处，也会渐渐地受到父母潜移默化的影响。在日常生活中，父母的一言一行、一举一动都会成为孩子们效法的榜样，所以有人说，孩子是父母的影子。[①] 家长在日常生活中重视诚信的道德规范和行为准则，就会按照诚信的道德要求去教育和塑造子女，为子女树立一个诚信的榜样。子女在耳濡目染中也会模仿父母的做法，并渐渐把外在的诚信行为内化为自身的道德品质；相反，如果家长自身没有良好的诚信品德，就不能给予子女正确的道德教育，教育的主动性和权威性也会受到子女的质疑。

家长的诚信教育方式，即家长在对子女实施诚信教育的过程中所选择和运用的具体措施和手段，直接关系到家庭诚信教育的顺利性和有效性。“小学生诚信生活的建构——基于浙江省城乡小学的调查与分析”的调查结果显示，小学生家长在诚信教育的方式上存在很大差异。在小学生出现了不诚信的行为时，有 22.4％的父母会出现打骂等行为，有 26.1％的父母会严厉批评，有 50.6％的父母会采用耐心说教的方式开展诚信教育，还有0.8％的父母对子女的不诚信行为漠不关心。以上结果表明，家长在诚信教育方式上存在较大的差别，当前国内家长的教育方式主要有棍棒教育、批评惩罚、耐心说教以及漠不关心四种。

第一，棍棒教育。在中国传统家庭教育思想“不打不成材”的影响下，当子女出现失信行为时，很多家长都会采用棍棒教育。对于孩子要因材施教，适当的惩罚是需要的，但未必要采取暴力的手段。棍棒教育在短时间内可能会取得较大的教育效果，但从长远角度来看会带来很多负面影响。用暴力手段教育孩子不仅会伤害孩子的身体健康，还会对孩子的自尊心、人格等心理方面造成创伤。有些孩子由于经常受到父母的打骂，对这种教育方式变得习以为常，反而会持破罐子破摔的态度，失信行为反而愈演愈烈，暴力手段也就失去了威慑力。有些孩子在出现不诚信行为时，会采用说谎欺骗父母的方法避免挨打或减轻挨打的程度。这样的结果与父母希望通过暴力手段让孩子变得诚信是背道而驰的。

第二，批评惩罚。批评惩罚也是家庭诚信教育的一种常用方法。当孩子出现不诚信的思想行为时，家长批评惩罚教育若运用得当，不仅可以增强孩子明辨是非善恶的能力，还可以促使其学会用自律和意志去克服自己的错误，纠正不诚信的思想行为。这里的运用得当，主要是指两个方面。首先，家长明确批评惩罚的目的是教育。家长因为孩子违背了诚信的思想和

① 葛瑛山，朱金焕．家庭教育指南[M]．北京：宇航出版社，1988：5.

行为规范，不及时改正会对孩子的道德和人格发展不利，这样的教育才是正确的。有些家长因为孩子使自己丢脸或为了出气才批评惩罚孩子，往往达不到预期目的。其次，批评惩罚合情合理、恰如其分，“避免那种主观、武断和随意实施惩罚的做法”①。

第三，耐心说教。耐心说教的诚信教育方式是建立在家长孩子处于平等、民主的地位和家长与孩子充分信任、彼此尊重的前提下的。在适宜的时间和地点，家长通过摆事实、讲道理，让孩子认识到自己的错误所在，体会到诚信的重要性。这样的教育方式给予两代人宽松民主的交流氛围，孩子会更愿意对父母说出自己的所思所想、所忧所虑，对于父母及时了解孩子的思想动态、纠正孩子失信的思想有较大帮助。此外，家长帮助孩子分析不诚信的原因以及明确今后改正的方向，有助于孩子养成自我反思的好习惯并树立诚信的道德行为标准，培养良好的诚信道德品质。

第四，漠不关心。如果说，棍棒教育、批评惩罚都是家长积极的诚信教育方式，那么漠不关心就是消极的诚信教育方式。采取这种教育方式的家长没有尽到自己的责任，对子女的诚信品德发展十分不利。家长对子女的诚信品德状况毫不关心，在孩子刚出现不良的思想行为时不及时制止和指导，容易使孩子放任自流，出现更大的问题。俗话“小时候拿人家一根针，长大偷人家一块金”说的就是这个道理。

（二）同伴群体

从诚信文化角度看，学生既是小学校园诚信文化建设的主体，同时也是小学校园诚信文化建设的受益者。在影响个体诚信发展的诸多因素中，同伴及同伴群体对个体诚信发展的影响具有得天独厚的优势，尤其是在青少年时期，同伴群体影响个体的道德观念、思维方式以及个性特点的形成，其影响力较父母和教师更为强烈和广泛。②

根据“小学生诚信生活的建构——基于浙江省城乡小学的调查与分析”的调查分析，小学生同伴的诚信状况的评分为3.015，诚信状况较为良好。整体而言，女生在诚信认知方面受同伴的影响小于男生，在诚信态度与情感方面受同伴影响略小于男生，而男生在诚信行为方面受到同伴群体影响小于女生；成绩优良的学生在诚信认知、态度与情感以及行为方面，受同伴及

① 檀传宝.论惩罚的教育意义及其实现[J].中国教育学刊，2004(2)：20-23.

② 鲁洁.教育社会学[M].北京：人民教育出版社，2007：185-222.

同伴群体的影响最大，其次分别为成绩中等以下和成绩中等的学生；与农村小学学生相比，城市小学生的整体诚信状况更容易受到同伴及同伴群体的影响；不同年级之间，低年级小学生的诚信认知、诚信态度与情感以及诚信行为最容易受到同伴群体的影响，高年级学生次之，而三、四年级学生的诚信品德受同伴影响的程度最小。

同伴群体在促进小学生诚信品德发展方面有独特的优势，其影响机制主要可以从群体动力学、观察学习理论以及平行教育理论三方面来解释。

第一，群体动力学。一个群体的生活空间由群体中所有个体及其环境组成，是影响这个群体的各种心理因素的总和，群体的行为是群体生活空间的函数。如果以B表示行为，P表示人，E表示环境，LS表示生活空间，那么，B=f(PE)=f(LS)，即行为随人及其环境的变化而变化，行为随生活空间的变化而变化。[①] 群体作为一个具有内在动力的整体，群体的价值观和行为的改变，会直接对其中的个体产生压力，促使个体的行为向着与群体一致的方向转变。所以，同伴群体的诚信观与诚信行为自然地会对小学生产生这样或那样的影响。这种影响根据库尔特·勒温的观点，可以分为三个阶段：解冻、流动和重冻。解冻是指打破小学生对诚信知行的错误认知和顽固坚守，消除群体以往的标准；流动是指引入新的标准，帮助群体建立正确的诚信品德；重冻是把新的诚信标准确立下来，成为群体成员共同接受的标准。同伴群体就是通过解冻、流动和重冻的不断循环往复，对小学生的诚信品质产生各种影响。

第二，观察学习理论。观察是人类学习的基本类型，“一个人通过观察他人的行为及其强化结果而习得某些新的反应，或使他已经具有的某种行为反应特征得到矫正”[②]。处于群体中的小学生通过观察同伴的言行，知晓应如何践行诚信品德，并根据已被编码的信息引导之后的诚信行为。[③] 根据观察学习理论，同伴对小学生的诚信品质的影响包括四个环节：(1)注意。小学生注意到同伴的诚信行为，并发动其感知活动，从而对诚信事件加以观察，因此有可能接受诚信事件的影响。(2)保持。在观察一段时间后，小学

---

① 杨鑫辉.心理学通史：第5卷[M].济南：山东教育出版社，2000：61.

② 高申春.人性辉煌之路：班杜拉的社会学习理论[M].武汉：湖北教育出版社，2000：124.

③ 阿伯特·班杜拉.社会学系心理学[M].郭占基，周国韬，韩向前，等译.长春：吉林教育出版社，2003：22.

生将在观察活动中获得的有关诚信行为的信息转换成持久的、相对稳定的认知结构，保存于记忆之中，以备后用。(3)动作再生。在注意过程与保持过程基础上形成的关于诚信行为的内部符号表征转换成物理形式的外显行为，通过在时间和空间上组织自己的反映，做出与诚信示范事件相一致、相匹配的行动。(4)强化和动机。小学生在特定的情境条件下，由于某种诱因的作用而表现出诚信行为。

第三，平行教育理论。“集体不仅是教育的客体，而且也是教育的主体。”①良好的集体一旦形成，它就成为教育学生的重要教育力量。正如马卡连柯所述，“每当我们给个人一种影响的时候，这种影响必定同时应当是给集体的一种影响。相反地，每当我们涉及集体的时候，同时也应当成为对于组成集体的每一个个人的教育”②。这就是说，老师在对整个班级进行诚信教育时会影响到个体学生，而当老师对个体学生的诚信行为进行表扬或惩罚时，自然地会影响到整个同伴群体。一个诚信的同伴群体，通过同伴之间的交往活动，自然而然地会对每个成员产生影响。因此，在对小学生进行诚信教育时，就不能使他们总是感到自己是教育的对象，而发生厌恶之感，应使他们认识到自身也是诚信教育的主体，以提高他们践行诚信品德的主动性和积极性。

(三)教师群体

教师是小学校园中除学生以外的第二大重要群体。在小学校园诚信文化建设的方向与水平上，教师群体的影响作用不容忽视。教师是知识的化身，更是社会道德规范的形象代言人。教师是活的因素，再好的道德教与学的设想、再理想的理论框架都有赖于广大教师在师生的“我—你”关系中用言行呈现给学生。③ 在这种关系和互动中，教师的价值取向会通过特定的行为方式有意无意地传递给学生。对人生观、价值观均未完全确立的小学生来说，教师传递的价值观念都会产生极其深刻的影响。另外，小学生的心理具有明显的向师性，教师的言行举止会成为小学生模仿与学习的对象，可以说教师的诚信行为会直接影响到学生诚信的养成。④

---

① 安·谢·马卡连柯．论共产主义教育[M]．刘长松，杨慕之，译．北京：人民教育出版社，1962：193.

② 何国华，燕国材．马卡连柯教育思想研究[M]．长沙：湖南教育出版社，1986：140.

③ 侯晶晶．论复合学习观与教师的道德引导使命[J]．中国教育学刊，2006(5)：75-78.

④ 俞晓婷．小学校园诚信生活的构筑[D]．金华：浙江师范大学，2010：61.

学校是学生学习科学知识、养成道德品质、学会为人处事的主阵地。如果小学生的诚信观念没有得到很好的建立，教师则有很大的责任。欧内斯特·波伊尔、约翰·莫里尔等人指出，学校价值观教育的落后固然涉及校内外多方面的因素，但最主要的一个原因在于教师不能利用俯拾即是的教育机会来引导学生关注道德问题、培养德性。如果教师忽视了培养小学生诚信美德的重要性，不去挖掘和鼓励每个学生身上的诚信的闪光点，不去制止和教育学生的失信思想和行为，那么小学校园诚信文化建设就会陷入僵局。

（四）校园工作者

小学校园中除了学生和教师这两大群体之外，还有为教育教学活动提供管理服务和后勤工作的员工，我们把他们合称为校园工作者。对于现代小学来说，科学的管理工作和细致的后勤服务是学校正常有序运行的重要保障，是学校教育教学活动和师生员工生活的重要保证。校园工作者也是小学校园诚信文化的积极参与者与影响者。

校园工作者由于工作的特殊性，不仅需要与学生和教师群体接触交流，还要为学校的物质及文化环境出谋划策。在与学生接触的过程中，校园工作者是否拥有诚信的品质也会对学生的诚信品德发展产生一定影响。比如说，小学校园中的清洁人员在捡到学生的零花钱后占为已有，学生来询问时矢口否认，这种行为会使学生的心灵产生极大的不平衡感，该学生在以后的生活中若捡到别人的钱财，也很可能会占为已有。在与教师接触的过程中，校园工作者与教师之间信息交流的顺利性十分关键，有利于指导教师按要求把握教育教学方向，也利于校园工作者及时收集教师和学生的反馈并进一步改进工作服务。如果校园工作者平日里诚信状况不佳或品德恶劣，其与教师、学生群体发生矛盾和冲突的可能性就会增大，教育教学工作就会陷入僵局，和谐的校园文化环境也会遭到破坏。

第二节　小学校园诚信文化的建设原则

建设小学优秀的校园诚信文化是一项系统工程，要在以人为本的基础上促进发展，也就是既要在共性文化这一主旋律的指引下，注重个性文化多样性的延伸，要把精神与物质加以协调统一，也要做到全面推进与重点突破相结合，更要在积淀传承与创新发展中找到共同促进的平衡点。

一、以人为本与促进发展相结合

小学校园诚信文化，从本质上讲就是师生诚信文化，学生、教师和行政后勤人员是校园诚信文化建设的主体，尤其是小学生，他们是诚信文化建设的主要参与者和实践者。在小学校园诚信文化构建过程中，外在的教育需求和文化熏陶都要通过小学生自身主观能动性的发挥才能内化为信念，外显为行为。因此，小学校园诚信文化的构建必须贯彻“以人为本”原则，重视学生作为诚信文化建设主体的作用，并致力于促进学生素质的全面发展。

(一)以人为本——校园诚信文化建设的出发点

在小学校园诚信文化建设中的“以人为本”应理解为“以小学生为本”，就是要注重小学生的身心发展特点和规律，充分尊重其主体性地位。要充分认识小学生的本质属性：第一，小学生是具有发展潜力的人，具有不断向上发展的内驱力；第二，学生既是受教育的对象，又具有在教育活动中的主观能动性和自我教育的可能性，是学习的主体；第三，任何一个学生都是独特的生命个体，具有渴望自由、平等、快乐的天性；第四，学生是有着丰富个性的完整的人；第五，学生的成长过程是一个社会化的过程，学生是具有社会意义的人。

因此，为了更好地构建小学校园诚信文化，首先要深入研究小学生的身心发育特点，要充分热爱和尊重每一个个体，并以促进学生发展为目的，用全面、发展的眼光看待学生，公平公正地对待他们。按照道德发展的规律，有针对性地进行指导，充分调动小学生的积极性和主动性，引导小学生开展诚信的“自我”构建，培养他们履约践诺的自觉性、自主性和自律性。

当然，“以人为本”原则的落实，并不仅意味着构建校园诚信文化时要确立小学生的主体地位，也包括诚信文化构建方式的主体性，即在一切教育方式中都必须强调和突出小学生的主体地位，尊重其主体人格，使他们变被动地接受为主动地认识和体验。这不仅能促使他们自觉地认可和接纳诚信观念，还有利于小学生在愉快、合作的氛围中自然地养成诚信品质，做到“润物细无声”。因此，要注意对学生进行引导、鼓励和示范，提升其道德认知水平，培育诚信信念，从而使其自觉主动地参与到校园诚信文化的构建中来，并努力践行诚信品质，实现从他律到自律的转化。

(二)促进发展——校园诚信文化建设的着力点

小学生作为校园诚信文化建设的主体，他们的存在和需求应当被视为校园文化建设和价值取舍的最终依据和标准。因此，小学校园诚信文化的建设在坚持“以人为本”原则的同时，还要促进小学生的整体发展，充分发掘学生的各种才能和潜力，培养适应社会主义现代化所需要的、全面发展的合格人才。

促进小学生的全面发展应当渗透在校园诚信文化建设的各个方面和各个层次，学校的物质文化、精神文化、制度文化、个体文化都应当充分体现和反映促进学生发展的要求。学校作为社会培养人才的专门场所，其主要职责就是通过教育，把学生培养成适应社会发展要求的合格社会成员。因此，促进学生的全面发展这一原则特点是小学校园诚信文化建设的着力点。

这就要求校园诚信文化建设要结合学生全面发展的要求，促进学生的诚信品质、个体才能以及综合素质的全面发展。促进学生的全面发展，具体要做到以下几项：第一，反映我国教育目的的要求。校园诚信文化建设应当围绕社会主义初级阶段对青少年学生全面发展所提出的要求，根据学校的具体培养目标，广泛开展各种形式的校园文化活动，创设促进学生全面发展的校园环境，补充和延伸教学内容。第二，充分发掘学生的发展潜力。“每一个孩子的身上都蕴藏着某些才能的素质。这些素质如同火药，要有火花来点燃它们。”①校园诚信文化的建设可以通过环境熏陶、课堂引导、活动强化、教师示范以及制度约束等方式，迸发出点燃学生潜能素质的火花，激发他们表现自己才能的意识，促使其不断在新的起点上认识自我，从而充分挖掘自身的潜能素质。第三，根据小学生生理和心理发展水平，促进其健康成长。校园诚信文化建设必须研究当代青少年儿童在文化大环境影响下的生理和心理特点，并根据身心发展的顺序性、阶段性和独特性，采取积极措施，帮助小学生正确处理成长过程中可能出现的各种矛盾，引导其健康发展。第四，反映现代人才观的要求。② 现代化社会对传统人才观提出了挑战，要求学校研究社会发展与人才结构、人才素质的关系，并根据其要求充分发展每个社会成员的素质水平和才能特长，把他们培育成适应现代社会发展要求的各级各类人才，即要把促进学生的诚信品质养成、全面发展以及个性成长统一起来，培养具备诚信品行、个性自由发展的个体。

（三）固本则木长——坚持以人为本与促进发展相结合

“以人为本”，或者说“以小学生为本”是校园诚信文化建设的出发点，促

---

① B. A. 苏霍姆林斯基. 帕夫雷什中学[M]. 赵玮，王义高，蔡兴文，等译. 北京：教育科学出版社，1983：397.

② 刘纪元. 中小学校园文化建设[M]. 成都：成都科技大学出版社，1992：37-39.

进学生自由全面发展则是校园诚信文化建设的着力点，应当将坚持“以人为本”与促进发展相结合，共同促进小学校园诚信文化建设的实施。

坚持“以人为本”既是构建校园诚信文化的基本要求和出发点，也是促进学生全面发展的内在向度。构建校园诚信文化强调对学生自身的尊重和肯定，要求贴近学生生活和实际，从学生的自身需要出发，注重人文关怀，关注学生诚信认知的提高、诚信情感的陶冶、诚信意志的锻炼以及诚信行为的养成。在坚持“以人为本”的基础上，为小学生的诚信品德和个性发展搭建平台，建立尊重多样、包容差异、鼓励创新的环境，倡导并营造和谐的校园文化，深化学生自我潜能的认识和发挥，培养小学生自信、自立、自强和诚信的品质，以实现个体的全面、自由、个性发展。

二、共性文化与个性文化相结合

校园文化作为社会的一种亚文化，必须建立在时代文化、世界文化、民族文化等共性文化的基础之上。小学校园诚信文化的建设也不例外，它是时代文化的产物，根植于民族诚信文化的土壤并以世界诚信文化的发展为参照，并通过整合这些共性文化来为自身建设提供基础和依托。与此同时，小学校园诚信文化建设也强调小学诚信文化的差异和特色，这种个性是诚信文化建设的本质与核心所在，是诚信文化建设的聚焦点。因此，小学校园诚信文化的建设要坚持共性文化的主导作用，同时也要倡导和尊重多元的个性文化。

（一）主导共性文化——校园诚信文化的稳固根基

健康向上的校园诚信文化环境能够使学生获得知识、陶冶情操、健康成长。校园诚信文化体现了学校独特的风格和精神，是协调校园人际关系的纽带，是学校的形象和品牌。作为对学校建设和发展具有引领作用的校园诚信文化，无疑需要一种强大的文化建设风向标，为其提供坚实的精神基础和聚力的发展导向。这就需要将共性文化，即时代诚信文化、世界诚信文化和民族诚信文化等融入和贯穿小学校园的文化建设中去，并将其作为校园文化建设的根基。

一方面，学校作为整个社会的子系统，其校园诚信文化应当以现代诚信文化为主导和方向。随着现代市场经济的不断发展，诚信文化建设的地位日益凸显，传统诚信开始向现代诚信转型，我国现代诚信文化的建设在继承民族传统诚信的基础上，逐步借鉴西方诚信的合理内核，将中国重德行、自律的传统诚信与西方的契约诚信结合起来，以构建底蕴深厚的、新型的现代诚信文化。小学校园诚信文化的构建，也应当借鉴和吸收时代、世界和民族之诚信文化的精华之处，以现代诚信文化为背景，为小学生的诚信品德养成提供良好氛围，促进自身发展。

另一方面，相对于校园中的个体而言，学校自身应当作为主导力量，形成一种校园范围内的共性文化，以这种具有凝聚力、导向性的诚信文化来影响师生。为了顺应和反映现代诚信文化，稳固校园诚信文化的主旋律地位，小学校园诚信文化建设还离不开科学的理论、正确的舆论、高尚的精神以及优秀的榜样作用。首先，以科学的理论武装人，以促进校园诚信文化主体思想观念的提高。就是说，要在校园诚信文化建设中，重点加强诚信理想和信念教育，坚持以科学的诚信教育理论帮助小学生理解诚信内涵，提高诚信认知，并通过生动活泼和新颖独特的活动方式强化学生的诚信感知和意志，使诚信理念渗透到学生的心灵深处，并外化到诚信品质的践行中去。其次，以正确的舆论引导人，以营造弘扬时代诚信主旋律的校园氛围，建立诚信的校风、教风和学风。在校园诚信文化建设中，要坚持以育人为宗旨，积极营造诚信、向上的舆论氛围，正面引导，以增强学生的诚信践行热情。再次，以高尚的精神塑造人，以提高校园文化整体水平。校园诚信文化是社会诚信文化的高层次表现，因此，校园诚信精神更应适应时代的要求，体现时代诚信主旋律。高尚的精神，体现为“社会主义荣辱观”中的“以诚实守信为荣，以见利忘义为耻”，也体现为社会主义核心价值观中的“爱国、敬业、诚信、友善”。高尚的诚信精神既是中华民族的优秀传统和美德，也是当前社会文明和校园文化建设的重要标尺，是培养社会主义建设人才必备的重要素质。最后，要以优秀的榜样鼓舞人，以充实校园文化的内涵。小学生的可塑性和模仿能力强，世界观、人生观及个性品质正处于形成阶段，教师的一言一行、一举一动，都对他们起着熏陶、感染和潜移默化的作用。同时，要在学生中树立优秀的学生榜样，突出榜样的引领作用，使其在相互交往过程中受到榜样诚信品质的感染和影响。

（二）多元个性文化——校园诚信文化的殷实土壤

校园文化建设要做到卓尔不群、独具个性，才能在多元化的格局中立足和发展。同样，校园诚信文化的建设，要依托于学校自身的历史和文化传承，在具有个性且富有特色的校园文化背景下进行构建。此外，校园诚信文化的建设，还应当考虑到作为诚信文化建设主体的学生的个体差异性，尊重学生群体中诚信文化及其表现形式的多样性。

由于地域文化和各校办学特色与传统的差异，小学校园诚信文化建设的特点也不尽相同，体现出多样性特征。小学校园诚信文化建设一定要从学校自身实际出发，深入研究学校本身的发展历史，总结和提炼学校的传统、精神、特色，并培育和弘扬学校的诚信文化个性与特点，促进校园诚信文化向纵深发展。小学校园诚信文化的多样性要在坚持主旋律的旗帜引领下，从诚信物质文化、制度文化、精神文化和行为文化四个方面着手，营造诚信的文化氛围，促进小学生诚信品质的养成。诚信物质文化主要指借助校园自然环境、建筑环境和装饰环境，表现人与环境的和谐感和审美体验，并将诚信理念渗透其中，突显校园浓厚的诚信文化特色，使小学生得到诚信和美的体验和享受；诚信制度文化则通过各类规章制度、道德规范和行为准则，隐含着特定的价值取向，使得校园诚信文化得以在各类制度和各项活动中延展；诚信精神文化主要通过校风、教风和学风得以体现，凸显了学校关于诚信的文化传统、价值观念和行为方式，通过倡导诚信校风、培养诚信教风、养成诚信学风，将诚信精神文化潜移默化地影响小学生精神生活的方方面面；诚信行为文化是诚信文化各要素在行为举止方面的落实，借由学生的诚信学习、交往、生活和实践行为，以及教师的诚信教学、科研、施政和为人得以体现，通过规范学生的诚信行为和树立教师的诚信模范来推动诚信行为文化建设。

与此同时，学生是小学校园诚信文化建设的主体，应当尊重学生个体间的诚信文化的差异性和多样性。每一个学生都是一个独立的个体，其成长过程具有复杂性，由于遗传因素、家庭环境和成长经历的不同，他们有属于自己的天赋、兴趣和爱好，具有自己独特的气质、鲜活的个性和特定的诚信养成方式。他们之间相通而不相同，这种差异性正是个体成长不可或缺的资源，应当在尊重个体差异的基础上，深入了解学生的个性特点和内心世界，根据不同的年龄特点和特质，因材施教，通过教育的力量，努力使每一个学生都能扬长避短，促进个体富有特点地、个性地发展，促成学生诚信品质的内化和外显，帮助全体学生愉快、健康地成长。

（三）循绳墨而不颇——坚持共性文化与个性文化相结合

校园诚信文化在建设过程中逐步形成自身的诚信校风、教风和学风，养成具有鲜明个性特色的校园诚信文化传统，存在于学校师生的潜意识中，烙上了学校自身的“诚信文化”烙印，如同闻香识酒、击缶辨音一般。小学校园诚信文化的外在特点便是共性诚信文化的稳定和特色个性诚信文化的多元。

坚持共性文化与个性文化相结合，就要求学校既要在稳定的主旋律的指引下夯实校园诚信文化主基调，更要在多样性和个性化的带领下使校园诚信文化焕发光彩。只有这样，才能使小学校园诚信文化既不偏于现代诚信文化和价值体系的范畴，以共性文化引领学校诚信建设，同时又能通过多样性校园诚信文化体现自身的价值追求，并以个性化的个体诚信养成方式激发校园活力。校园诚信文化的共性和个性在诚信文化建设中都是不可或缺的，必须使二者相辅相成，在统一的前提下给予共同关注并积极建设。

三、精神层面与物质层面相结合

加强校园诚信文化建设，发挥其导向、规范和教育功能，促进学生素质的全面提高，是现代化学校教育的一项重要任务。因此，小学校园诚信文化在学校育人环境中，是以教师为主导、学生为主体框架，以培育学生成长成才和提高师生共同诚信品质及整体素养为目标，是全体师生员工在各个领域的相互作用中创造出来的一切物质和精神的共同体。

（一）精神层面——校园诚信文化建设的核心

随着市场经济的发展，以自我为中心、以个人为本位的"价值主体自我化、价值取向功利化、价值目标短期化"在小学教育中表现日益突出，道德人格的塑造走入误区，这凸显了小学校园诚信文化建设的极端重要性。①

校园诚信文化的精神层面是诚信文化建设的核心，是校园诚信文化中最具价值的部分。诚信文化的精神层面主要体现在学校师生总体的价值取向，以及学生的学风建设和教职员工的精神凝聚力上，其内容包括了学校特色的诚信的优良传统以及为师生所认同的诚信理念、价值观念、生活信念、校训校风、人文精神等，是师生精神的避风港和养分的补给所。首先，诚信文化的精神层面是统领全局的，是学校内部诚信文化建设过程中的主导意识，只有在学校成员中获得广泛认同，才具有群体性，才能被师生所接受，并自觉地指导自身行为。其次，诚信文化的精神层面是内生的，它源自学校自身，有其独特性和历史性，是校园诚信文化建设过程中所必需的。再次，诚信文化的精神层面是自洽的，是与学校办学理念、育人目标、校训、校风、教风以及学风之间具有逻辑一致性的。最后，诚信文化的精神层面是现实与前瞻的统一，既要尊重历史和现实，又要立足于校园当前诚信文化建设需

① 冯刚，柯文进. 高校校园文化研究[M]. 北京：中国书籍出版社，2011：80.

要，注重创新，引领发展。①

校园诚信文化的精神层面一旦形成，就建立起了自身的诚信行为准则、诚信价值取向、诚信生活习惯和诚信规范体系，可以通过各种诚信文化仪式来引导群体成员的认知、情感和行为，使其在潜移默化中接受共同的诚信思想引导、情感熏陶、意志磨炼和人格塑造，以此产生一种巨大的向心力和凝聚力。同时，精神层面诚信文化的形成，也可以对学校成员产生思想和行为上的约束作用，使之自觉地正视诚信道德冲突，解决诚信困惑，明辨是非界限。

（二）物质层面——校园诚信文化建设的基础

校园诚信文化的物质层面，是诚信文化建设的基础，由校园外部的自然环境、内部规划格局，校园建筑、雕塑、绿化以及文化传播工具等各个方面所形成的文化环境。学校的教室、运动场、实验室、走道、宣传栏等基本设施，都是校园诚信文化建设和发展的物质基础和条件，而整洁、优雅、文明的校园环境必然会激发学生向善、进取的欲望。

诚信文化物质层面的建设，其主要功能在于为诚信建设和人才培养提供全方位的服务，这就要求校园诚信文化物质层面建设必须与学校诚信文化教育的社会功能相适应，从而成为诚信文化的外在标志。诚信文化的物质层面是基于物质载体的功能与价值，积淀校园师生的思想文化，在承载与积淀诚信文化、透射与彰显诚信文化的同时，更显现出其内在的精神力量。在进行诚信文化物质层面建设时，首先要注意量力而行，突出特色，既要从学校实际出发，根据学校办学实际和诚信文化建设需要来进行物质层面的规划和建设，又要突出主流、服务主题、重点突破，防止建设过程中的“小而杂”或“大而全”的倾向。同时，要关注物质层面建设的美育功能，强调“美”、体现“美”、突出“美”，让学生在“美”的环境中学会欣赏美、发现美、创造美，帮助学生在审美体验中获得诚信品质的提升与内化。

（三）形神须兼备——坚持精神层面与物质层面相结合

小学校园自身向人们传递着丰富多彩的文化意蕴，其中，校园诚信文化既具体，又抽象；既是意识形态的，又是物质的；既有精神层面的综合效果，又有物质状态下的校园风貌；既是现实的存在，又是历史的积淀。

---

① 陈瑞生，徐安鸿.学校文化精神的内涵与实践——以上海市观澜小学为例[J].中国教育学刊，2010(2)：35-38.

坚持精神层面与物质层面相结合，要分清形、神之别。校园诚信文化的物质层面是物态化的诚信文化，但并非只指单纯的校园实体存在，它也包括以精神文化结晶方式存在的实体，是校园诚信文化的物质基础和综合实力的标志。同样，校园诚信文化的精神层面包括了校园历史传统和被师生所认同的文化心理、诚信理念和价值观念等。但诚信文化作为物质层面和精神层面的文化融合，物质和精神实际上并没有明确的界限。物质层面是精神层面的基础和条件，是诚信文化建设之形，通过构建一个良好的校园氛围和环境，对小学生进行潜移默化的熏陶。同时，诚信文化的精神层面是核心，是诚信文化建设之魂，体现了一个学校的校园风格、特征以及共同行为准则。小学校园诚信文化的完美建设，形和神均不可缺失，只有形神的有机结合、相得益彰，才能发挥核心与基础的共同作用。因此，校园诚信文化的构建，不仅要重视外延的投入，更要注重内涵的提升和精神的培育，这就要求要充分发挥诚信文化的物质层面和精神层面相互影响和促进的作用，在内容和形式上融合并蓄，做到二者的切实统一。

四、全面推进与重点突破相结合

小学校园诚信文化建设是一个系统的、全面的过程，整个建设体系内部的各个环节和成分均会相互影响、相互制约。因此，要从诚信文化建设的整体性出发，进行全面性建设，使各个部分构成一个统一的整体，促进诚信文化又好又快地和谐发展。同时，因其内容繁杂，不同环节的地位和作用也不尽相同，这就要求在强调全面性的同时，必须突出重点，抓住中心，通过合理规划开展建设。

（一）全面推进——校园诚信文化建设的加速器

小学校园诚信文化是一个丰富、系统的体系，由许多相互联系、渗透和制约的要素构成，涉及学校的方方面面；同时，它又是一个完整的整体，涵盖了精神层面、物质层面、制度层面等，在校园日常教学和管理活动中能够得以实现。在建设过程中要坚持校园诚信文化的全面推进，首先要求学校对于校园诚信文化建设的全面推进有全局性和整体性的认识和把握，对其中的各个层面和环节给予充分的重视和投入。其次，要对诚信文化建设的整体工作进行系统、科学的规划，并逐步形成以精神层面建设为核心、以制度层面建设为关键、以物质层面建设为保障的多位一体的诚信文化建设体系。最后，要顾及诚信文化发展和建设的整体性，以促进精神层面、制度层面和物质层面的协调共同发展。

与此同时，校园诚信文化建设作为一个系统工程，从广义上讲，小学校园诚信文化建设不仅是学校文化建设的重点，也是家庭和社会应当积极参与的活动，诚信文化应渗入社会的各个领域，诚信文化建设应该是一个庞大的系统工程。家庭是人们接受道德教育的摇篮，父母作为子女的启蒙老师，其道德人格直接影响子女道德社会化的形成。因此，父母首先要承担起子女诚信教育的责任，在家庭中形成诚信的家庭氛围，要求子女言行一致、以诚待人，并为子女树立诚信道德的榜样，以诚处事、以信持家。同时，校园诚信文化作为社会诚信文化的一部分，社会诚信氛围的打造和诚信文化的建设都将为校园内部诚信文化的构建提供助力。通过在社会交往活动中提倡诚信、普及诚信，打造一个从自身做起，讲诚实、守信用的社会风尚，帮助小学生在参与社会活动过程中知晓诚信、理解诚信、学会诚信，以此间接地推动校园诚信文化的构建，促使小学生积极主动地参与到文化建设中去。

（二）重点突破——校园诚信文化建设的助推器

诚然，作为一个具有整体性和系统性的工程，小学校园诚信文化建设的各个环节和要素的实施必须进行提前谋划、全盘统筹、整体规划。然而，为了充分发挥各种有利因素，校园诚信文化建设要结合学校实际，突出重点，分步实施，因地因人制宜。

首先，要突出重点，关注制度建设的意义。诚信文化的制度层面属于物质层面和精神层面的中间层，是诚信文化精神层面的载体，又赋予物质层面以生命和活力，是诚信文化建设中不可忽视的一个重要方面。同时，制度层面的诚信文化作为载体，以其“物化”形态的体制、机制、政策和规定等制度环境，对小学生日常的生活方式和行为举止以及个性习惯进行约束和定型，以此引导其更好地践行诚信文化的精神实质。制度层面建设的关键在于人与制度之间必须建立一套良性的互动机制，使得每一个人在自律的基础上，都能通过制度渠道达到自己的目的。通过硬制度和软教育的紧密结合，他律机制与自律机制实现良性互动，以促进小学生诚信人格的塑造和完善。[①]可以说，诚信文化的制度层面是维系物质层面和精神层面的纽带，是促进诚信文化整体和谐发展的重要保障，故而在小学校园诚信文化建设的过程中要突出制度层面建设的重要意义。

其次，要分步实施。把诚信文化建设转化为一种自觉的意识，全体师生

---

① 赵启平.诚信校园文化构建的指导原则[J].学校党建与思想教育，2006:74-75.

在行动上积极参与，认真配合，并有步骤地自觉实施，促进文化建设全面、系统地展开。校园诚信文化建设在一定程度上可被认为是“闭环工程”，在建设过程中，各种力量的整合与引导可通过校园系统的内在机制来完成。同时，这又是一个逐步深化和完善的过程，每一个环节和要素的构建都需要统筹、计划、论证、实施和反馈，尤其是要建立评价标准和反馈体系，在实践中不断积累经验、调整步伐，以推动校园诚信文化建设的稳步向前。

最后，要因地因人制宜。这就是说，要积极挖掘校园中的各种有利因素和“能人”，挖掘“能人”的有利因素和潜能并发挥其作用。第一，要根据物质环境特点因地制宜，充分利用校园所处环境的特点，进行合理设计、整体布局，通过优美的环境陶冶学生情操。第二，根据学校特点具体对待，要立足于自身特色，在诚信文化构建中突出和发挥自身优势，扩大和丰富诚信文化建设途径和渠道。第三，根据教师特点发挥特长，利用教师队伍中的学科背景多样、兴趣爱好广泛、文化修养高尚的特点，发掘和利用教师特色，开展富有特色的诚信文化建设活动。第四，根据学生特点因材施教，基于学生发展的顺序性、差异性，创造发展平台，激发学生的潜能，将他们的发展潜力和可能性变为现实。

（三）循序而渐进——坚持全面推进与重点突破相结合

小学校园诚信文化建设是一个细水长流、润物细无声的过程，在现代教育制度下的小学校园诚信文化建设过程中，要真正做到坚持全面推进和重点突破相结合，并不是一朝一夕即可完成的，其效果不能立竿见影。因此，在诚信文化建设过程中，要明确诚信文化人人有责，树立全员意识；诚信文化无处不在，树立全方位意识；诚信文化无时不有，树立全过程意识。要从整体上规划，细节上着力，使校园诚信文化的方方面面相互渗透、相互影响、有机结合，促进校园诚信文化的和谐构建。

五、积淀传承与创新发展相结合

“文化总是在一定传统基础上发展，但又不断打破旧的传统、建立新的传统。”①小学校园诚信文化的建设与发展，既是一个继承、吸收、借鉴和创新的综合过程，也是一个德育与智育、科学与价值、个体与个体之间相互作用、相互促进的复杂过程。因此，要在精心构建和长期培育的基础上，传承诚信

---

① 复旦大学历史系中国思想文化史研究室．中国文化研究集刊[C]．上海：复旦大学出版社，1984：95．

文化特色，创新诚信文化建构理念和路径。

（一）积淀传承——捍卫校园诚信文化的坚实底蕴

小学校园的诚信文化产生于一种深刻的历史文化背景中，构建现代诚信文化，必须根植于历史，尊重历史，在积淀传承中发扬优秀的诚信文化。无论是中华民族的传统诚信美德，抑或是学校自身的历史传承，都在以其特有的方式影响着现代校园诚信文化建设。

一方面，当前的小学校园诚信文化是在中国传统诚信文化的深厚底蕴上产生的，立足于中华大地，传承着优秀文化，展现着时代脉搏，是传统诚信和现代诚信共同的产物。作为民族特色和时代精神完美结合的交融点，小学校园诚信文化的形成是一个国家或民族长期生活实践的结果，是发生在小学校园的、以传统诚信为主体的历史文化积淀。换言之，从构成角度而言，小学校园诚信文化具有民族自身独特的标签和符号，其悠久的文明和历史底蕴使其成为在众多亚文化中区别于其他文化的一个重要特征。因此，小学校园诚信文化构建必须体现“中国特色”与“民族本色”，把继承诚信文化作为小学校园诚信文化建设的首要任务，批判地继承中国传统诚信文化，要用中华优秀传统文化和德育资源张扬民族个性，保持诚信文化特质，将传统诚信中的“熟人社会”“道德自律”“道义性”以及“人伦等级”等特点加以利用和发挥，培育具有民族自豪感和自信心的一代诚信新人。

另一方面，优秀而厚重的校园文化，高尚的诚信传统，和谐的人文氛围，熏陶了一代代师生，深刻地滋养其心灵。这些极其宝贵的精神财富，是传承、发展和创造现代校园诚信文化的依托之本和动力之源。对于小学而言，不论发展历史长短与否，其发展历程本身就是一笔财富，是一种不可再生的教育资源。犹如一只无形之手，传承下来的校园诚信文化不断调节着师生的行为方式，规范出完整的校园诚信文化系统，不仅为长期的校园诚信文化建设打下基础，还为学校师生描绘出一个富有激励性的奋斗目标和一条清晰可行的发展道路——和谐的校园诚信文化，这既是学校文化建设的原动力，也能够在校园内部产生一股强大的凝聚力和推动力，激励全体成员为之努力。因此，校园传统诚信文化是一个学校的内在气质，是经过长期发展积淀而成的，是全体师生共同创造并达成共识的价值观念、群体意识和行为规范等综合而成的文化体系。它不断引领着现代校园的诚信文化建设，引导并培育着师生的诚信品质，捍卫着校园文化的坚实底蕴，提升着成员的素质和学校的品质。

（二）创新发展——传承校园诚信文化的不竭动力

事物的发展本质，在于不断实现自身的“扬弃”向着更高的层次不断前进。党的十七大报告指出：“推进文化创新，增强文化发展活力。在时代的高起点上推动文化内容形式、体制机制、传播手段创新，解放和发展文化生产力，是繁荣文化的必由之路。”

小学校园诚信文化作为一个发展的概念，应该在传承的基础上加以创新和发展。小学校园诚信文化建设的创新发展就是要以先进的教育理念引导校园物质文化建设，完善制度建设，创新校园精神文化，注重培育诚信理念，创建鲜明的校园特色诚信文化。在当今瞬息万变的信息化、多元化时代，世界上唯一不变的就是“变”。校园诚信文化的打造也必须不断应变创新，才能与时俱进，保持生机与活力。

小学校园诚信文化的创新发展，首先在于它的开放性，能够不断地从社会进步中汲取有利于自身建设的营养，并不断丰富校园诚信文化的内涵。一种文化只有向别的文化坦荡地敞开，积极汲取其他文化的精华，它自身才能得到不断的补充和滋养，才有生命力。校园诚信文化的开放，对于形成新一代小学生富有时代特征的诚信价值观念有着积极的意义。一方面，校园诚信文化要坚持一种国际化的视野，在全面推进文化建设的过程中，及时适应时代之所需，在吸收西方优秀诚信文化的同时，积极展示自身的建设成果；另一方面，校园诚信文化建设要坚持社会化的格局，小学校园文化与社会主流文化相互影响、相互作用，在这种文化交融和碰撞中，帮助小学生理解和内化社会主流诚信文化。

小学校园诚信文化的创新发展，还体现在它的与时俱进，不断拓宽内涵上。内涵的拓展主要体现在两方面：一是诚信意识要与规则意识相结合。规则意识是与诚信意识紧密相连的，规则意识淡薄，诚信意识必然不强，在构建校园诚信文化过程中，应当把诚信教育和规则教育结合起来，让学生理解“规则面前人人平等，规则是必须遵守的”。二是诚信意识与社会意识相结合。校园诚信文化的构建必然要求积极改造社会，通过培育诚信的个体并在其交往活动中突显诚信意识与行为，增强个体的社会责任感，促使校园诚信文化的影响范围扩大至整个社会，促进个体积极参与社会诚信及改造活动。

（三）固众芳之所在——坚持积淀传承与创新发展相结合

传承是文化的特有属性，发展创造融于传承之中。文化发展的连续性体现着其生命力，意味着文化发展的不断新陈代谢，校园诚信文化建设正是传承和创新的积累。随着历史的发展和社会的进步，小学校园诚信文化的物质层面、制度层面和精神层面都会面临着积淀传承和创新发展的问题。正是在这种既封闭又开放、既传统又创新、既迂回又前进、既继承又批判的过程中，校园诚信文化得以不断积累，不断提炼，不断升华。

在历史的积淀传承中所形成的诚信理念是校园诚信文化的核心与灵魂，校园诚信文化是诚信理念的有机载体，是其最丰富和最生动的体现。传承文化是校园诚信文化建设的基本要求，研究文化是其活动基础，创新文化则是其崇高的使命。一方面，要不断发掘那些在历史演变中扎根、在历史土壤中发展的诚信文化宝藏，注重思想内涵的深化和诚信资源的挖掘，对于已经形成的诚信理念加以归纳和珍视；另一方面，在开发历史资源的同时播下新的诚信文化种子，面向未来拓展并赋予新的时代内涵，使校园诚信文化更加适应现代社会发展的需要。总之，学校应清楚地认识并切实做好准备以应对多元竞争时代的机遇与挑战，要将校园诚信文化的优势转化为文化底蕴，并加以创新与发挥，最终升华为独具特色的品牌形象和诚信文化内涵。

第五章　小学校园诚信文化建设的原型设计

小学校园诚信文化的构成要素本身就是一个立体交叉的复合结构，同时又受多重因素的影响和制约，因此，在进行小学校园诚信文化建设时必须首先进行系统科学的设计，遵循特定的时序和逻辑结构建构一个严格、规范的理论模型，这样才能保证工作的有序开展。

第一节　目标体系

开展小学校园诚信文化建设首先要制定一个系统、完备、可操作的目标体系，以明确小学校园诚信文化建设的方向所在，指引全校教职员工朝着同一方向努力。

一、目标制定的依据

小学校园诚信文化建设的目标体系大致受国家政策法规、师生的实际需求、学校内外的教育资源和学校教育哲学等要素的制约。

（一）政策法规

在现代国家的教育活动中，“政策”是一个看似与“教育”关系并不密切，却是无可回避的存在。[①] 一系列政策法规，集中反映了国家政治、经济、社会的具体形势，能够对各领域的现象及问题做出整体规划和宏观指导，同时提

① 范国睿.教育政策的理论与实践[M].上海：上海教育出版社，2011：2.

供一定的操作方略。建设小学校园诚信文化，其目标设置必须与国家的政策法规相一致，不能违背法律的基本规定。政策法规对教育的基本规定、具体要求、强制规范等均是制定小学校园诚信文化建设目标的重要参考指标，制约着目标设计与制定的各个环节，进而影响目标的最终实现。

(二)师生需求

开展小学校园诚信文化建设，其建设对象包括精神、制度、行为、环境等方面的内容。但无论是从哪一个层面出发，始终无法脱离人这一主体。乌申斯基曾说："人是教育的对象。"在小学校园内，教师和学生是开展诚信文化建设的主要力量。一定意义上，教师及学生的各种实际需求，会影响他们对诚信文化的感知、认同与接受的过程，进而影响小学校园诚信文化建设的整体效果。因此，制定目标体系，必须充分关注师生的需求，从师生的要求和立场出发，将一系列实际情况考虑进去，从而科学、有效地完成目标设置。

(三)教育资源

小学校园诚信文化建设不是一项孤立、狭窄的工作，而是充满灵活性、广泛性、系统性的工程，需要相应教育资源的支持。教育资源的数量、质量、层次、匹配度等情况均会深刻影响建设工作的具体进展。因此，在制定小学校园诚信文化建设的目标体系之时，不能忽视教育资源这一要素，要重视教育资源与实际建设工作之间的联结，将现有的教育资源及后续补充资源等情况作为制定目标的重要依据。

(四)教育哲学

学校教育哲学，又称学校的办学理念，是学校自主建构的关于办学的指导思想，对学校发展具有导航和定位的重要作用。究其实质，教育哲学是学校文化传统、办学特色、发展方向的集中反映，是学校整体发展的理性认识和价值追求。作为校园文化的重要构成因素之一，教育哲学是学校精神的提炼，对校园文化建设发挥着重要作用。制定小学校园诚信文化建设的具体目标，要明晰学校自身的教育哲学，既把握学校的历史传统，又要切合时代要求。由于不同的学校在价值理念上的差异和校园建设工作的实际情况，诚信文化建设的层次和重难点均会有所差别，因此脱离实际的雷同并不是目标设计的要点，尤其是在细节问题上，要特别注意学校的特质，将学校的办学精髓融合到目标制定的内容之中。

二、目标的构成

目标，一般包括目标方针、目标项目和目标值[①]三部分。

（一）目标方针

目标方针是小学校园诚信文化建设的中心和主题，它是对诚信文化目标的高度概括，它的科学性关系到诚信文化建设的得失与成败。目标方针要有明确的表述，富于激励性。目标方针表述不清，模棱两可，就会出现多种理解和解释，导致无法准确操作和评价。目标方针要富于鼓动意义，能使师生员工动情又动心，这样才能不断起到激励作用。目标方针要体现出可操作性和可评价性，虽然“方针”是概括了的目标，但仍要使其“实在”和“有形”，这样的目标方针最后才容易落实。

（二）目标项目

目标项目是目标方针的具体化内容。目标项目包含了目标方针的主要内容，也是校园诚信文化建设的具体要求。目标项目要有针对性，即从学校的实际情况出发，切不可盲目地凭主观愿望，提出过高要求。

在确定目标项目具体操作时要注意：（1）目标项目不能面面俱到，要突出主要矛盾，主次分明。（2）目标项目的确立，要考虑到经过努力能取得成果的条件或可能。（3）目标项目的实现要能使学校整体上得到发展。

（三）目标值

目标项目是预期的，这种预期的成果用目标值来表示。目标值表示目标项目的具体的程度和实现状态。目标值可用定性和定量表示。前者主要是用描述的方法，这种描述越具体越好，即力求有可“见”性和可评价性，后者则用数字表示。定性和定量的方式都是必要的，因而也就构成目标值的分类。目标值与目标项目有着密切的关系，目标值超过实现的标准或反映出较低的水准，都会使目标项目失去意义。所以确立合适的目标项目，还要有切实可行的目标值。特别注意：（1）目标项目要求有一定难度，但能达到；有一定的高度，但可操作；有一定的概括面，但有可见性。（2）目标值的确定是一个时期的要求，什么时候达到，或是达到多少，都要有明确的时间规定。（3）目标值的达到总是一个过程，因此确定目标值的同时，又要明确检查办法、评价方法。（4）目标值既然分为定性与定量两类表示，因而量化部分的

---

① 吴旋州．班级管理学[M]．西安：陕西人民出版社，1997：149．

设定要科学和准确。定性部分不能空洞、不着边际；要有具体的评价考查标准；定量部分要顾及相关条件，定值与权重都要合理。

三、目标的内容

小学校园诚信文化建设目标的具体内容主要包括精神文化、制度文化、行为文化及环境文化四个维度。

精神文化。一般要求全校师生普遍认可诚信文化的独特价值，形成对学校诚信文化建设理念的普遍认同，最终形成人人宣传诚信，人人履行诚信的精神氛围。具体操作时可以围绕诚信校风、诚信教风、诚信学风三个方面展开。

制度文化。依据国家的政策法规并结合学校的办学理念和发展目标，制定出一系列有关诚信的规章，严格规范全校师生的行为，维持诚实守信的校园秩序。

行为文化。引导全校师生树立起求真务实、言行一致的诚信形象，营造出“诚信待人、诚信处事、诚信学习、诚信立身”的校园文化氛围，在全校范围内形成以诚信教学、诚信学习、诚信管理为核心的诚信行为文化。具体内容包括学生的诚信学习、诚信交往、诚信生活；教师的诚信教学、诚信科研；管理者诚信、公正、务实地开展各项管理工作，诚信履行管理职责。

环境文化。小学校园诚信环境文化具体内容包括校园自然环境、建筑环境、装饰环境等。

四、目标的表述

在进行目标表述时要求注意下列几点。

（一）整体性

小学校园诚信文化建设是一项整体性工作。其目标表述需覆盖诚信文化建设的方方面面，体现出整体性的特点。一般而言，既要对建设的具体类目进行叙述，更要从宏观的角度进行把握，将小学校园诚信文化建设的整体规划描述清楚。

（二）层次性

小学校园诚信文化建设具备相应的层次，从低到高、从浅到深，每一阶段具备不同的任务要求。基于此，在进行目标表述时要充分认识到建设工作的基本特性，进行适当的层级划分，分层次、分阶段进行目标解读，明确指明不同阶段所要达到的水平，帮助建设者领悟诚信文化建设的具体要求。

（三）时效性

诚信文化的培育不是一朝一夕的事情，是时间的凝练，是实践的长期成果。每一项建设任务，均有一定的时限，或长或短，取决于任务的难度及其他细节要求。旨在促进前期理解和实现后期的有效评价，目标的表述必须限定相应的时间，以可量化的标准对部分内容进行说明，从而保障目标的操作性要求。需要特别注意的是，在进行具体目标表述时，要依据不同的任务要求设置相应的时限，既不能过于急躁，将目标的实现确定在一个非常紧凑的区间内；又不能过于宽松，将建设工作无限期地拖延下去，无论是哪一种情况，均会使目标设定失效，不利于建设工作的开展。

（四）独特性

有别于其他校园文化建设，小学校园诚信文化建设的主要场所是小学校园，其工作重点在于培育诚实守信的优秀文化和良好风气。这种定位就决定了建设工作有别于其他任务的独特性。在目标制定的过程中，目标的具体表述应对小学校园诚信文化的基本属性进行集中讨论，重点突出其小学校园诚信文化建设的特质。

（五）指向性

小学校园诚信文化建设，其根本目标在于构建良好的诚信文化，并最终指向个人及群体诚信品质的整体提升。故此，目标表述要始终遵循诚信文化这一建设方向，并就一系列具体建设目标进行探讨，重点确定精神文化、制度文化、行为文化、环境文化四方面的目标，从而确保诚信文化建设的指向性和针对性。

（六）开放性

小学校园诚信文化有其自身的特点，但同时它又是社会文化的重要组成部分，对社会诚信文化的形成具有促进作用。校园诚信文化扎根于校园这一主阵地，同时与社会外部环境紧密相关。因此，建设目标必须保持相对的灵活性和开放性，将宏观大环境和社会形势考虑在内，依据现实情况进行调整。在具体表述过程中，应避免僵化、死板、狭隘的思维方式，避免将诚信文化建设的目标局限在某些方面，更要避免某些强制性的语言和高度规范化的标准。因此，在进行目标表述时，在保证基本方向的前提下，要通过目标向建设工作者传达一种开放、自主、多元的价值观念，赋予建设工作以生命力和创造性。

(七)可测性

目标的制定是初始性的工作,是小学校园诚信文化建设必不可少的前期准备,直接影响着各项工作的进展。从前期来看,目标制定必须具体、细致,将具体要求直观地呈现出来,以有效指导文化建设的实践;从后期来看,目标的表述又与评价工作直接关联,目标表述的各项内容能够成为评价的重要指标和参考样本,从而实现科学、有效的评价。出于这样的原因,目标应尽可能清晰、明确,可运用一系列可测定的类目和标准进行表述,为实践工作和评价工作提供相对精确、标准化的测定标准。

第二节 内容体系

从文化形态上分,文化一般包括物质文化、制度文化、精神文化和行为文化四个方面。同样,作为文化的下位概念,校园诚信文化建设也包括这四项内容。其中,诚信物质文化是校园诚信文化的物质载体,诚信精神文化是校园诚信文化的核心内涵,诚信制度文化是校园诚信文化的重要支撑,诚信行为文化是校园诚信文化的外在表征。这四项内容构成了校园诚信文化的完整体系,四者相互交融,相互促进,各居其位,缺一不可。

一、诚信物质文化

诚信物质文化是校园文化的有形部分,指校园内物化的文化形态,其奠定了校园诚信文化存在和发展的物质基础;同时,它也是校园诚信文化内涵的载体,体现着一定的诚信价值目标。校园物质文化形象地被称作是学校文化的“躯体”“骨架”,是推进校园诚信文化建设的重要支撑和必要前提。诚信物质文化作为校园文化的重要组成部分,是诚信教育活动得以顺利进行的空间依托,主要包括校园自然环境、校园建筑环境和校园装饰环境三个部分。

(一)校园自然环境

校园物质文化的建设不能忽视自然环境这一重要因素。优美的自然环境会折射出一所学校特定的文化底蕴,使生活在其中的师生得到美的享受和体验。因此,学校要重视自然环境的审美品位和道德价值,积极营造和谐美好的校园自然环境。

自然环境是校园物质文化建设的基础。优美的环境既可以陶冶学生的情操，净化学生的心灵，也可以在无形中影响学生的价值观念与行为习惯，产生“润物细无声”的教育效果。苏霍姆林斯基曾提出：“跟人的生活相关的一切都应当是美的，所以我们才如此重视周围环境的美化。”[①]在清静整洁的自然环境中，青翠欲滴的植物、淡雅清新的香气、娇艳欲滴的花朵、浑然天成的景观，校园内的师生无形中会感受到一种自然的魅力、一种美的享受。在这样和谐美好的自然环境中，一花一草、一树一木不但能呈现出自然景象，而且能够营造出一种质朴与纯粹的视觉美感。在这样的环境之中，人们的心灵会处于放松、闲适的状态。对小学生而言，这种和谐的心灵状态无疑是非常有益的，既有利于他们享受学习的乐趣，又有利于他们在与自然的相处过程中认识自我、发展自我，促进身心健全发展。赞可夫曾说过：“美能唤起人的善良感情，如同情心、忠诚、爱、温柔等。感情会在人的行为中成为一种积极作用的力量。”[②]优美宜人的自然环境能够给师生带来审美感受，提升师生的道德品质。尤其是对小学生而言，在美妙且充满活力的自然之中，他们所感受到的自然与纯真将会促使他们形成单纯、真诚、朴实的品质。反观一些学校的自然环境，高度标准化、程序式的人造景观，所呈现的是机械、僵硬、“工厂化”的校园，缺少了最本真的自然样貌。在这样人工的、造作的景观之中，师生所感受到的不是审美情趣，而是无趣、压抑的感受。与之类似，假如校园的自然环境呈现出一片荒凉、狼藉，师生所感受到的也不会是自然的纯粹之美，而是一种颓废的感受。因此，营造和谐纯美的校园自然环境显得尤为重要，它既是校园中赏心悦目的风景，是校园整体形象的直观表现，更是营造校园诚信文化的有效途径，能够发挥净化师生心灵、提升道德品质的重要作用。

(二)校园建筑环境

美国学者阿摩斯·拉普卜特认为，建筑环境作为一种非语言的交流途径，会引导行为范型，建筑环境会提醒人们去活动，怎么去配合，应该做什么。[③] 校园建筑是校园物质文化的重要载体，通过其造型、位置以及空间布局来表现办学者的思想内涵、价值观念和精神追求。作为一种潜隐的教育

---

① B. A. 苏霍姆林斯基. 帕夫雷什中学[M]. 赵玮，王义高，蔡兴文，等译. 北京：教育科学出版社，1983：131.

② 列·符·赞科夫. 和教师的谈话[M]. 杜殿坤，译. 北京：教育科学出版社，1980：121.

③ 阿摩斯·拉普卜特. 建成环境的意义——非言语表达方法[M]. 黄兰谷，等译. 北京：中国建筑工业出版社，2003：89.

信息和观念的本体，校园建筑对全校师生的行为均会产生潜移默化的影响。因此，要在小学校园中培育诚信文化，校园建筑环境的优化是不可缺少的重要环节。

校园建筑是小学校园中一道独特的、不可或缺的风景，更为学生和教师进行课堂教学、课外活动、体育竞赛、人际交往等提供了重要的物质环境和活动场所。更重要的是，学校建筑的空间布局、整体风格等因素无形中会对个体的道德品质产生持续的影响。就本质而言，建筑生来具备划分的意义。在校园内，建筑对广阔的校园空间进行了划分，教学楼、行政楼、图书馆、餐厅、宿舍、体育场等功能区都是划分的结果。学校的区域化是反映并教化个体接受社会准则的一个有力手段。[①] 特定的职能分割与界定限制着教师和学生的行为。学校的建筑环境以一种无声的姿态向人们传达着某种特定的规范和条例。教学楼、实验楼、报告厅、图书馆等建筑物，会向人们传递一种积极上进、奋发图强的学习氛围，激励师生探索并追求真理；寝室、食堂等建筑物，会向人们传递一种闲暇、轻松的生活气息，协助师生在学习之余放松心情，适当休整；体育馆、运动场等建筑物，会向人们传递一种充满活力、生机的进取精神，鼓舞师生团结协作、勇于拼搏，等等。可见，校园建筑除了有实用功能，还隐含着某种精神追求，鼓励或支持某些观念及行为，限制或禁止另一些行为和事件的出现。校园建筑环境，无论是对个体还是群体而言，它为人们提供遮风避雨的庇护的同时，更形塑着人的精神世界。

在教学区、办公区，师生会自觉地投入到自己的工作或学习任务中去，严格履行自己的职责。上课、读书、完成作业、解答疑问、考试等行为在教学区和办公区是合乎要求的，是受到认可的，而饮食、嬉戏、打闹等行为则是不合要求的，是受到限制的。在体育场、活动室，师生会在奔跑、跳跃中尽情释放他们的热情和活力。跑步、足球、篮球等运动项目显然是非常稀松平常的，但在运动场上阅读、写作业等则并不多见。可见，校园建筑以职能的方式对空间进行划分的同时，也给生活在这些空间中的人们附加了一系列的要求和规定。此外，校园建筑环境所呈现出的形态与特征也会对个体的心理状态、行为方式造成深远影响。开放、宽敞的建筑环境能够为师生的工作学习提供良好、开阔的空间，营造出一种敞亮、舒适的氛围，还能够为学校管理与监督提供便利的条件。在宽敞、明亮的教学楼、实验楼、图书馆等建筑

---

① 石艳.我们的“异托邦”——学校空间社会学研究[M].南京：南京师范大学出版社，2009：154.

之中，师生在自我约束的同时，也受到外在的种种限制。在这样的环境中，他们自然而然地会趋向于一种诚实守信的态度和行为，严格遵守各项规定。因为他们知道，任何不诚信的行为或不正当的举动都无所遁形，难以侥幸逃脱。尽管，开放的建筑环境利于监管，但同时会使个人的私密空间受到侵犯，产生心理逆反，不利于师生的健康发展。适当的私密空间是必要的，它能够为师生提供自由空间，有助于他们隔绝外界干扰，有助于他们自我感知、自我表达，尤其是对学生而言，有助于他们建立自我同一感，促进健全人格的形成。《中庸》所强调的"慎独"的价值就在于此。但是，值得注意的是，无论是开放的建筑环境，还是私密的环境，都存在相应的局限性和弊端。过度空旷、开放的建筑环境会为工作、学习增添不必要的麻烦，造成时间的浪费、师生互动的障碍等。而过于私密的建筑环境则会弱化外部约束，尤其是一些阴暗的角落、肮脏的过道、长期闲置的楼房等，往往会滋生酝酿出一些不良的行为。

因此，校园建筑的整体设计与规划要充分平衡公共空间与私人空间的比例，注意建筑环境的合理布局。现代学校建筑多呈现出一致性和规范性的特点，这是教育标准化和建筑标准化的必然趋势。但同时，这种趋势也在一定程度上限制了学校的特色与个性。因此，在考虑校园建筑环境整体布局的同时，在确保规划的科学性的基本前提下，学校要依据现实情况和长期发展设计符合自己学校特点的规划和实施方案，赋予校园建筑环境以个性与灵动。

（三）校园装饰环境

校园装饰环境是校园物质文化的重要组成部分，也是校园诚信文化建设的有机载体。良好的装饰环境能够营造一种积极向上的文化氛围，让学生时时刻刻感受到诚信。因此，我们要高度重视校园环境的布置，具体包括校园走廊的布置、校园橱窗的布置以及教室布置等。

校园走廊的标语、画报、板报等形式的文化是学校文化结构中不可或缺的载体。苏霍姆林斯基曾说："孩子在他周围——在学校走廊的墙壁上、在教室里、在活动室里——经常看到的一切，对于精神面貌的形成具有重大的意义。这里的任何东西都不应当是随便安排的。孩子周围的环境应当对他有所诱导，有所启示。我们竭力使孩子所看到的每幅画、读到的每句话，都能启发他去联系自己和同学。”[①]他还说道：“我们在努力做到使学校的墙壁也说话。”[②]这恰好说明了走廊的重要教育作用。走廊是校园内人流量较大的地方，无论是教师还是学生，在去教室、办公室或体育场等场所的途中都会经过走廊。作为连结校园多处建筑的桥梁，走廊也搭建起了个体与教育之间的内在联系。标语、板报、图画等能够成为宣传校园诚信文化的重要渠道。因此，要充分认识并利用走廊的宣传教育功能，对其进行合理布置，在走廊张贴、绘制、悬挂各类与诚信相关的标语、板报和绘画作品，使师生在长期的耳濡目染中体会诚信文化。

此外，校园橱窗也是宣传诚信文化的重要阵地。校园橱窗是学校专门为宣传校园文化而设立的公共设施，是校园文化的主要展示平台。因此，要特别关注校园橱窗的育人功能，充分利用宣传橱窗搭建校园诚信文化建设平台，积极营造诚实守信的文化氛围，推动小学生诚信品质的发展。学校可以设立诚信主题的橱窗内容，专门宣传诚信文化。需注意的是，橱窗要定期更换、时常更新，以保证各项资讯内容的完整度与新鲜度。在进行橱窗布置的时候，可以选用学校、班级或社团举办的各种诚信活动，结合真实的案例和图文信息进行宣传、展示，具体内容可以包括诚信活动的内容、过程和图片，在排版和整体设计上要做到内容详尽、版面整洁、图片清晰、文字工整、层次分明，图文并茂，兼具艺术性、欣赏性与教育性，努力将诚信活动呈现在全校师生面前，鼓励全校师生积极参加诚信活动，从而真正达到宣传诚信文化的根本目的。

教室是师生共同参与学习、生活的主要场所，更是诚信文化得以萌芽、茁壮成长的沃土。教室所呈现出的文化氛围将在日常的教学和学习过程中深远持久地影响师生的诚信品质。而在教室之中，班级的装饰和布置构成了班级文化建设的重要部分，更在校园诚信文化的传播过程中扮演着极为重要的角色。一般而言，大多数班级内均设置学习园地、公告栏、黑板报、图书角等，在丰富学生学习生活的同时，也为校园诚信文化的宣传提供了良好的机遇。因此，要合理利用这类布置，通过自编诚信主题板报、张贴诚信格言、捐赠诚信书籍、制定诚信班约、发布诚信资讯等途径丰富班级装饰环境，

---

① B. A. 苏霍姆林斯基. 帕夫雷什中学[M]. 赵玮，王义高，蔡兴文，等译. 北京：教育科学出版社，1983：135.

② B. A. 苏霍姆林斯基. 帕夫雷什中学[M]. 赵玮，王义高，蔡兴文，等译. 北京：教育科学出版社，1983：149.

将诚信文化渗透到师生的日常学习生活中。

二、诚信制度文化

诚信制度文化是校园诚信文化建设的制度保障和重要组成部分，既是诚信精神文化的产物，又是诚信物质文化的工具。它是师生在教育活动中自觉认可、遵守、维护的行为准则和规范体系，承载着师生、员工共同的诚信观，具有普遍的约束力。小学校园中的诚信制度文化主要包括四个层面：国家层面、学校层面、班级层面、个人层面。

（一）国家层面的制度规章

国家层面的制度规章泛指国家或教育主管部门颁行的各种规章制度，例如《中小学生守则（2015 年修订）》《小学生日常行为规范（修订）》《中小学教师职业道德规范》《教育部办公厅关于进一步加强中小学诚信教育的通知》《教育部关于大力加强中小学校园文化建设的通知》等，为小学校园诚信文化建设提供合法依据，并对其做出正确的指引。

整体上，国家层面的制度规章主要强调诚信的深刻内涵与精神，将其融合到小学校园建设的具体工作之中，发挥统领、指向的作用。在具体的校园建设过程中，国家制度规章的作用不在于提供具体化的实施路径和操作策略，而是为各级各类学校开展校园文化建设提供正确的方向。在保证基本精神到位的情况下，给予各级各类学校以高度的弹性和自主性，促使学校结合自身实际灵活地规划校园建设的细节工作。一般而言，国家层面的制度规章主要就教育的基本走向、根本原则、建设重点等做出整体性、宏观性的规划，主要覆盖学生行为规范、教师职业道德、学校德育课程、校园文化建设等领域，对学生的个人诚信、教师职业诚信、学校诚信教育、校园诚信文化等做出规定与要求。

第一，重视小学生诚信品质的养成训练，强调日常行为规范的约束与教育意义，重点培养学生诚实守信的价值观及良好的行为习惯。例如，《小学生日常行为规范（修订）》第六条规定："诚实守信，不说谎话，知错就改，不随意拿别人的东西，借东西及时归还，答应别人的事努力做到，做不到时表示歉意。考试不作弊。"[①]将诚实守信作为小学生行为规范的一项基本要求，强调小学生诚信品质的培养。此外，在最新颁布的《中小学生守则（2015 年修

---

① 国家教委. 小学生日常行为规范（修订）[EB/OL]. (2015-04-22)[2016-06-20]. http://www.edu.cn/20040326/3102379.shtml.

订)》中也提到"诚实守信有担当"的基本规定，具体包括"保持言行一致，不说谎不作弊，借东西及时还，做到知错就改"①的要求。在此基础上，各级各类学校可以依据国家文件所传达的基本精神进行常规管理，依据教学、管理的实际需要制定适合自己学校及班级的规章条例。

第二，重视学校诚信教育的实施及成效。例如，《教育部办公厅关于进一步加强中小学诚信教育的通知》的文件就强调了学生诚实守信、遵纪守法的重要性，要求学校大力推进诚信教育。② 依照国家政策性文件的要求，各类学校可以结合自身办学特色、教学资源、师资力量等因素开发诚信德育课程，综合运用学科教学、实践活动等多重手段开展诚信教育。

第三，重视教师职业道德建设，将诚信作为教师的职业道德规范。例如，《中华人民共和国教师法》中对教师"遵守宪法、法律和职业道德，为人师表"③等基本义务的明文规定及《中小学教师职业道德规范》中对教师"爱国守法、爱岗敬业、关爱学生、教书育人、为人师表、终身学习"④等方面的具体规定，都特别强调教师坚守高尚情操、知荣明耻、严于律己、以身作则的重要意义。

第四，《教育部关于加强学术道德建设的若干意见》及《关于加强我国科研诚信建设的意见》还就科研诚信做出了规定，要求重视教育科研规范，加强学术道德建设，弘扬诚信科研的精神。文件明确提出"坚持实事求是的科学精神和严谨的治学态度"⑤的基本要求，并倡导"追求真理、实事求是、崇尚

① 教育部.中小学生守则(2015 年修订)[EB/OL].(2015-11-05)[2016-06-20].http://www.moe.edu.cn/jyb_xwfb/s7600/201508/t20150828_203808.html.

② 教育部办公厅.关于进一步加强中小学诚信教育的通知[EB/OL].(2004-03-25)[2016-05-30].http://www.moe.edu.cn/publicfiles/business/htmlfiles/moe/s3325/201001/81949.html.

③ 全国人民代表大会常务委员会.中华人民共和国教师法[EB/OL].(1994-01-01)[2016-06-20].http://www.moe.edu.cn/publicfiles/business/htmlfiles/moe/moe_619/200407.

④ 教育部.中小学教师职业道德规范(2008 年修订)[EB/OL].(2015-04-22)[2016-06-20].http://www.moe.gov.cn/publicfiles/business/htmlfiles/moe/moe_25/200407/943.html.

⑤ 教育部.关于加强学术道德建设的若干意见[EB/OL].(2002-02-27)[2016-06-20].http://www.moe.gov.cn/publicfiles/business/htmlfiles/moe/moe_441/200501/5512.html.

创新、开放协作”[1]的科学精神。

第五，重视校园文化的建设，关注诚信校园文化对于师生道德品质的熏陶作用。例如，2006 年 4 月 27 日下发的《教育部关于大力加强中小学校园文化建设的通知》中就指出，校园文化建设是学校教育的重要组成部分，是全面育人不可缺少的重要环节。在国家规章的纲领性指导下，学校可以将校园文化作为培育诚信、弘扬诚信的重要载体，结合学校发展的长短期目标开展校园建设工作。

（二）学校层面的规章制度

为了更有效地管理学校，每所学校一般都会根据国家与上级教育行政部门的相关政策制定相关的适合本校的规章制度，内容覆盖教育教学管理、教师管理、学生管理、后勤管理、民主管理与监督等方面。除常规的学籍管理、考勤考核、财务审计、教研活动等制度之外，部分学校还针对社会实践、公益活动、班会、日常作息、值日安排、晨会等做出具体的规定。相较于国家和政府颁布的法律和行政条例，学校规章是基于学校实际情况所制定的，更富有针对性和灵活性，能够有效地指导学校各项工作。基于这样的优势，将诚信作为制定并执行学校规章的重要原则将发挥事半功倍的效果，有利于在全校范围内营造出重诚信、守诚信的良好风气。

因此，学校要有意识地把诚实守信的道德要求与学校的内部管理制度有机结合起来。比如，浙江省湖州市月河小学，就把师生的规则意识与诚信思想紧密结合起来，形成《学校管理手册——诚信篇》，其中“管理体制”对学校领导提出依法治校、诚信管理的要求；“教育教学管理”要求教师为人师表、诚信治教；诚信作息制度、诚信考试制度等又对学生言行提出了诚信的要求。此外，月河小学通过探索和实践，还建立了诚信校园建设的制度，比如师生申诉制、教师诚信档案制、教学诚信评价制，教师与校长签订“减负增效”的诚信协议等。其中，月河小学专门成立了申诉委员会，规定了师生的合法权益内容、申诉程序、申诉的受理和处理办法，积极推行形式新颖的师生申诉制。依据规定，在校师生凡是认为自己的合法权益受到侵犯的，或质疑自己正遭受不公正的待遇，均可以向申诉委员提出申诉，监督学校各项工作的实际进展。

---

① 科学技术部. 关于加强我国科研诚信建设的意见[EB/OL]. (2009-08-26)[2016-06-20]. http://www.cast.org.cn/n35081/n11114910/n11574863/11578885.html.

(三)班级层面的规章与约定

班级是学校开展教育教学工作的基本单位,更是培育诚信文化的主要场所。为实现教育管理的目的,一系列班级规章与约定应运而生,发挥着维护班级秩序、管理班级成员的重要作用。作为一种基本的规范和要求,诚信构成了班级规章与约定的重要依据,在各类规章与约定中均会有所体现。一般而言,与诚信相关的班级规章与约定主要有班规、承诺书、评优条例等。

班规是班级中普遍存在的一种规章制度,对班级成员的言行举止做出了明确严格的要求,是每一个班级成员所必须予以遵循的。一般而言,班规是由教师与学生进行讨论后制定的,基本上以学校的规章制度和班级的实际情况作为参考。在具体内容方面,班规往往以条例的形式对师生的行为表现进行规定并形成普遍性约束,主要涉及出勤、学习、纪律、卫生等方面的内容。除了条文式的班规之外,诚信承诺书的形式开始为越来越多班级所认可,运用于班级管理工作。普遍来说,承诺书是由教师与学生共同协商、订立的用于规范班级日常行为规范并要求学生共同遵守的一种约定和要求。在具体文本内容上,承诺书会就履约义务与违约责任进行详尽说明,帮助师生明确理解自己的权利与义务。作为一种班级的规章与约定,承诺书集中体现了诚信的要素,将诚实守信作为规范小学生班级生活的重要标准。通过承诺书的签订,学生能够深入理解诚信的具体要求,更在自主签约的过程中明白诚信的重要意义。通过签订活动,学生能够形成高度的责任感,严格要求自己,将自己对约定的坚持和承诺转换为实际行动的践履。此外,为配合班级管理工作,保障班级规范的落实,班级内部往往会形成一套评优条例,对考评目标、标准、奖惩等做出明确规定,依据学生的日常行为表现进行客观、真实、公正的评价。一方面,评优条例的制定与实施遵循公平公正的基本原则,充分体现诚信的精神内涵;另一方面,评优条例将学生的品行作为一项重要依据,诚信品质是重点考察的指标之一。在考核工作中,诚信的基本精神融合在学生评价之中,为学生提供正确的引导和严格的要求,能够促使学生对自己及他人的表现进行深刻反思与客观评价,从而深化诚信认知,塑造诚信品质。

(四)个人层面的约定

“拉钩上吊,一百年不许变!”这是大多数孩子在表示自己或要求他人说话算数时喜欢用的一句口头承诺。这种通俗的孩童式的语言实际上是儿童对诚信的一种期待,是他们对诚信所提出的要求和规定。在校园内,除了强制性的规章之外，个人与个人之间的约定同样占据着非常重要的地位。诚信，作为一种基本要求，规范着个人之间的交往与互动。日常的学习生活中，常见的个人约定主要发生在教师与学生之间、学生与家长之间、学生与同辈群体之间。对老师、家长和学生而言，个人间的约定三要表现为学业上的守信与承诺，如准时完成作业、诚信参加考试等，相对应地教师和家长会对学生予以表扬、支持，并给予一定的嘉奖。而在与同学、朋友交往过程中，学生个人之间所形成的诚信约定则主要涉及及时归还物品，相约参加活动、游戏等。现今，在校园里正兴起一股个人诚信约定的热潮。深圳市西丽小学正风靡的"学生支票"就是一个非常有趣的例子。这种"学生支票"类似于玩具，作用在于提醒收到"支票"的一方记得做某事，或提醒开"支票"的自己实现已经做出的承诺。目前，"学生支票"已经在南山的多所小学内风靡开来。① 作为一种个人约定的形式，支票本身并不具备实际效用，真正有价值的是学生、教师、家长之间形成的一种坚守诚信的内在要求和外在规范。对个人而言，无论是对教师、同学、朋友，还是对家长，约定的意义就在于，对自己所说的话、做的事负责，做到诚实不撒谎，做到守信不违约，做一个诚信的人。

三、诚信精神文化

诚信精神文化是校园诚信文化建设的核心内容，主要指学校关于诚信的文化传统、价值观念、行为方式等，是全校师生员工一致认可并共同遵循的价值体系，并通过全校师生员工的行为习惯表现出来，集中反映了学校的整体精神面貌。校园精神文化包括作风文化、思想意识文化、关系文化等，具体体现在校风、教风、学风和作风上。所以，校园诚信精神文化建设也应该从校风、教风、学风、作风四个方面着手。

（一）诚信校风

校风是指全校师生经过共同努力，在长期教育、管理中逐步形成的相对稳定的精神状态和思想作风。诚信校风是校园诚信文化的核心，它代表着学校全体成员的共同价值观和精神追求，是诚信校园建设的灵魂。诚信校风的形成，一定程度上能够为学校集体及所有成员创设一种良性的氛围，让校园里的人们潜移默化地受诚信校风的感染。因此，建设小学校园诚信文

① 牢记诚信约定 "学生支票"流行[EB/OL].(2015-04-21)[2016-06-20]. http://inanshan.sznews.com/content/2009-03/25/content_3655320.htm.

化，必须倡导一种诚信的校风。

首先，以校训为导引。校训是学校的灵魂，集中体现了一所学校的办学传统、教育理念、校园文化的历史积淀和精髓，是学校文化的真实写照。因此，倡导诚信校风，必须从诚信校训着手。诚信校训是学校树立优良校风、对全校师生进行诚信教育的简明概括的要求，对诚信校风建设具有指导性作用。例如，浙江省余姚市黄家埠中心小学从《论语》与《朱子语类》中汲取灵感，制定了“诚信做人、踏实做事”的校训；江西省丰城市尚庄中心小学的校训是“勤奋、聪慧、诚信、健康”；北京市东城区和平里第三小学的校训是“诚实、勤奋、团结、创新”等。为了发挥校训在诚信校风建设中的作用，学校应对校训的内涵进行细化，并让学校师生员工准确理解，最后落实到学校教学管理工作中。例如，“求实求真”这则校训，其具体内涵包括：“求实”，即办事求学必须实实在在、踏踏实实，知之为知之、不知为不知；“求真”，即追求真理，这是治学最基本的目标，也是每一位学生追求的崇高理想。据此，学校要求一切工作坚持以诚实守信为根本，以开展诚实守信教育为主旨，将诚信品德贯穿于学校的管理、教学、评价之中，逐步形成诚实守信的校风。

其次，以活动为载体。诚信校风建设的一项重要内容就是引导师生树立诚实守信的价值观念，而学校的实践活动无疑是诚信精神文化养成的基本载体。因此，学校要积极开展丰富多彩的诚信教育活动。譬如，举办诚信专题讲座、诚信故事会、诚信读书节、诚信人物专访、诚信舞台剧展演、诚信徽标设计比赛、“校园十大诚信故事评比”等活动，将诚信的理念和价值取向融合到各类校园活动之中，以生动活泼的校园活动带动师生理解诚信，让他们通过学习探讨深化对诚信的认知，更让他们在积极主动的参与中体会诚信文化的独特魅力，在活动中逐步内化诚信品质，执着践履诚信行为。

（二）诚信教风

教风是指教师或教师集体在教育、教学实践中形成的符合教育特点和规律的稳定的教学风格、作风和传统，包括教师对教学、治学的态度和行为习惯，教师集体的某些教学传统等。① 它是教师政治素质、道德品质、专业知识、教育学和心理学素养等的综合体现。对不同教师而言，执教经验、教育经历、性格特征的差异均会影响教风的形成，使得每个教师形成极具个人特色的教风。尽管每个教师的教风千差万别，但在共同价值观和文化氛围的影响下又相互渲染、聚合，形成了某所学校所共有的教风。

---

① 顾明远．教育大辞典：第2卷[M]．上海：上海教育出版社，1990：17．

教师良好的职业素质是诚信教风形成的基础，是诚信教风得以形成的关键因素和内在动力。因此，培养诚信教风应从提高教师的职业素质开始。一方面，教师要坚持自己的职业操守，不断修养自己的内在道德品质。诚信教风的形成主要依靠的是教师坚定的意念和自觉的行动。基于此，一方面，教师必须严格要求自己，坚持为人师表、严谨治学、诚信待人、言行一致的根本准则，为学生树立正面的典型。另一方面，在教师诚信教风的形成过程中，学校的各项管理制度和培训课程也扮演着极为重要的角色。学校必须注重教师教学知识的更新、教学技能的发展以及职业道德的提升。尤其是，学校应积极开展各类培训课程向教师提供继续教育的广阔平台，让教师在学习和进修中提高自身素养，不断完善自己。为促进诚信教风的形成，学校可以尝试向教师提供有关职业道德的培训项目、专题讲座等，向教师转达诚信教学、诚信科研的精髓，鼓励教师培养关爱学生、言传身教、严谨治学、诚信待人等一系列品质。此外，学校还应加强对教师的管理，制定与教师教学工作有关的各项管理制度。诚信教风是教师在长期的教育教学工作和班级管理工作中逐步培养起来的。因此，学校应充分关注教师日常教学管理工作的实际情况，规范各项考核工作，完善教师诚信规范，将诚信作为教师工作的一大考核标准，以诚信规范教师的一言一行。通过自律和他律相结合的约束机制，教师会深化对诚信教风的理解，敦促自己诚信做事、诚信做人。

（三）诚信学风

依据《教育大辞典》的解释，学风被定义为："治学的态度和方法，特指学校师生在教学活动中表现出来的精神状态和工作方法。"[①]狭义上来说，学风特指学生或学生集体在学习活动中表现出来的特点和作风。[②] 作为学校最大的群体，学生不仅是教育教学的对象，也是校园诚信文化建设的出发点和归宿。学校的校风、教师的教风等都集中反映在学生的学风上，因此，诚信学风是小学校园诚信文化建设的中心内容。

诚信学风的形成，需要经过诚信认知的提高、诚信情感的体验、诚信意志的努力和诚信行为的锻炼，是一个长期的过程。而在这个过程中，诚信学风的形成与学生个人自律、班级及学校的教育和管理工作是密切联系在一起的。一方面，学生要自觉地要求自己，无论是在课内或课外，无论是课堂作业还是学科考试，都应严格遵从诚实守信的规则，从小事做起，一点一滴

① 顾明远. 教育大辞典：第 1 卷[M]. 上海：上海教育出版社，1990：142.

② 安文铸. 学校管理辞典[M]. 成都：西南财经大学出版社，1992：176.

地逐步养成诚实守信的行为习惯。另一方面，诚信学风的培养离不开班级这一基本单位。班级内部所形成的良好的班级文化能够为诚信学风的培养创造有利的外部环境，促进诚信学风的形成与发展。中国有句古话，“近朱者赤，近墨者黑”，说明的就是这个道理。一个班级内形成了诚信的学风，会潜移默化地影响班级内的每一个成员，使他们受到良好的熏陶，自觉履行诚信。相反，一个班级内不良学习风气盛行，抄袭作业、考试作弊等现象屡见不鲜，则会对班级成员的学习生活造成难以估量的恶劣影响，使得部分学生的诚信品质和优良学风受到侵蚀，班级文化氛围进一步恶化。因此，为培养诚信学风，既要关注个人诚信学风的培养，更要重视班风对学风建设的重要影响。通过开展诚信主题班会、制定班级诚信公约等方式有效推进诚信班级建设。除此之外，学校也要充分认识到向学生宣传诚信的重要性和紧迫性，积极展开各项诚信教育的工作，通过诚信承诺书、诚信格言征集、诚信图标设计等形式多样的诚信活动让学生体会到诚信学风的独特意义，从而自觉形成诚实守信的优良学风。

（四）诚信作风

诚信是一种稳定的道德品质，表现为个人日常生活的行为习惯，为人处事的优良作风。可以说，诚信作风是个人人格的直观体现，能够真实、细致地显现出个人的道德品质。如果说诚信从教、诚信学习、诚信管理是职业身份所赋予的要求，那么，诚信作风则是一个人对自己的严格要求，更是一个人诚信品质最真实、有说服力的证明。

诚信作风的形成，不是一朝一夕的事情，需要持之以恒地践履。除了学校的教学工作、管理工作之外，诚信作风更体现在日常生活的方方面面，彰显在生活的细节之中。可以说，日常生活是培养诚信作风的重要时机，是形塑诚信人格的必要条件。因此，无论是教师，还是学生，抑或是校园内的其他管理人员、服务人员，均要将诚信作为日常生活的基本要求，以诚信严格约束自己的行为，做到待人真诚、信守承诺，将诚信的规范落实到生活的细节之中，使之成为待人处事的根本准则。诚信作风的形成，有赖于日常生活的历练与坚持。一方面，在生活中，要始终秉持诚信的价值观念，自觉认同诚信，善于思考、反省，对自己的品行做出严肃、客观的评价，及时判断、反思自己的得与失；另一方面，在生活中，要始终践行诚信，将诚信作为自己日常生活的基本要求，做到严于律己，防微杜渐，把诚信观念落实到行动中去。无论是在与他人交往过程中，还是在处理工作任务、生活琐事的过程中，都要遵循诚信的规范，恪守诚信，坚守诚信。正所谓“不以善小而不为，不以恶小而为之”。生活的细微之处恰是验证个人作风的判断依据，只有时时刻刻坚守诚信，将诚信融入日常生活的人与事之中，才是诚信品质最稳定、最真实的样子。可以说，当诚信成为一个人内心熟稔且再自然不过的信念，并成为行动的根本要求和准则时，诚信作风已然形成，成为指导一个人待人接物、为人处事的基本取向和行为表现。

四、诚信行为文化

文化的各个要素最终是要落实到校园群体的行为举止和文化活动表现上，以一定的行为表征出来。行为文化是一种“活化的”“动态的”校园文化，是师生员工在学校学习、工作和生活中所表现出的精神状态、行为操守和文化品位，是学校精神、价值观、办学理念等的动态反应。根据学校主体结构进行划分，行为文化可分为学生行为文化、教师行为文化和管理服务人员行为文化。

（一）学生行为文化

作为校园诚信文化建设的主体，学生以自己的行为诠释着一个学校的文化特质。学生是校园诚信文化建设的消费者，受其熏陶与感染，从而规范自己的言行，以诚立身。同时，学生也在用自己的实际行动创造校园诚信文化。学生行为文化主要包括以学习为主的学习行为文化、以人际交往为主的交往行为文化和以日常生活为主的生活行为文化。

学生的主要任务是学习，学习行为构成小学生制度生活的中心内容。作为校园诚信文化建设的重要内容，学习行为文化建设的根本目标促成学生诚信学习的觉悟与热情。依托诚信整体的文化熏陶与一系列诚信教育的开展，培养小学生学习中的诚信行为。首先，注重提高小学生对诚信的认识与理解，使其懂得诚实守信，这种价值观念落实到学习中就要求小学生上课不迟到早退，按时完成作业，考试不作弊，遵守校规、班规等。其次，引导小学生在学习中贯彻诚信，用自己的实际行动践行诚信，做到不唯上，不唯书，只唯实，端正学习态度，培养求真务实的精神，养成诚实守信的行为习惯。

交往是维系人际关系的纽带，小学生正是在与父母、教师、同学等的交往中，认识了他人、社会以及自身，从而建立起自我与社会的紧密联系。适当的交往行为可以丰富小学生的阅历，健全小学生的人格，提升小学生的修养。因此，学校应引导小学生在交往行为中树立诚实守信的价值取向，使其在交往中认识到诚实守信是人与人之间交往的基本准则，是一个人安身立命的根本，从而使其做到以诚信待人，做到言行一致、言而有信、表里如一、信守承诺。

日常生活中的诚信是小学生诚信行为文化的重要组成部分，小学生内在的诚信品格主要是通过日常生活表现出来的。小学生生活中的诚信一般分为对人的诚信和对事的诚信。学校要引导小学生在日常生活中做到诚实守信，不仅要求他们对自己的父母、亲戚、朋友诚信，还要对陌生人诚信，并在生活中遇到的具体事情上做到实事求是、求真务实。

（二）教师行为文化

教师行为文化是校园行为文化的重要内容，也是教师文化的具体表现，是教师行为过程中所蕴含的特定的文化气质。在校园行为文化建设中，教师的行为对学生产生直接的影响，进而影响学校文化的建构。所谓“学校无小事，事事是教育；教师无小节，处处为楷模”，正是强调了教师行为文化的重要作用。教师的诚信行为主要包括诚信教学和诚信科研。

教学是教师的基本工作，在教学过程中教师以自身形象向学生传达价值观念和人生理念。诚信教学是教师为人师表的重要方面，“其身正，不令而行；其身不正，虽令不从”，所以教师要在教学活动中树立诚信的榜样，以身作则。具体而言，首先，教师要树立正确的教学观，把“千教万教教人求真，千学万学学做真人”贯彻到日常的教育教学活动中，恪守诚信；其次，教师要始终以诚信作为自己从事教学工作的基本准则，认真备课、上课，公平严肃地参与考核和评价工作，严格履行自己的职责，不歧视，不造假，不偏私；再次，教师要勇于直面自己在教学过程中所犯的失误和过错，要勇敢承认并及时纠正，秉持诚恳和负责任的态度对待教学现场所出现的种种问题和困难。

教师既是教学工作者，也是科研工作者。科研是教师进行教学反思的重要手段，更是实现教师专业发展的有效途径。在开展教育科研的过程中，教师既要有充分的研究热情，更要有踏实严谨的学术操守。在任何时候，教师都必须以诚实守信的基本要求约束自己，不弄虚作假，不投机取巧，不抄袭剽窃、篡改侵吞他人的科研成果，合理利用科研经费和学术资源。对所有教师而言，遵守学术规范，坚守学术诚信，是从事科研工作的基本要求和根本前提。一方面，教师必须严格遵循科研道德和相应的学术规范，自主地进行教育研究，全面了解国际学术界对科研活动中有关科研道德和学术规范的核心问题和相应的行为规范的准则，提高科研诚信理论认识，增强诚信科研的行为规范意识。另一方面，教师要坚持严谨治学的学术态度，在充分掌握自己所涉猎领域的国内外科研成果和学术前沿的前提下，结合自己的专业知识和实践经验，以真实、准确的数据和信息为支撑，勇于尝试突破与创新。

（三）管理与服务人员行为文化

管理与服务人员行为文化主要包括工作作风、工作原则和工作方式等方面。

1. 管理人员行为文化

学校管理人员既是诚信校园的建设者，又是诚信教育的实施者。在校园诚信文化建设中要发挥领导者的带头作用，使其用自身的诚信行为为全校师生员工树立典范。

整体上，管理人员要树立以人为本的管理理念，从整体性思维出发，严格履行管理职责。作为学校管理工作的主要计划者和决策者，管理人员的工作作风直接决定着各项工作制定和实施的成败。对管理人员而言，诚信是一项最为基本的素养和规范。在处理各项工作的过程中，管理人员必须树立诚信意识，做到从实际出发，实事求是地对待工作中所出现的问题。在决策中要始终做到以诚为本，倡导守信、务实的工作作风，遵守各级规章制度，严格议事办事的程序，做到客观公正。此外，管理人员要积极推行校务公开，无论是学校发展规划、制度修订、财务收支、基建工程、招生方案等宏观规划，还是诸如教师的年度聘任、职称考核、工资晋升、评奖评优、学校收费、贫困生资助、学生奖惩等具体事务，均要做到政策公开、权责分明、程序合法、结果公正，以确保各项工作在自我约束和外部监督下得以顺利展开。

更重要的是，在学校建设中，管理人员的身份不是决策者、执行者那么简单。严格来说，学校管理人员更以自己的为人处事的原则和理念代表着一个学校的形象。很大程度上，管理人员的整体素质决定着学校管理的质量和水平，进而影响小学校园诚信文化建设整体目标的实现。因此，管理人员要时刻约束自己，做好自身的管理工作。在日常工作和生活之中，管理人员应时刻谨记要正人必先正己的道理，督促自己诚信为人。在与师生交往过程中，要严于律己，表里如一，言行一致，时时处处做诚实守信的表率。凡是要求教师和学生做到的，自己首先做到。对待管理工作中的过失，要勇敢地承担其责任，主动把自己置于教师和学生的监督之下。并且，通过积极组织不同层次的座谈会，在校长与中层干部、校长与普通教职工的交流中，开展批评与自我批评，从而增强管理者的诚信度，为校园诚信文化建设保驾护航。

2.服务人员行为文化

在小学校园内，服务人员主要承担执行、实施的职责，协助管理人员开展校园建设工作。一般而言，服务人员的工作领域主要涉及学校的教学服务与后勤服务，涵盖教学、食宿、保卫等方面。在小学校园内，校内图书馆、实验室、电脑机房、食堂、宿舍、保卫处等场所均会配备相应数量的服务人员，面向全校师生及来访人员提供相应的服务。一定程度上，服务人员的职业素养会影响学校的整体服务质量和水平。在提供服务的过程中，服务人员所表现出的服务态度、服务能力，直接影响服务人员行为文化的形成，进而影响校园文化的整体建设。总的来说，小学校园内的服务对象主要是学校师生，其根本宗旨在于提供高效、便捷、人性化的服务以满足师生的需求。在校园生活中，全校师生不可避免地会接触到校园内的各类服务人员，并接受他们所提供的服务，无形中，他们也接受着来自服务人员行为文化的影响。培育小学校园诚信文化，服务人员的行为文化是一个不可忽视的要素。

在现实的学校场景中，图书馆、实验室等教学资源与设备是学校耗费大量资金与人力建设起来的，其根本目的在于为师生的教学活动提供必要的支持，提升教学效果。作为一种高投入的项目，它们的维护与使用需要遵循一定的流程和规范，以尽可能地降低损耗、实现效益，保证设备与资源的最优化利用。基于此，从事此类教学服务的人员在使用教学设备与资源时必须遵守相应的规章条例，规范化操作，向师生提供优质的服务。尤其是在图书馆、实验室、电脑机房等教学资源丰富的场所，丰富、专业、昂贵的馆藏书目、实验器材、计算机设备都是需要重点维护的对象。对于服务人员来说，具备相应的职业操守，能够坚持诚信的工作原则和规范的工作方法，则显得尤为重要。因此，服务人员要始终坚持诚信，做好设备资源的日常管理、维护工作，确保书籍文献、实验仪器、实验材料没有遗漏、丢失，坚决抵制偷窃、倒卖学校资产的行为。在教学之余，后勤服务人员同样要避免出现偷工减料、刻意拖延、敷衍了事等消极的工作作风，严格履行自己的职责，将诚信作为自己服务的基本操守和规范。对提供食宿服务的人员来说，保证新鲜、安全、营养的饮食，干净、整齐、清新的住宿条件，是他们诚信服务的基本要求。对于保卫处的服务人员而言，做好校园保卫工作，保障师生生命及财产安全，同样是他们履行服务职责的表现。总而言之，对于校园内的服务人员来说，诚信集中体现为他们忠于职守、真诚服务的种种表现。

第三节　操作体系

小学校园诚信文化的建设是一项系统工程，需要从学校生活的各个维度做出整体设计，建立一个立体化、多元化的操作体系。一般而言，可以通过环境熏陶、课堂引导、活动强化、教师示范及制度约束等途径实施。

一、环境熏陶

荀子云："蓬生麻中，不扶自直，白沙在涅，与之俱黑。"幽雅的校园环境能升华学生的道德情感，寓教于"景"是一种切实可行的养成小学诚信品质的现实路径。诚如《学会生存》所言："教育是在环境中进行的。"①通过特定的校园环境，可以达到感染人、影响人、教育人的目的。因此，在进行小学校园诚信文化建设时，首先要从环境美化入手。一般而言，小学校园环境包括空间环境、自然地景和人文景观三个方面。

（一）空间环境

小学校园的空间环境是指校园中的各种建筑物的布局，如教学楼、行政楼、操场、生活区、休闲区等之间的空间关系。从教育学角度而论，校园的空间布局应该遵守整体性和连续性原则。所谓整体性原则是指校园的空间环境设计要有一个主题思想，即学校的教育哲学，所有的建筑都应体现这个教育哲学。例如，学校的教育哲学是"求真"，那么所有的建筑都要围绕这个主题进行设计。小学生生活在这种环境中，不知不觉地会形成"求真"的品质。所谓连续性原则是指这个主题思想要在校园所有的其他空间环境中延续，而不仅仅在某个空间环境（如教学楼）中存在，假以时日，小学生们就能体会到"求真""求实"的真谛。

（二）自然地景

自然地景是在原有校园环境的基础上因地制宜对校园环境进行的一种设计，具体包括校园绿化、水体、长廊、庭院、广场，甚至是一块石头、一座小山丘等地景的布局。小学校园自然地景的设计要遵循两个基本原则：一是尊重自然，利用自然。根据原有的自然条件艺术化地将道路、绿化、走廊、操

---

① 联合国教科文组织国际教育发展委员会. 学会生存——教育世界的今天和明天[M]. 上海：上海译文出版社，1979：92.

场等融为一体，使学校的教育哲学通过自然地景物化，成为一本无言的教科书，使小学生们在潜移默化中学会与自然和谐相处，自觉自愿地爱护环境、保护自然。二是以人为本，顺应学生。小学校园自然地景的设计是出于教育小学生的目的，因而不能忘记学习的主体——小学生。所以在具体设计时要根据小学生的认知特点、学习心理等进行全盘考虑，最大限度地促使小学生与学校环境间产生良好互动和愉快交流，让小学生有一种被尊重感，这样才能使小学生感受并接受环境蕴含的思想内涵。

（三）人文景观

"校园人文精神是一种内在的价值观与精神取向，是校园环境的内涵、品质与特色，决定着校园环境的功能、形式、内容和发展。校园人文是校园环境中最具盛名、最具感染力、最能打动人心的内质，是校园环境得以发挥其感染力、凝聚作用的根本原因。"①校园人文环境是一种无形的力量，会直接或间接地影响此环境中的人的情绪和行为。良好的人文环境对小学生的成长起着陶冶、养育的作用，使小学生在轻松愉快的氛围中获得道德提升。校史陈列室以及校园中的雕塑、景观小品等都能一定程度上体现校园人文精神。

校史陈列室是对一所学校形成发展的历史记录，是一部生动感人的适合小学生的历史教材，是传承历史文明、弘扬校园文化的有效载体。它不仅能对小学生进行学校传统教育和优良校风教育，而且能够获得全校师生员工对学校的认同感和凝聚力，在小学校园文化建设中起着教育导向作用。校史陈列室的建设首先要尊重历史，本着实事求是的态度，选择相应的学校发展过程中各种有意义的事件，运用文字、图表、声像等方式加以呈现。

校园雕塑是物质化的精神载体，是学校历史、传统、文化和社会价值的积淀，体现了一所学校的精神文化水平和道德素质要求。它不仅能够装饰、丰富和美化校园环境空间，而且也是进行诚信道德教育和审美教育的最好素材之一。在进行建造时要注意下列几点：一是雕塑内容（或主题）的选择要与学校教育哲学相一致。如果学校以追求诚信、创新为宗旨，那么选择的雕塑内容必须与之相适应。另外，要与学校的教育使命相一致，使雕塑具有教育性，符合学校的文化氛围。二是雕塑要与学校环境相吻合。选择雕塑

---

① 王建国，阳建强．大学校园文化内涵的营造与提升：第七届海峡两岸大学的校园学术研讨会论文集[C]．南京：东南大学出版社，2009：94．

时要充分考虑学校已有的环境，使之与环境协调一致，而不能显出另类的感觉。三是选择的位置要适切。雕塑放置的场所必须精心挑选，使雕塑的内容与形式和学校中的各区块的教育功能协调统一。

景观小品一般指放置在室外环境中的公共艺术品，是景观中的点睛之笔，一般体量较小、色彩单纯，对空间环境起点缀作用。在小学校园中，景观小品包括建筑小品——壁画、亭台、牌坊等；生活设施小品——座椅、电话亭、信箱、邮筒、垃圾桶等；告示设施小品——校园示意图、方向指示牌、告示牌、警示牌等。景观小品往往具有特定的精神内涵，所以设计时要注意展示学校的个性，注意与学校生态保持一致，并能引起学生的情感体验。

例如，教学楼过道的墙面上可以悬挂诚信名人的画像，并以简短易懂的文字介绍他们的生平事迹、诚信典故（如季布“一诺千金”、商鞅“立木为信”、曾子“杀猪教子”等）；教室门口、墙壁上可以装饰各种提示语，如“说真话，办实事，我们一起做到”“诚信，从我做起，从小事做起”“诚信，走向成功的通行证”……这些提示语以儿童化的语言巧妙地提醒着诚实守信的重要意义；校园的草坪上可以设计一个卡通人物，手举“小草也有生命”等。总之，小学校园诚信文化景观小品的表现形式多种多样，一个人性化的休憩场所、一条林荫小道中自然美观的座椅、一个供人交流的公共场所，都可以经过设计者的精心雕琢和巧妙安排，注入历史人文气息，并与周围环境相融洽，为诚信文化的建设起到良好的辅助作用。①

二、课堂引导

课堂是实施诚信教育的主要场所，通过课堂培养学生的诚信品质是诚信教育的重要途径。具体有两种方式：直接诚信教学和学科融合教学。

（一）直接诚信教学

直接诚信教学主要是以教科书为中介，或者通过各种行为礼仪和规范举止等的直接训练，让小学生在特定情境下体会诚信道德准则、规范所包含的意义或应当采取的行动步骤，从而提高小学生的诚信认识，增进诚信道德体验，促进其养成诚信道德行为和习惯，以期达到诚信品质、涵养德性的目的。一般而言，直接诚信教学比较注重道德价值、行为规范的心理认知意义和直接的行为指导功能，因而侧重对诚信价值、规范的感知、理解和记忆。

---

① 何隽．建筑形象创作中结构形态的表现模式初探[J]．湖南大学学报（社会科学版），2011(6)：151-154.

直接的诚信教学作为诚信教育的主要途径，具有整体性、全面性、循序性等特点。诚信教学应根据小学生的年龄特点、道德发展水平，由浅入深、循序渐进地对小学生进行诚信教育。教师不仅要向学生阐释诚信的内涵、重要性、行为规范，更重要的是通过多种教育手段，如情境教学法、道德两难法、榜样示范法、角色扮演法等，提供与现实生活同构的场境，使小学生在生动的情境中产生道德冲突，训练道德思维，提高道德判断能力，培养诚信的道德情感和道德意志，最终将诚信理念内化为自己的道德需要并外化于道德行动之中。

(二)学科融合教学

除了专门的诚信教学以外，将诚信教育融合在各学科教学中进行是一种行之有效的方法。赫尔巴特认为："我得立刻承认，不存在'无教学的教育'这个概念，正如反过来，我不承认有任何'无教育的教学'一样。"①这说明教学具有独特的教育性，学科教学与道德教育密不可分。为了推进校园诚信文化的建设，各学科都应当渗透诚信教育，无论是人文学科、自然学科还是艺体学科，都蕴含着丰富的诚信教育内容。教师首先要析出教材中蕴含的诚信教育要素，然后结合学科知识点在课堂中落实，有意识地引导小学生发现和领悟。

人文学科中有许多故事都很接近学生的实际生活，是进行诚信教育的重要素材。教师在教学时要结合教材内容，利用这些诚信素材，引申、补充事例，通过形式多样的方法，适时地对学生进行诚信教育。如在语文教材中就处处闪耀着诚信教育的光芒，像《狼来了》《曾子杀猪》《九色鹿》《手捧空花盆的孩子》《皇帝的新装》等，这些课文情节生动，语言浅显易懂，人物形象鲜明，能够唤起小学生的阅读兴趣，具有重要的教育意义。在教学中，要充分利用这些诚信素材，让小学生认识到诚实守信是立身之本，明白做人要恪守诚信，从而培养小学生诚实守信的道德品质。

自然学科教材中也充满着诚信教育的内容。科学上的每一项发明或发现，都是科学工作者求真务实、不懈探索的结果。自然学科中的诚信教育更多地集中在"实事求是""科学严谨"精神的教育中。具体地说，在自然科学中对小学生进行诚信教育的内容主要有：树立实事求是的价值观念，养成根

---

① 赫尔巴特.普通教育学·教育学讲授纲要[M].李其龙，译.北京：人民教育出版社，1989：12.

据事实判断事物的习惯；懂得对学习内容进行推理论证不能有半点虚假，并将这种求真务实的学风融入日常生活中，促进诚信品质的培养。

艺体学科可以在开展丰富多彩的活动时融入诚信教育，培养学生诚实守信的品德。在一些比赛、游戏中，让学生懂得诚实守信，齐心协力去争取胜利；明白自己是集体中的一员，不能因为不诚信，违反活动中的规则而损害集体荣誉。比如，体育课上举办“诚信马拉松”比赛，让学生在体育活动中树立诚信参赛的意识，做到不作弊、不违规，体验诚信带来的快乐；美术课上进行“诚信绘本”设计与制作，使学生多渠道地获得诚信的信息，并在写与画的操作中逐步提高对诚信的认识；音乐课上教学生学唱“诚信之歌”，让学生在歌唱诚信的过程中体验诚实守信的重要与美好。

三、活动强化

小学生天性好动，活泼爱玩，不愿长时间的静坐和接受死板教条的说教，单一、静态的课堂教学往往使他们感到枯燥乏味，从而失去学习的兴趣。因此，小学生更期盼丰富多彩的校园文化活动。所以，学校要积极开展各种有趣的活动，寓教育于活动之中，把活动与诚信教育有机结合起来，让小学生在诚信的氛围中养成诚信的行为习惯。在小学教育阶段与诚信教育相关的活动至少包括下列几种。

（一）国旗下的讲话

每周一的升旗仪式中，可由领导或教师对全体师生进行诚信教育主题演说，也可以让小学生说说本校、本班的诚实守信的好人好事。

（二）班队活动

以诚信为主题举行班队活动，一次卓有成效的主题班队活动会让小学生的心灵受到洗礼，对于增强小学生诚信意识，从而树立诚实守信的素养具有很大的作用，同时也能培养他们的组织和语言表达能力。

（三）游戏活动

游戏是小学生的天性与权力。游戏为诚信教育活动提供了一种顺应儿童天性的法则，提供了一条向童年生活回归的道路。游戏是小学生表达自我的方式，也是释放自我的途径。在游戏中，小学生必须遵守游戏规则，否则就可能出局，所以可以自主地理解诚信的内涵，并履行诚信。

（四）诚信故事会

美国迪尔和彼德森教授指出：“以塑造文化为宗旨的交流方式，其最高级的形式就是讲故事。”[1]弘扬诚信的教育理念，讲故事是一种很好的方式。一个个小小的故事，通过生动活泼的语言，能够传达出非常深刻的道理，解决原本看上去十分复杂的问题。

（五）表演活动

小学课文中有许多与诚信相关的课文，如一年级的《狼来了》、二年级的《曾子杀猪》、三年级的《手捧空花盆的孩子》、四年级的《诚实与信任》、五年级的《皇帝的新装》、六年级的《100 分》等，可以组织小学生创作剧本并进行表演，引发学生自省，树立诚信的意识，做到不欺骗、不说谎。

（六）诚信签约

为了把诚信道德落实在行动上，学校少先队可以组织“诚信承诺”签约活动，要求各中队根据班级实际制定班级诚信公约，由每位少先队员参加诚信签约活动。

（七）亲子活动

家庭是孩子成长的港湾、安全之所在。温馨、和睦、民主的家庭环境是养成孩子诚信品质的良好氛围。同时，良好的亲子关系也有助于孩子诚信品质的养成。因此，学校可以通过举办亲子活动促进良好亲子关系的建立。

四、教师示范

班杜拉（A. Bandura）的社会学习理论表明，模仿学习是一种重要的学习方式，“榜样的力量是无穷的”[2]。教师是学生的重要榜样，尤其是小学生具有强烈的向师性，因此，要建设校园诚信文化，必须特别重视教师示范的重要性，具体可从立德、立言、立行方面进行。

（一）立德

所谓“学高为师，身正为范”，教师不仅是科学文化知识的传播者，也是道德品质的示范者和引领者。学校要把师德建设放在一个重要的位置，加强对教师的教育和管理，提高全体教师的道德修养，为小学生的诚信教育奠定坚实的师德基础。广大教师也应自觉提高自身的师德修养，时刻铭记“学高为人师，身正为人范”的教导，自觉抵制名利的诱惑，牢固树立教书育人的

---

① 特伦斯·E.迪尔，肯特·D.彼德森.校长在塑造学校文化中的角色[M].王亦兵，译.北京：中国青年出版社，2006：130.

② 莫雷.教育心理学[M].北京：教育科学出版社，2007：380.

理念，处处做学生诚信的榜样，要求学生做到的，自己先做到；要求学生不做的，自己坚决不做。正如孔子所说："其身正，不令而行；其身不正，虽令不从。"教师应有"以身立教"的觉悟和态度，更要有履行职责的坚持和执着。北京市著名特级教师孙维刚有一次因特殊原因上课迟到几分钟，课后就罚自己在凛冽的寒风中站立，给学生留下了深刻的印象。可见，教师对学生的诚信品质的培养有着非常重要的榜样作用。在校园诚信文化建设中，要充分发挥教师引领的作用。教师要有为人师表的使命感，严格规范自身的言行，坚持诚信待人、诚信教学、诚信科研，将"诚"与"信"作为自己思想和行为的出发点，以诚育诚，以信育信，做诚实守信的道德典范。

（二）立言

语言是人际交往中必不可少的手段，教师作为对学生身心施加特定影响的专门人员，语言是其必不可少的一个工具。在教育教学活动和日常生活中，教师要格外注意自己的言语，努力做到真诚、真实、可信。《春秋》中曾说："人之所以为人者，言也。人而不能言，何以为人？言之所以为言者，信也。言而无信，何以为言？"教师应将诚信内化于心，并通过诚信言语表现出来，做到言必信、行必果，不能言而无信，更不能欺言以获信。在教学中，教师要言语真诚，与小学生建立真诚的交往关系，这种关系是教师真实地表述自己对该学科的看法和对知识的个人见解，而不是照本宣科并灌输给小学生这样一种理念：书上讲的都是对的。教师要努力营造信任关怀和民主的课堂交往和对话环境，鼓励小学生参与对话，激发学生的创新思维，使其敢于对现有的知识和权威说不，做到不唯上、不唯书，只唯实。此外，教师在对小学生进行言语评价时，也要实事求是、客观公正。

（三）立行

教师的行为举止常常是学生的榜样，正如捷克教育家夸美纽斯所说的："他应该经常把他们应该模仿的行为的榜样给予他们，应当把自己当作一个活生生的榜样。"①教师就像一面镜子，小学生可以从中认识到真与伪、善与恶、美与丑，知道什么该做和什么不该做。在诚信教育的过程中，教师应该用更具有说服力和感染力的身教来验证平日的言教，推动小学生在诚信品质的塑造中由知向行转变。教师应该"带头讲诚信，做到'言必信，行必果'，要求学生做到的，自己首先做到，为人师表、身体力行、有诺必践，以教师高

---

① 夸美纽斯. 大教学论[M]. 傅任敢，译. 北京：教育科学出版社，1999：200.

尚的品行、人格的魅力、诚信的作风取信于学生、学生家长和社会，提高公信力，做诚信的表率”[①]。

具体地来说，教师要做到：对自己诚信，真实不自欺，说老实话，办老实事，做老实人；对学生诚信，尊重学生，关爱每一个学生的发展，承诺学生的要求，要努力兑现；对家长诚信，尊重家长，经常和家长联系，得到家长的信任和配合；对学校诚信，遵守学校规章制度，认真履行教学职责，教学中出现的小差错要勇敢承认并及时纠正，保证良好的教学质量。

五、制度约束

诚信文化的建设是一个长期、复杂的过程。在这个过程中，存在着诸多利益的诱惑和困难的抉择，单纯依靠个人自觉自律很难保证思想不发生动摇。因此，一定的制度约束显得尤为必要。学校要建立并完善各种诚信规章制度，用制度规范约束师生的行为，形成自律和他律相结合的双重机制，使全校师生恪守诚信，不愿失信、不敢失信。

（一）学校德育制度

学校德育制度是观念形态的规范体系，既包含国家政府及教育行政部门颁布的德育工作纲领性文件和指导，又包含学校制定的各项德育行为规范和细则，具体包括德育纲要、学生守则、日常行为规范等。学校德育制度对校园诚信文化的形成与培育具有重要作用。制度所发挥的规范、约束及引导的作用能够促进校园诚信文化的形成，遏制不诚信文化的蔓延。因此，在建设校园诚信文化过程中，要特别重视学校德育制度的约束作用。

作为学校德育制度的重要组成部分，《小学生守则》及《小学生日常行为规范》是每个小学生都必须遵守的行为准则。它对学生的文明行为、道德品质做出了基本要求。依据《小学德育纲要》《小学生守则》《小学生日常行为规范》等有关法律法规及学校的各项规章制度，学校要重点开展各项德育工作，强化学校德育制度建设，健全德育制度体系，为校园诚信文化建设提供强有力的制度保障。一方面，学校要加强德育工作队伍建设，成立学校德育工作领导小组，将德育工作纳入学校工作议程。科学设计、合理制定学校德育工作计划，全面开展德育常规工作，并定期召开学校德育工作的会议，关

---

① 教育部办公厅. 关于进一步加强中小学诚信教育的通知[EB/OL]. (2004-03-25)[2016-05-30]. http://www.moe.edu.cn/publicfiles/business/htmlfiles/moe/s3325/201001/81949.html.

注学校德育的进展。另一方面，学校应充分运用形式多样的德育活动严格落实德育制度的规定和要求。学校要重视少先队活动、班级常规管理、升旗仪式等德育活动的重要价值，充分运用“流动红旗”“星级班级”“优秀学生”等评比活动及奖惩规定，将德育制度落实到日常教学和管理工作中去，让学生在外部引导和自我约束中养成真诚待人、信守承诺、遵守纪律、奋发向上的风尚和良好的行为习惯。此外，学校要定期举行“国旗下讲话”等仪式活动，寓道德教育于学校晨会制度，可以通过确定“诚信”的主题讲话将升旗仪式作为推广、宣传诚信文化的重要媒介。

（二）学校教学制度

教学是学校工作的主要内容。学校教学制度就是学校教学过程中师生遵守的规章、规定和规范。它是国家的各种方针、政策、法律在学校日常教学工作方面的具体表现。[①] 它既包括师生的行为规则，如教师的资格、职责、工作量、行为规范，学生的课堂行为、课间行为、日常行为规范等；也包括学校教学行为的规则，如课程设置、教材选择、教学组织形式及班级编制、教学管理等；还包括教学外部管理的规则，如课程教材管理、学校外部考试等。[②] 完善的学校教学制度能够维持教学秩序、保证教学质量，保障各项教学工作的顺利进行，更有利于培育诚信执教、诚信求学的良好风尚，促进校园诚信文化的生成。因此，学校要高度重视学校教学制度的价值，将学校教学制度作为培育校园诚信文化的重要保障手段。

作为学校各项工作的中心环节，教学活动的有序开展能够为校园诚信文化建设提供持续的动力。在这一过程中，严格的教学制度能够起到规范各项教学活动的作用，能够帮助教师和学生养成良好的习惯，促进优良学风的形成。尤其是对教师而言，教学制度对课前准备、课堂常规、考核评价工作的一系列规定对教师的教学行为做出了种种限制和要求，要求教师认真钻研教学大纲，仔细研读教材内容，规范书写教学设计，做好充分的课前准备。此外，在课堂教学常规方面，教学制度严格规定教师不允许私自调课、离岗，不做与教学无关的其他事情，做到合理分配教学时间，保质保量完成教学任务。而在教学评价方面，教师必须遵循教学制度的基本要求，客观、公正地开展考评工作，对学生的学习表现做出科学、公平的评判，做到不歧

① 李永生．学校效能建设[M]．北京：教育科学出版社，2012：82.

② 安珑山．论教学制度[M]．西北师范大学学报（社会科学版），2002(3)：106-107.

视、不偏私。依据这一系列规定，教师在充分的教学准备、规范的课堂教学和公正的考评工作中能够锻炼自己的教学技能、提升专业素养的同时，还能形成严谨、务实的优秀品质，为诚信文化在教学领域的孕育与发展提供重要的精神支持。

（三）学校管理制度

一般而言，学校管理制度主要包括教职工岗位职责制度、校园管理制度、学生管理制度、教师奖惩制度、后勤管理制度等。完备的学校管理制度依据权责分明的条款对全校教师、学生、管理人员的行为做出约束和规范，要求人们遵守一定的管理程序，严格履行相应的职责。一旦出现违反规定的行为，涉事人员将会受到相应的处罚和惩戒。

其中，有关岗位职责和奖惩办法的制度及条款发挥着极其重要的约束作用。这类制度对学校各类人员的学习工作性质、表现、考核依据等做出了一系列规定，要求学生、教师与各级管理人员自觉遵循相应规定。在此基础上，学校还配备有一套考核评价的标准和办法，要求依据个人的真实表现做出客观真实的评价，并在此基础上给予一定的奖励或惩罚。因此，学校要充分发挥管理制度的规范作用，将“诚信”作为管理制度的重要依据，制定关于诚信管理的相关条款，明确规定各类人员诚信参与管理、接受公正管理的基本义务和权利。

第四节　保障体系

校园诚信文化建设的有效运行需要强有力的外部保障与支持。只有充分调动各方面的力量，才能保证小学校园诚信文化建设的顺利开展。具体而言，保障体系主要涵盖以下六点。

一、转变学校理念

小学校园诚信文化建设是一个复杂、动态的过程，是内在观念到外在行动的整体转变。建设校园诚信文化，必须从最深刻的内在肌理入手，从学校理念的转变开始。只有真正实现学校整体理念的更新，在小学校园内建设诚信文化才具备现实的依据和确切的保证。

无论是对学校而言，还是对在校师生而言，实现理念转变均是至关重要的一步，是培育校园诚信文化的关键环节。变革过去盲目追崇整齐划一、呆板僵化的理念转向灵活、全面且极具特色的理念，实现学校理念的更新，能够为校园诚信文化的建设提供先导作用。目前，一些学校存在着过度标准化、机械化、功利化的错误倾向，将校园文化建设看作是可有可无的东西，忽视了校园文化建设的重要意义。更严峻的是，部分学校奉行成绩至上、优胜劣汰的办学理念，将分数、奖项看作是至高无上的荣耀，而将师生的道德品质弃之不顾，造就了一批又一批空有学识而没有灵气、智慧、德性的人。在这样的错误导向之下，校园文化将会呈现出凋零、颓败的态势，不利于师生的道德品质和健全人格的塑造，严重的还会涌现出诸多不诚信的行为，如欺骗、抄袭、作弊、不守承诺等。因此，学校管理者乃至全体师生必须摒弃过去功利主义、机械主义的错误理念，充分关注校园文化对学校发展和个体成长的持续影响力，积极推进学校理念的转变。对以学校领导为代表的管理层而言，要深思熟虑、科学规划、及时更新自身的办学理念，发挥表率和引领的作用，带动学校理念的整体变革。对在校的普通师生而言，要充分认识到诚信文化的重要价值，积极转变自己的理念，坚持身体力行，以自己的态度和表现积极创设一种真诚、务实、守诺的健康文化，营造持续、稳定、浓厚的文化氛围，为校园诚信文化建设提供最有效的支持。

二、强化制度保障

健全的规章制度为校园诚信文化建设提供制度前提和合法依据，又为诚信文化建设提供了约束与保障。

为保证小学校园诚信文化建设的顺利开展，一定的制度支持不可或缺。在现实中，国家颁布的某些法规就“诚实守信”做出了要求，更有部分政策及规章明文规定了“诚实守信”对于个人及社会的重要意义，并多次强调了在小学阶段强化诚信教育的重要意义。而在学校内部，一系列与诚信相关的制度条例对班级管理、学生学习考试、教师教学科研等做出了诚信的基本规定，要求师生做到诚信为人，不做违背诚信道德的事。由此可见，现有的社会法规及学校制度为小学校园诚信文化建设创造了非常有益的制度条件，为师生理解并支持诚信文化建设提供了有力支持，充分保障了诚信文化建设的实际进展。因此，学校要充分认识到制度的重要意义。学校要根据自己的实际情况和发展目标制定一系列规章制度，强化制度保障以推进校园诚信文化建设。尤其要强化与诚信相关的规章制度，明确学校各项工作的基本要求，将诚信作为教学、管理、后勤等工作的重要指标，严格规定每个人应遵守的诚信义务和责任，并明确规定对不诚信的行为和现象所采取的惩处措施。此外,学校要出台一系列与校园文化建设相关的规章与条例,清晰规划学校建设的方案,具体覆盖目标、内容、方法及评价等方面,为小学校园诚信文化建设指明正确的方向,帮助学校明确预期目标,确定细节内容,筛选科学的方法,开展合理的评价,真正实现校园诚信文化建设高效、有序地发展。

三、扩大宣传力度

文化的建设与传播离不开宣传。各项宣传工作的开展能够为小学校园诚信文化建设清除不必要的障碍,推动并加快小学校园诚信文化的建设进程。

在建设校园诚信文化的整个过程中,学校宣传工作的开展扮演着极为重要的角色。初期,学校通过强有力的宣传,能够为全方位的建设工作提供前期准备,通过对学校理念、政策、方案等的宣传,向全校师生传达自己的预期目标和努力方向。中期,学校可以围绕诚信文化建设的现实情况进行宣传,及时追踪并跟进建设工作,向全校师生定期汇报成果,以达到进一步推广的目的。后期,学校可以就诚信文化建设已取得的成就进行总结、归纳,以巩固校园诚信文化建设的成果,确立校园诚信文化建设的坚定立场。总而言之,无论是在任何环节,学校都应重视宣传的必要价值,扩大对诚信文化的宣传力度。无论是学校管理人员、教师,还是学生,都应该全体动员,参与到诚信文化的宣传中去。宣传离不开相应的符号和媒介。具体而言,校园广播、宣传橱窗、校刊、校园论坛、网络媒体等多样的媒介都是校园诚信文化的重要宣传工具。学校可以进行长期性的政策宣传,向全校师生推广自己的诚信办学理念和诚信文化建设的设计方案,同时定期以发放诚信宣传手册、播放诚信电影、增设校刊诚信专栏、设置诚信文化橱窗、张贴诚信标语等形式普及诚信文化,营造良好的文化氛围。此外,学校应该充分重视网络技术和多媒体技术的宣传效用,开发并运用网络技术和多媒体技术的诚信文化宣传功能。作为文化传播的“新媒介”,网络技术与多媒体技术具备高效、动态、多维、大数据等优势,能够为小学校园诚信文化建设提供强有力的支持。学校可以将这类“新媒介”合理运用到校园文化的宣传工作中去,例如,可以增设校园诚信论坛、制作诚信课件、设计诚信动画或拍摄诚信微电影等,就学校生活中的诚信现象进行反思与讨论,以丰富的信息资源生动地呈现校园的真实生活,以发人深省的案例展示事实,强化宣传引导和监督曝光,教育师生坚守诚信,共同构建校园诚信文化。

四、完善设施建设

学校的基础设施是学校各项教育活动得以开展的必备条件，是实施文化建设的物质基础。小学校园诚信文化建设离不开校园基础设施的建设。校园基础设施的建设能够为诚信文化的培育和广泛传播提供有效的物质保障。

一般而言，学校基础设施主要包括教学设施、体艺设施、生活设施等。教学设施主要指教学楼、实验室、图书馆、计算机房等教学场所以及这类建筑所包含的教学辅助设备。体艺设施具体涵盖运动场、体育馆、体育器材室等体育设施和画室、琴房、音乐器材室、美术器材室等艺术设施，为师生参与体育和艺术活动提供场地和必要的器具。在小学校园内，生活设施的一般要件主要有寝室、食堂、校医院、小型超市等，为学校师生提供住宿、餐饮及医疗卫生条件，辅助学校的各项机制顺利运行。由此可见，学校基础设施与学校的正常运作息息相关，为师生提供学习、活动、生活的基本条件。建设校园诚信文化不能脱离学校的基本生活，更不能离开学校基础设施这一物质载体。因此，建设小学校园诚信文化必须充分发掘并合理利用学校基础设施的文化功能。整体而言，可以通过优化学校建筑格局，兴建各类文化设施，丰富文化资源等举措，例如兴建实验楼、丰富图书馆藏书、增加教学辅助设备等，实现学校基础设施的合理布局和科学配备，为诚信文化建设提供形式多样的物质保障。

五、推进家校合作

家庭是儿童学习生活的最初环境。在小学生进入学校之前，他们所生活的主要场所是家庭。在家庭生活中，儿童接受父母的教养与爱护，确立起与父母之间的信任关系。在此基础上，他们开始接受来自父母、长辈的教导，逐渐学习并接受一定的文化价值观念。进入学校之后，儿童在家庭所接受的文化熏陶会投射到他们的学校生活中，发挥深远持久的影响。因此，建设小学校园诚信文化必须高度关注家庭的教育价值，注重家庭与学校两者之间的有机联系，将家校合作看作是架构校园诚信文化的重要纽带。

校园诚信文化建设要取得实效，单纯依靠学校的力量是不够的，还需要家庭的全面支持。学校要积极推进家校合作，将校园诚信文化建设与家庭诚信教育有机结合起来，共同促进诚信文化建设的实施。一方面，学校要主动与家庭紧密配合，建立起合作关系，强化对家庭教育的指导。学校可以定期开办家庭教育知识讲座、家长学校、家长培训班等形式多样的活动，为家长提供先进、科学的教育理念，引导家长树立正确的教育观念，掌握合理的教育方法，配合学校开展教育。与此同时，学校应成立家长委员会，规范家校合作的形式。通过定期召开家长委员会会议，向家长汇报学生的学习情况、学校的工作计划等，并结合家校互动平台发布通知，及时更新学校动态。此外，学校还可以通过家长会、家访活动、家长开放日、校园热线等形式积极开展家校合作，建立教育共同体，合力推进校园诚信文化建设。另一方面，家长要自觉配合学校工作共同开展诚信教育。古德曼认为儿童文化与其说是教来的，不如说是学来的。[①] 儿童对文化的接纳与学习更多的是源于他人的带动和自我的学习。在向儿童传达诚信文化的过程中，家长要清醒地认识到儿童自主选择与学习的能力，坚持以身作则，以实际行动对子女进行示范教育，教育子女从小树立诚信理念，学做诚信之人，养成诚实守信的行为习惯。更重要的是，家长要积极参与学校组织的各类诚信文化活动，配合学校开展诚信文化建设，对学校的诚信文化工作提出自己的意见和建议，还可以对学校诚信文化活动的具体落实状况进行监督和评价，为学校建设提供反馈意见。

六、整合社会资源

开展诚信文化建设的目标在于构建一个良好的文化氛围，以诚信文化推动学校整体发展的同时，更强调诚信文化对社会文化的带动和辐射作用。作为文化建设的主阵地，学校担负着艰巨的历史使命，校园诚信文化建设不仅是学校自身建设的基本诉求，更是建设诚信社会的共同追求。因此，为保障小学校园诚信文化建设的顺利开展，学校要号召社会各界的参与，调动校外组织的积极性，整合社会资源，实现社会资源由零碎、松散向系统、稳固的转变。

社会资源构成校园诚信文化建设的外部支持。社会资源具体包括社会有形资源及无形资源，如人力、技术、资产、组织等。对学校而言，通过整合部分社会资源，实现社会资源的优化配置，能够真正有效地为校园诚信文化建设服务。整体而言，建设小学校园诚信文化可以充分整合并运用社区、社会组织、大众传媒等一些常规性资源，依托这类媒介和平台进一步推进小学校园诚信文化的建设。在实践中，学校可以尝试社区、社会公益组织等开展合作，充分挖掘专题讲座、交流会、文艺表演活动、公益活动等资源的诚信文

---

① Goodman M E. The culture of childhood: child's-eye views of society and culture [M]. New York: Teachers College Press, 2004.

化价值,鼓励优秀、健康的社区文化活动、社会公益活动等进入校园,邀请道德模范、优秀志愿者、公益组织等先进个人及团体走进校园,向全校师生展示诚信做人、诚信做事的鲜活事例。学校还可以邀请文化学者为师生开展诚信文化的系列讲座,就诚信的历史脉络和文化渊源进行讲述,帮助师生领略诚信的厚重底蕴。此外,学校可以适度引进社会资金和技术,使之运用于校园诚信文化建设,为其提供必要的资金和技术支持。总而言之,在小学校园开展诚信文化建设,必须要关注校园外部环境的支持作用,尤其是要重视社会资源的整合,促进学校与社会的有机联系和良性互动,最终保障小学校园诚信文化建设的有效实施和普遍推广。

小　结

贝塔兰菲曾说:"我看到理论模型对说明、预测和控制迄今为止未被探索的现象的主要作用。"[①]理论模型是一种有力的工具,它能够精准定位并梳理各环节之间的逻辑关系,提供结果预期和及时反馈,最终指向目标的达成。严格来说,小学校园诚信文化是一项系统工程。因此,在规划和设计校园文化建设的整体方案和顶层设计时,有必要对建设的根本目标、具体内容、操作路径、支持条件做出科学选择、有效组织。具体而言,小学校园诚信文化建设的原型设计包括四大体系:目标体系、内容体系、操作体系和保障体系(见图5-1)。

小学校园诚信文化建设是一个宏大、完整的动态体系。整体而言,可以分为四层结构,分别是目标体系、内容体系、操作体系及保障体系。就模型的外部结构而言,学校、家庭及社会三者动态交互,构成小学校园诚信文化建设强有力的支持条件。就模型的内部结构而言,由目标、内容及操作三要素构成的系统是小学校园诚信文化建设的核心结构,奠定小学校园诚信文化建设的框架与脉络。在其核心结构内,诚信价值观是诚信文化建设的精神内核,发挥着价值引导的作用,统领着小学校园诚信文化建设的各个环节。遵循这种价值取向,小学校园诚信文化建设依照特定的目标和路径展开。就其目标而言,小学校园诚信文化建设在于培育诚信物质文化、诚信制度文化、诚信精神文化、诚信行为文化,并借助这四项重点内容的建设达成

① L.贝塔兰菲.一般系统论[M].秋同,袁嘉新,译.北京:社会科学文献出版社,1987:82.

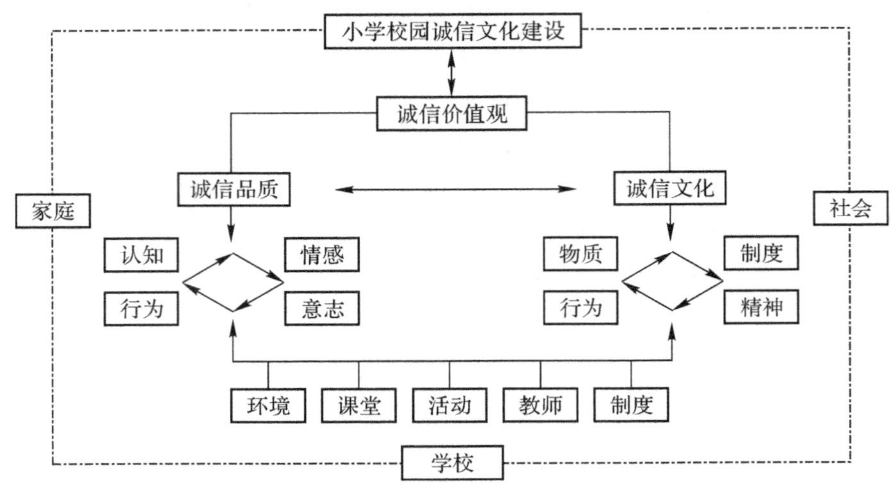

图 5-1 小学校园诚信文化建设的原型设计体系

培养个体诚信品质的根本目的，从而实现个体诚信认知、诚信情感、诚信意志及诚信行为全面、均衡地发展。整体而言，诚信文化的建设与诚信品质的培养不是孤立的单元，而是相互支撑、相互促进的关系，二者之间的交互作用构成了模型内部的次生系统，共同推进小学校园诚信文化建设的进展。在此基础上，环境、课堂、活动、教师、制度等多样化的载体串联成一条链状结构，构成小学校园诚信文化建设的操作体系，对诚信文化的建设和诚信品质的培育施加整体影响，最终指向小学校园诚信文化建设这一根本目标的实现。

总的来说，小学校园诚信文化建设是一个环环相扣的系统，其内部蕴含着错综复杂的要素，各要素之间存在严密的内在逻辑。正所谓“牵一发而动全身”。基于此，在开展具体建设工作之前，应对这一系统进行细致分析、精准把控，从而保证建设工作有条不紊地推进。

下　篇

第六章　契约规训法

不同的文化背景形成了不同的诚信观。中国儒家文化通过血缘关系把人联系在一起，并根据人伦等级和宗法制度来实践诚信；西方崇尚契约，在契约关系中进行交往，践履诚信。两种诚信观各有所长，如何取长补短，吸取其中的精华为我所用，是一个现实问题。本章将主要介绍基于“契约”的小学生诚信教育及其实施路径，以推动小学校园诚信文化建设。

第一节　人伦·法理：诚信的逻辑起点

何谓“契约”；小学校园中的“契约”有哪些以及与日常生活中的契约有何异同；“契约”与诚信的关系如何；为什么“契约”能够用以开展小学生的校园诚信教育等这几个问题，是运用契约规训法的基础。

一、何为“契约”

“契约”这一概念在其漫长的历史演变中，逐渐“和各种现代观念混合起来”[①]，在保持其旧有含义的同时，又被赋予了新的含义，并以其特有的功能要素在不同的社会历史时期扮演着不同的角色。

（一）契约的源起

契约一词是由“契”和“约”两字组成的一个复合词。“契”者，契合也；

---

① 梅因．古代法[M]．沈景一，译．北京：商务印书馆，1959：202．

"约"者，规约也。它们合起来，则包含有"合意基础上的约定"或"经同意达成的具有约束力的约定"之意。①

在中国古代，"契"和"约"最初是分开使用的。"契"字在中国古汉语里，有多种含义，大致有"用刀刻""古代龟卜时用以钻凿龟甲的工具""兵符""要约""投合"和"契机"等。② 从经济法律方面考释，"契"表示证券，具有法律意义。《说文》释"契"："契，大约也。从大，从轫。"③为保证协约的效力，往往辅之以"书契"。《说文》释"约"："约，缠束也。从糸，勺声。"《汉书》颜师古注："约，要也，谓言契也。"引申开来，具有约束、协约之意。可见，在中国古文字里，"契"和"约"两字通用，人们习惯上合成"契约"，主要包含三层含义。第一，从书写或是刻画来分类，刻于金木之上者，称为"契""券""判""别""剂"，其偏旁部首均从"刀"；书写于木纸帛者，称为"约""要"。第二，立契缔约的行为层面，以刀、丝等工具作为分券、束约的主要方式。第三，从象征意义方面，刀、丝之类的工具介入契约形诸文字有其象征意义，蕴涵有朴素的契约理念。④

尽管"契""约"两字合用是在曹魏以后才出现，但把合同、总账、案卷、具结都称作"契"，则是在周代就已经初步形成了。据《周礼》记载，早在战国之前，我国已经有了关于动产关系的契约，在当时被称作"契""约"或"约剂""质剂"等。《周礼·天官·小宰》说："听称责以傅别"，"听卖买以质剂"，"听取予以书契"。⑤ 到了战国时期，契约才成为广泛使用的信用标志或文书。《荀子·君道》中说："合符节、别契券者，所以为信也。"这说的是古时的契文均刻于竹简木牍之上，一旦遇有争议，则"合契为证"，即契分两半，双方各执其一作为凭证。战国以后，契约的称谓和种类虽不尽相同，但主要运用于经济领域，并沿用至今。⑥

在西文中，与"契约"一词相对应的英文可表述为"contract"，法文为"contrat"或"pacte"，德文为"vertrag"或"kontrakt"，含义基本相同，主要指

---

① 蒋先福. 契约文明：法治文明的源与流[M]. 上海：上海人民出版社，1999：12.

② 《古代汉语词典》编写组. 古代汉语词典[M]. 北京：商务印书馆，2003：1206.

③ 商务印书馆编辑部. 辞源[M]. 北京：商务印书馆，1964：638.

④ 刘云生. 中国古代契约思想史[M]. 北京：法律出版社，2012：30.

⑤ 据对中国古代契约制度做过深入研究的张传玺先生考证，周代之"约"，根据立约人之间不同的关系分为三种：即借贷关系称为傅别；取予受人关系称书契；买卖、抵押、典当关系称质剂。

⑥ 蒋先福. 契约文明：法治文明的源与流[M]. 上海：上海人民出版社，1999：14.

几个人或几个方面之间签订达成一项附加了"债"的协议，意为给付（或不给付）什么，作为（或不作为）什么。西文中的"契约"一词的共同渊源均可追溯到拉丁文"contrctus"，其中，"con"由"cum"转化而来，有"共"字的意思；"tractus"有"交易"的意思，合译之为"共相交易"，即"契约"。①

根据英国著名法律史家梅因的研究，西方契约范畴起源于早期罗马，即拉丁语中的"耐克逊"（nex），契约的两造称为"耐克先"（nexi）。拉丁语研究者认为耐克逊是"每一种用铜片和衡具的交易"（omnequod geritur per aes et libram）。这种交易所依据的只是一种"联系"或"有约束的联系"的隐喻，而这种隐喻表明，"在一个契约合意下的人们由一个强有力的约束或连锁联结在一起"②。由此可见，在罗马社会早期，契约观念是很粗朴、不成熟的，是从一种用铜片和衡具共相交易或财产让与的庄严意识中产生的。后来，"契约"观念逐渐从单纯"让与"的形式中分离出来，逐步被运用于政治、法律等领域，并随着历史的发展而发生变化。

（二）契约的内涵

契约作为一种特殊的社会关系，广泛地存在于当今社会的各个领域，有着极其深刻和丰富的内涵。尽管不同文化、不同国家之间对契约范畴的表述不尽一致，但其中仍包含某些共同的要素。这些要素归结起来，主要有以下几方面。

第一，契约表明缔约主体间的社会关系。订立契约必须是在两个或两个以上主体间进行，这就意味着个体打破自我封闭的状态，与他人形成一种社会关系，进行人际交往。

第二，契约是一种附加了"债"的协议。这里的"债"是指因一定的权利义务关系把当事人连结在一起的一种约束或是无形的"锁链"，意味着一种交易。契约的特定对象和目的以"债"的形式出现，成为缔约的动因，增强了主体活动的目的性和方向性，表明了当事人之间要给付（或不给付）什么，作为（或不作为）什么。

第三，契约反映了当事人之间的平等关系。契约的订立是在缔约各方权利对等、义务对等和地位对等的基础上进行的，不存在服从与被服从、强制与被强制的关系。

第四，契约体现了当事人之间的一种自由合意的意志关系。作为一种

① 蒋先福．契约文明：法治文明的源与流[M]．上海：上海人民出版社，1999：15.

② 梅因．古代法[M]．沈景一，译．北京：商务印书馆，1959：202.

“合约”或“协议”的契约，体现了三层意志关系：(1)契约反映了当事人之间的和平关系，而非暴力关系；(2)契约是一种自由选择，而非强迫的；(3)契约是当事人之间达成的共识，各方的意志都能得到充分的表达。

第五，契约包含了某种形式的承诺，是当事人自愿施加的一种约束。契约的订立意味着当事人对契约所规定的活动的认可和允诺，体现了对各方当事人意志的尊重，也唤起了当事人的道德自觉，从而履行和兑现承诺。同时，认可和允诺的延伸结果便是当事人基于自愿原则，对自身施加的一种约束或“锁链”。一方的权利包含着另一方的义务，正是这种约束关系，使得契约各方共相交易能够成功进行。

第六，契约的产生和发展与社会进步相联系。契约作为一种交往和活动方式，是随着商品经济的产生而产生，并建立在商品生产和交换的物质基础之上。同时，商品经济的发展推动了契约法制的产生和完善，并逐渐培育了人们的契约观念和契约精神，确立了契约平等、自由和契约神圣的价值取向，从而又进一步推动商品经济的发展和契约制度的完善。

(三)契约的种类

根据契约是否成文，可分为文本契约和心理契约两大类。两者的功能与适用范围都有些微差别。

1. 文本契约

文本契约，是指教师与学生或班集体之间以书面形式明确规定的、需要彼此共同遵守的各种约定，如日常行为规范、班级公约、文明公约、安全公约等。

第一，契约条款。为了保证“契约”符合小学生的可接受范围，“契约”的种类应当进行细分，不宜混杂。其中，关于为人处事的基本行为准则的“契约”，是班级核心价值观念的体现，不宜超过10条。而关于课堂常规、课间活动、班务常规以及集体活动等活动的“契约”，则是对学生从事每项具体活动的行为期望或规范约束，可以依据活动的目的和内容进行制定，以保证“契约”的有效性。

第二，“契约”的表述。为了便于小学生的理解与执行，各项“契约”的表述应符合以下几点要求：(1)“契约”内容要全面，既要包括主体部分的规范性条款，还要尽量包含奖惩等保障性条款，以对学生行为进行强化；(2)条款表述明确，具有逻辑性，不应有任何歧义，且要方便小学生的理解与记忆；(3)条款内容合法、合理，符合相应的教育法律法规，与学校的规章制度保持一致,并适合小学生的年龄和身心发展特点;(4)"契约"要正面表述,正面的"契约"条款能够便于学生理解,并养成与"契约"内涵相一致的行为习惯,而负面的表述只能起到告诫作用。

第三,"契约"的制定者和约束对象。"契约"的制定应当是教师与学生共同商讨的结果。集体"契约"的制定需要教师和全体学生的共同参与,尤其是每一个学生个体的参与,是双方自由合意的结果,体现的是师生之间的自由、平等、公正,是对教师和学生双方权利和义务的规定。而个体"契约"则是教师与个别学生之间的约定,尽管程序不如集体"契约"复杂,但也体现了师生之间的权利、义务和地位的对等。因此,可以说,不管是集体"契约"还是个体"契约",师生双方作为缔约主体,既是"契约"的制定者,同时也是"契约"的约束对象。他们利用"契约"这一形式,表达了自身的自由、平等意愿,也通过"契约"来约束自身的行为,在诚信履约的过程中实现权利与义务的转换,促进诚信品质的践行和内化。

2.心理契约

心理契约存在广义和狭义两种理解。广义的心理契约是指立约双方基于各种形式的(书面的、口头的、组织制度和组织惯例约定等)承诺对交换关系中彼此责任、义务的主观理解,强调的是双方的双向期望。狭义的心理契约仅仅是指双方对相互之间行为的理解和承诺的感知,以及对相互义务的一系列信念。

在小学生诚信教育中,心理契约是指学生与教师之间的一系列未成文的、非书面化的期望,是彼此间的一种理解、感知和默契。心理契约主要表现为学生对教师、所在集体以及自身的责任和期望,即对自身做出的贡献(成绩、表现等)与所获得的报酬(表扬、奖励、荣誉等)之间存在的一种对等的感知和期望。心理契约,由于其内容的非正规性、隐含性和模糊性,且不如显性"契约"具有很强的约束力,因此常常不被重视。心理契约是联系学生与教师之间的心理纽带,其内涵和实践意义在于成员对心理契约的理解,并由此表现出相应的态度和行为,从而进一步影响相互间或整个集体目标的实现。

二、诚信源于"契约"

诚信是指个体在一定社会关系中所表现出的以诚实不妄、恪守信用为核心的较为稳定的心理品质和行为倾向。而中西方在不同文化的熏陶下,其诚信观的侧重点则有所不同:中国传统伦理中的诚信建立在封建社会自给自足的小农经济基础之上，属于由“熟人社会”中的信任所构成的道德范畴，强调的是人格诚信；而西方法制社会的诚信是建立在契约关系之上的，强调规范和监督，体现了平等、自由与正当权利的契约诚信。

(一)人格诚信与契约诚信

1.“熟人社会”与“陌生人社会”

传统的中国社会是一种“熟人社会”，这个社会最基本的社会关系有五种，即血缘家庭关系——夫子、夫妇、长幼，以及由此延伸出来的君臣、朋友关系，这也是最基本的人伦关系。在传统社会的构架中，亲情血缘和地缘关系维系着熟悉的人际圈，具有极强的乡土气息。社会学家费孝通先生认为：“乡土社会里从熟悉得到信任。……这信任并非没有根据的，其实最可靠也没有了，因为这是规矩。……乡土社会的信用并不是对契约的重视，而是发生于对一种行为的规矩熟悉到不假思索时的可靠性。”①因此，为了友好相处和长期生存发展，在与亲人和熟人的相处过程中，人们不敢贸然违背诚信道德。基于人伦关系的社会特点也决定了与之相适应的社会结构，即“差序格局”。所谓“差序格局”，费孝通这样解释：“我们儒家最考究的是人伦，……就是从自己推出去的和自己发生社会关系的那一群人里所发生的一轮轮波纹的差序……以己为中心，像石子一般投入水中，和别人所联系成的社会关系。”②在人际交往中，以己为中心的差序格局意味着对于在血缘和地缘上距离自己越近的人，关系越亲，诚信度越高；而随着与己关系的一层层疏远，诚信度也会递减。美国学者福山对于我国台湾地区乡村社会民俗的调查也证实了这一点：“家庭纽带的牢固意味着毫无关系的个人之间的联系存在着某些弱点，一踏出家庭圈，社会就存在着相对较低的信任度。”③因此，中国人的诚信是一种凭借血缘关系和宗族纽带而形成和维持的人格信任，具有一定的封闭性。

西方社会的诚信观与基督教文化联系在一起，在上帝这一诚信的最高裁判和守护者面前，人与人之间的等级鸿沟逐渐淡化。契约从最初的宗教人神之约，衍生为一种商业手段和人际交往关系原则被广泛地应用于社会生活之中。尤其在宗教文化自由、平等和博爱观念的浸润下，个体获得了独

---

① 费孝通.乡土中国[M].北京：人民出版社，2008：7.

② 费孝通.乡土中国 生育制度[M].北京：北京大学出版社，1998：25-30.

③ 弗朗西斯·福山.信任——社会美德与创造经济繁荣[M].彭志华，译.海口：海南出版社，2001：56.

立的主体地位,相互之间的交往中有了公正、平等的意蕴。同时,契约诚信打破了血缘、地缘和人缘的限制,冲破了人伦关系的限制,扩大到所有的业缘关系中,使得个人、组织和国家之间建立广泛的诚信规则成为可能。由此,诚信不再是狭小、封闭的“熟人社会”里的人格特质,它是对不确定的第三人也遵循的交往规则,是对“熟人”和“陌生人”的一视同仁,具有普遍性和开放性。

2.道德自律与外部制约

儒家思想“尚德不尚刑”,强调道德教化。中国传统社会的诚信,主要是道德诚信,通过人格自律来实现。这种源于内心力量的自我约束,主要通过信念、荣辱感、良心的自我要求和自律精神来实现。儒家认为“人性本善”,修行就是将外界的不良影响摒除出去,换回纯真的本性,这并不是从外在经验世界的推演或者有理智的建构来建立道德价值的本体,而是把至善的价值源头根植于人的本性之中,通过人的修养和躬行实践体证到终极的形上境界,人性与天道之间融契合一,毫无间隔。① 诚信既是一种修养的态度和工夫,更是修养达到的一种境界。所谓“诚意而后心正,心正而后身修,身修而后家齐,家齐而后国治,国治而后天下平,自天子至于庶人,壹是皆以修身为本”。修身,是齐家、治国、平天下的根本,而诚意又是修身的关键。它要求人们言与行的一致性,是“言必行,行必果”。孔子认为“人而无信,不知其可也”(《论语·为政》),诚信是人人都应遵守的道德准则;孟子也认为“诚者,天之道也。思诚者,人之道也。至诚而不动者,未有之也;不诚,为有能动者也”(《孟子·离娄上》),诚信是一个人立足于社会的基本条件之一,个人应通过自身的道德修养树立诚信。

《圣经》中记载的伊甸园之约、亚伯拉罕之约、摩西之约等涉及各类社会交往活动的契约,都是上帝与人的立约,是上帝作为外在强制力量而形成的神与人之间的律法关系和伦理关系。因此,契约诚信本质上是一种外在规则守信,而不是内在德性诚信,是通过外在强制性规范对不守信的人进行惩罚而实现的。契约作为西方诚信的载体,早在古希腊和古罗马时期就以法律的形式来规范和践行。当时的各类经济交往活动,不仅有书面契约进行规范,更有法律法规来进行约束。因此,违背了“诚信”原则,所遭受的惩罚主要不是道德上的,而是经济上和法律上的。这种伦理精神法制化的实践,通过西方启蒙思想家洛克、卢梭、霍布斯等人的宣扬,最终以法律形式予以

① 陈根法.儒家诚信之德及其现代意义[J].南京政治学院学报,2002(1):77-79.

规定，并在经济、政治、社会各个领域普遍推行。由此，契约和法律也成为西方人遵守诚信规则的有效的外部制约机制。

3.道义性与功利性

《孟子·告子上》："生，亦我所欲也；义，亦我所欲也；二者不可兼得，舍生而取义者也。"古人认为，人生的价值并非追求物质利益的满足，而在于道德的完善。追求和获取利益要深明大义，以义作为取舍的标准，只有符合义的利益才是正当利益，方可去追求，所谓"君子爱财，取之有道"。这便是儒家文化强调的尚义轻利。同时，中国传统社会以国家为本位，个人只是国家关系网中的构成因子，缺少独立的地位和个人的权利，在价值取向上往往重视国家而轻视个人，以国家利益为重。任何对个人权利的要求都被认为是不合"大义"的行为，而追求个人利益的人则被喻为是势利小人。《孟子·离娄下》："大人者，言不必信，行不必果，惟义所在。"通达的人说话不一定句句守信，做事不一定非有结果不可，只要合乎道义就行。因此，传统诚信观要求人们践履诺言、恪守信用，往往是没有功利目的的道义行为。

西方借助契约来体现双方间的诚信交往关系。契约实质是一种行为规范方式，明确规定了双方的承诺和义务，因神具有至高权威并成为双方的中保，故此，契约被赋予了一种不可违背的神圣性。① 在西方社会，无论是熟人之间的交换还是商人之间的交换，人们不会在乎是否符合亲情、友情之"道义"，而只在乎是否符合交换正义，考虑这个交易能否给自己带来利益。立约意味着交换，双方出让一部分权利和利益，同时又获取自己所需要的利益，是双方平等、自由的交易行为。西方的诚信是建立在人们互惠的基础之上，都试图最大化地获取利益。因此，契约关系是人们交易活动的纽带，也是实现个人利益最大化的有效手段，而双方的诚信更多地在谋求利益的过程中得到体现。

4.人伦等级与平等公正

儒家的人伦强调父子有亲，君臣有义，夫妇有别，长幼有序，朋友有信，要求人们做到子以事父，臣以事君，弟以事兄，朋友先施之。② 儒家人伦偏向的是家庭关系和人际关系的次序和等级，而强烈的人身依附成为普遍的道德要求，反映社会伦理的道德品质便不可能超越身份等级的限制，也不可能摆脱封建的礼义制约。因此，尽管诚信是对五伦的双向要求，但现实层面的

---

① 谢桂山.圣经犹太伦理与先秦儒家伦理[M].济南：山东大学出版社，2009：142-143.

② 谢桂山.圣经犹太伦理与先秦儒家伦理[M].济南：山东大学出版社，2009：150.

诚信关系大多具有单向的义务性。如“三纲”规定“君为臣纲，父为子纲，夫为妻纲”，在君臣、父子、夫妻关系中，君、父、夫处于统治地位，拥有支配后者的权利，要求臣对君、子对父、妻对夫的绝对忠诚和守信。父子、君臣关系的稳固性和父权、君权的神圣性显示出人伦的次序性和等级性。由此，传统诚信观是在维护等级名分和宗法制度的前提下协调人与人之间的交往关系，而不是一种平等的道德要求。

上帝基于平等观念造就人，就本质而言，人是平等的生灵，人的地位、智能、出身、财富等方面的差异并非能够改变人们生而平等这一事实。尽管在君臣、父子、兄弟之间隐含等次、差序的内容，但这并不意味着要遵循类似于宗法社会里单向的、绝对的伦理道德。西方社会经历了从传统到现代的转型，彻底打破了人身依附关系，实现了从“身份社会”向“契约社会”的转变。英国著名法学家梅因认为：“所有进步社会的运动，到此处为止，是一个‘从身份到契约’的运动。”①梅因所认为的这一社会进步的实质在于契约关系所表达的是一种利益主体之间双方权利对等、义务对等和地位对等，不存在服从与被服从、强制与被强制的关系，体现了“法律面前人人平等”的价值理念。西方诚信观正是建立在平等、公正、自由的原则上，其要旨就是让所有个体在社会生活中都能公平、诚信地进行交往。

（二）从人伦走向法理

1.现代社会需要传统诚信道德的转型

“人们的观念、观点和概念，一句话，人们的意识随着人们的生活条件、人们的社会关系、人们的社会存在的改变而改变。”②现代社会生产和生活发生了巨大变化，人们的价值观也随之出现了契合时代特点的变化。其中，竞争观念、人才观念以及效益观念等具有鲜明时代特征的价值观在很大程度上冲击着传统的诚信道德观念。诚信观念，已经不再是基于道德主体的道德情感和自觉来建立了，当双方拥有共同目标和一致利益取向时，相互之间的诚信便逐步形成。同时，诚信道德也不再单纯地“重义轻利”或强调他方利益，注重实际经济效益和个人利益基础上的诚信，也逐步为人们所认可和接受。可以说，现代社会的诚信是建立在主体间根本利益相近或相一致的基础上的。

---

① 梅因．古代法[M]．沈景一，译．北京：商务印书馆，1959：202．

② 中共中央马克思恩格斯列宁斯大林著作编译局．马克思恩格斯选集：第1卷[M]．北京：人民出版社，1972：270．

在人类社会的经济形态由自然经济迈向商品经济，再到市场经济的过程中，社会实现了“从身份到契约”的转变，“熟人社会”逐渐被“陌生人社会”所取代。市场经济构成了现代契约诚信的生存土壤。与根植于自给自足的自然经济和以血缘关系为纽带的传统诚信相比，现代诚信需要打破血缘和地缘的界限，超越时间和空间的限制，对不确定的第三人也遵守诚信规则，从传统的人伦关系转向市场关系。原先依托血缘情感与内在信仰所维系、承认并接纳的信任关系，被依托于外在契约合同以及预测的约束存在所取代，本来的“熟人社会”变成了“陌生人社会”。人与人之间是独立自主的，都在法律上享有平等的权利和义务。个体必须独立地做出选择，并承担起所有选择的责任和风险，人与人之间的独立关系失去了传统的基础。

因此，可以说，现代诚信应是一种超越血缘和地域限制的开放诚信，是超越道德主体情感的理性诚信，也是超越人格价值评判的、平等的契约诚信。

2. 现代诚信就是一种契约诚信

现代社会，人们处于一种新的社会秩序中，这种新的社会秩序是由每一个人根据契约而形成的，受契约调整。契约关系不是“天人关系”，而是“人际关系”，而且是被特定理解了的“人与人”之间的关系，即具有平等的社会权利的利益主体双方之间的关系。同时，现代社会以法律为依据对社会进行管理和调控。现代诚信既属于道德范畴，也属于法律范畴。一方面，它强调道德主体的道德修养和人格培育；另一方面，在市场经济作用下，现代诚信高度重视契约关系，并强调从法律层面对个体的诚信行为进行约束。此外，契约作为经济活动中主体间实现利益交换的重要中介，意味着双方地位、权利和义务的对等。双方之间是一种自由合意的契约关系，这也要求现代诚信从单向的顺从和忠诚转变为双向的、平等的契约关系。

从契约本身来看，契约可以被视为诚信的代名词。首先，订立契约本身就是一种合作。契约的订立意味着当事人必须对“合意”负责，要保证合作行为的顺利进行，各方当事人之间要有共同遵守的基本准则，并且相互信任，这种准则的形式或基本精神就是诚信。其次，践履契约本身就是一种体现诚信的活动。对契约的履行表明当事人对契约所规定的活动的认可和允诺，是对各方当事人意志的尊重，是对当事人内在体悟与觉醒的唤起，体现了当事人的诚信道德。契约履行的效果则取决于当事人诚信品质的高低。最后，诚信地履行契约是体现人类行为理性和良好品性最为直接的形式之一。履行契约，对契约的任何一方既是一种保护，又是一种约束，同时，更是人与人之间的良好合作。① 诚信地履行契约，不仅能够促进缔约活动的顺利进行，有利于缔约各方的利益，还是缔约各方之间真诚相待、互相尊重的体现。

因此，一方面，诚信从契约中产生，并随着契约关系的普遍化，超脱市场经济的范畴，逐渐成为人们社会生活、政治生活的一部分；另一方面，诚信作为一种然诺、履约的道德规范，是契约得以存在的基本前提和基本品质，离开了诚信，契约不能实现，契约关系亦无法维持。契约的订立和履行必须以一定的伦理道德品质为基础，其中，诚信是契约伦理的基本品质。

第二节 平等·公正：契约规训法的操作

构建合理的"契约"是实现基于"契约"的小学生诚信教育的保证。"契约"的运用过程就是师生平等对话的过程，是以教师为主导、学生为主体的，一般要经历预备、制定、执行与评价四个阶段。

一、预备

预备阶段的主要任务是让小学生形成契约意识，在班级中产生契约诚信的氛围。预备阶段具体包括下列几项工作。

（一）渲染班级的诚信氛围

诚信氛围的形成是契约规训法运用的基础，基本工作是明确目标、形成良好的班风和遵守契约的氛围。

1. 明确的共同目标

一个班集体，如有明确的共同目标，班级便有凝聚力。围绕"契约"所生成的共同目标和一致的价值观念是优秀班集体形成的条件和前进的动力，是促进全体学生诚信履约、养成良好品行的重要保障。共同目标可以是近期、中期、远期目标的结合，逐步实现目标的过程能够产生梯次激励效应，从而形成强大的班级凝聚力，推动全体学生的发展与成长。在实现目标的过程中，教师要注意充分发挥集体中每个成员的积极性，使实现目标的过程也成为教育与自我教育的过程，并让全体成员在目标实现过程中分享满足与幸福，从而形成强大的集体荣誉感与责任感。

---

① 强昌文.契约伦理与权利[M].济南：山东人民出版社，2007：134.

2. 良好的班级风尚

班风的营造，是小学生诚信教育中的基本问题，良好班风的形成，对于全体学生都会起到潜移默化的作用。“契约”与良好班风相互联系，密不可分：一方面，班风的建设离不开各项“契约”的执行，依托于“契约”的落实；另一方面，良好的班风又能够反作用于“契约”，推动“契约”的践履。同时，班风的建设需要班干部的带头模范作用。一支强有力的班干部队伍能够有效地协助教师开展各类工作，并在学生之间树立威信，成为良好的行为表率。此外，教师自身应秉持科学、公正的工作作风，加强对班级的管理和教育，并以崇高的道德品质和严谨的行为作风影响学生，以身作则，言传身教。

3. 浓厚的契约氛围

浓厚的契约氛围能够帮助营造诚信的班级文化，进而促进契约的执行与落实。缔约主体间的“契约”行为表现为守约、履约、践诺、负责，这就要求主体间保持民主参与、平等互惠、友好合作、诚实守信以及对话协商。教师在进行班级教育和管理的过程中，应更多地、有意识地进行平等价值观、自由精神、诚信作风的传达和塑造，以此营造浓厚的契约氛围，让小学生在契约环境中得到激励和教育，从而诚信、自觉地践行自己的承诺。

（二）增强学生的契约意识

契约意识是建立“契约”的基础，应当增强学生的契约观念，帮助小学生学会如何处理和明确契约关系和义务。教师在开展基于“契约”的诚信教育过程中，应帮助学生厘清以下几个关键问题：第一，在集体中，学生的一言一行不仅仅是个人行为，还会对集体中的他人及整个集体造成影响。只有当个人的行为符合集体的各种规范和期望时，才能够被集体所接受。第二，明确投入与收益之间的因果关系，要有所收获就必须有所付出。“契约”中任何条款都不是孤立存在的，其中的权利和义务是对等的，不存在独立的权利或额外的义务。第三，集体中存在责任制，即谁的过错就应当由谁来承担。只有明确和强化集体中每个个体的责任意识，帮助学生学会用“责任”和“义务”来规范和约束自身行为，才能在集体中形成良好的秩序和诚信风尚。基于以上三点的契约观念，学生才能够在基于“契约”的诚信教育过程中真正认同并乐于接受自身应有的责任和义务。

（三）提高教师的自身素质

由于小学生的心智尚不成熟，“契约”的制定和执行过程中需要教师加以适当指导。因此，教师的能力、修养和素质决定了“契约”实施的质量，是诚信教育成功与否的重要因素之一。小学生在参与基于“契约”的诚信教育时，是怀着对缔约另一方（主要是教师）的某种期望，而这种期望正是基于教师自身的素质和品质。学生对教师的期望，主要是教师个体的道德修养和职业素养。教师良好的道德修养主要是指教师能够做到教书育人、以身垂范，是对教育事业的满腔热情和对小学生的爱心、责任心，并能注意规范个人行为，用自己的品行和德行去感染学生。教师的职业素养则包括了科学的教育观、学生观和教师观，扎实的教育理论和专业知识，以及高超的教育、教学、科研能力。因此，为了更好地开展基于“契约”的诚信教育，教师应注意不断提升自身素质，依照约定公平合理地赏罚学生、评价学生、处理学生之间的矛盾，以此来满足学生对教师的期待，并以自己的品格、修养和智慧来引导、教育学生，帮助其养成良好的诚信品德。

二、制定

在预备阶段的充分准备后就进入契约制定阶段。这个阶段的核心任务是师生共同制定适合本班实际的契约内容与具体要求，大致包括确定目标、拟定初稿、完善条款、理解内化和签订契约五个步骤。

（一）确定目标

1.“契约”类型的确定

根据作为缔约主体一方的学生数量不同，可分为集体“契约”和个体“契约”。

集体“契约”反映了教师（主要是班主任，也可以是任课教师）与班级整体学生或某个学生群体之间的权利与义务关系。师生通过不同“契约”条款，明确各自在考勤纪律、学习规范、文明礼貌等各方面的权利与职责，进而实现集体共同目标，促进全体学生的诚信品德养成和发展。集体“契约”的种类，大致有班级公约、班委公约、班务承包合同等。

个体“契约”，是教师与学生个体之间以书面形式签订的约定。由于缔约主体只有两人，与集体“契约”相比，个体契约的制定与执行相对简单，只要各项条款清楚明确，且师生双方认为是公正、合理的，相互签名同意后即可生效。个体“契约”的种类，可以根据师生双方的不同需求进行制定，可涉及德、智、体、美、劳各方面。

一般而言，如果班集体正式“契约”已经存在的，或者只要心理契约就可以的，一般不采用个体正式“契约”。个体“契约”适用于个别学生的个性化行为，例如个别违反校规校纪或班级集体“契约”的，或是集体“契约”中没有规定，但有必要对个别学生进行约束的，抑或是有利于个别学生成长的。

依据“契约”条款约定的不同内容，可以将“契约”分为学习考试类、文明礼仪类、考勤纪律类等类型。根据缔约主体的不同需求和要求，针对具体某一行为类型进行制定，内容可涵盖出勤、纪律、课堂学习、作业、考试、卫生、集体活动、礼仪以及日常生活等各方面，例如《小学生寒假安全公约》《小学生班级卫生公约》《我和纪律有个约定》《小学生文明礼仪常规》，等等。

2.“契约”目标的确定

尽管“契约”类型多样，在确定“契约”目标的过程中应围绕具体契约类型展开，以落实“契约”条款与内容，但整体而言，小学生“契约”的目标，离不开以下几个要求：第一，要能激发学生的学习积极性，让学生理解自己应当学什么、怎么学；第二，要重视集体中合作氛围的营造，为学生提供交往和互动的机会，从而带动每个学生的积极性；第三，鼓励学生的创新与实践，提高学生的创造性和主体意识；第四，重视培养学生的集体荣誉感和责任感，在共同努力的过程中体验集体的欢乐和幸福；第五，注意学生诚信品行的养成，引导学生诚信地缔约、履约，内化诚信品质。

（二）拟定初稿

“契约”的制定和具体条款的落实，是全体学生和班集体的需要，它涉及每一个学生的切身利益。因此，在拟定“契约”的内容时，需要考虑三个方面的意见。

一是教师自身关于行为准则的理想设定。教师关于学生行为准则的想法，一般包括“学生应该如何对待老师”“学生之间应该如何相互交往”“学生应该如何对待学习”等。一旦教师确定了理想的情景，便容易逐条确定自己所希望的、理想的行为准则条例。

二是学生群体关于行为准则的想法。“契约”初稿的制定，需要全体学生的共同参与。例如，可以利用主题班队课、班会等形式，引导学生发散思考、各抒己见，提出各种规则或设想。每一个学生所提出的规则，实际上是其对自我、教师或班集体的期望；而学生提出规则和见解的过程，也正是“契约”的诚信品质开始内化的过程。

三是家长对于行为准则的看法。在制定行为准则的过程中，听取学生家长的想法是十分必要的。教师可以给家长发一封信，概述学生提出的想法，然后征求家长的评论和建议；或者，还可借助家长会的机会，邀请学生家长谈一谈他们认为的小学生行为准则应该是怎么样的。

在汇总教师、学生以及家长各方的意见之后，可以在征求班级民意的基础上，由教师和班委一起根据班级实际情况和全体学生所提出的条款，逐一进行分析、归纳和概括，用正面的、小学生能够理解的陈述性语言进行表述，并最终拟定初稿。在此过程中，教师必须做好充分准备，对所要制定的“契约”类型以及班级具体情况进行了解和研究，以便在讨论过程中对学生进行指导。

（三）完善条款

经过教师和班委讨论后拟定的初稿，需要通过全体学生的逐条表决、再次审议和修改，充分发挥民主作用，在多数学生同意的前提下方可通过。学生对“契约”条款的认同，便是郑重地许下承诺，是对“契约”的内化，以及对其权利和义务的认可，也是践行诚信的开端。当缔约主体之间的意见不一致时，教师应当充分尊重学生的意见；对于分歧较大的条款，可以引导学生展开辩论，或暂且搁置，待查阅资料后再进行讨论和修改。如此经过全体讨论和完善之后的“契约”，才能成为班集体的共同“契约”，才具有科学性、合理性、公正性，才能够真正得到有效执行。

得克萨斯州理查森市大泉小学的教室行为准则①——

- 我尊重他人。
- 我有责任心。
- 我是安全的。
- 我是有准备的。

我们来这里是为了学习。因此我会——

- 尊重自己、他人和周围环境。
- 与学校里的所有人合作。
- 不做妨碍老师授课、干扰同学（包括我）学习的任何事情。

上述经过全班讨论并执行的行为准则的表述较为概括，但同时涵盖了教室生活的方方面面。同时，这些原则全部使用了“我”“我是”或者“我会”等措辞，用来强调每个学生践行这些条款的义务与责任，体现了学生个体的参与性和主体性。

---

① 琳达·阿尔伯特. 合作纪律：课堂管理指南[M]. 万兆元，译. 北京：社会科学文献出版社，2012：176-177.

（四）理解内化

“契约”的每一项条约可涵盖许多具体行为，涉及各种复杂情景，因此，“契约”条款拟定后有必要进行解读和强化，以加深和扩展学生的理解。对“契约”的理解和内化，主要是通过帮助学生识别和明确各个条款所对应的适当行为与不当行为，可以在班级开展一场讨论，让学生自己针对各条款，提出对应的得当的具体行为和不当的具体表现。通过列举出一系列具体行为，能够帮助学生更好地理解条款内容，并认识到“契约”条款与每个人是息息相关的。

例如，在讨论“我要礼貌对待每个人、尊重每个人”这条准则时，学生可能会列举下列他们认为适当的行为。

- 用同学的姓名称呼他/她
- 说话时语气要适当
- 说话时使用文明礼貌用语
- 别人说话时要认真听
- 礼貌地回应他人
- 不随意打骂他人

学生认为不符合“礼貌对待每个人、尊重每个人”的行为包括以下几点。

- 给同学/老师起绰号
- 嘲笑他人
- 对别人不理不睬
- 推搡、辱骂同学

“我要礼貌对待每个人、尊重每个人。”这条准则适用于小学各个年级的学生，但在列举行为的过程中，具体的行为描述会由于年级高低不同而有所差异。之所以让学生对正反两类行为进行识别和明确，是为了让每个学生都理解什么是适当的行为，而什么是不合适的行为，以此来帮助学生提升其自我评估和判断能力，让他们知道要时刻对自己的行为负责。

（五）签订“契约”

制定“契约”的最后一个环节，便是缔约主体之间进行签约。这不仅能够突显“契约”对于缔约方的重要意义，也能够时刻提醒缔约方“契约”的严肃性和诚信价值。学生签订“契约”的行为便是一种合作行为，意味着其必须对“合意”负责，为了保证合作行为的顺利进行，学生必须遵守共同的准则，并相互信任。这一过程中体现的基本准则或基本精神，便是诚信。

“契约”的签订，可借助主题班队课的机会进行，签订的过程应当确保全体学生的参与，体现平等、严肃，以彰显“契约”的价值内核。具体流程可参照如下程序。

展示“契约”：由教师或学生代表将“契约”最终版在全体学生面前进行展示，并重申契约的目标、意义和价值。

朗读“契约”：由教师或学生代表逐条朗读“契约”，确保全体学生的一致同意。

签订“契约”：教师在“教师签名”处签名，再由学生逐个在“学生签名”处签名，以体现对“契约”条款和相关义务、责任的认同。

保管“契约”：经缔约双方签订的契约应妥善保管，以待后续张贴、保管使用。

三、执行

“契约”的执行，本身就是一种体现诚信的活动。一旦缔约主体签订“契约”，就表明其对“契约”所规定的活动的认可和尊重，是对自身内在觉悟的唤起，更体现了当事人的诚信品质。在“契约”的执行过程中，应注意下列几个方面。

（一）契约条款的宣传

在执行的过程中，可将签过名的“契约”张贴在醒目位置，以此来提醒教室里的每个学生应当如何表现。“契约”醒目张贴的一个好处是能够增强提示作用，加强学生的自我约束感；另一个好处在于，当有学生选择了不良行为时，可以将张贴着的“契约”作为一种干预手段。例如，当有学生做出违反“契约”的行为，但尚未造成影响时，可以借用张贴在教室的“契约”来进行教育，以加强对“契约”内容和品质的内化。

教师可以带领违约学生到张贴着的“契约”条款前，询问该生认为自己违反了哪个条款，并说明为什么；教师可要求违约学生解释其违反的条款的意思，并询问其是否还有不明白的地方；教师可要求违约学生朗读其违反的条款内容，若违约学生有很多，可集体朗读。

与此同时，教师还应适当地对“契约”进行宣传。学生看到“契约”的次数越多，就越能够加强他人对自身行为的期待。为了宣传“契约”条款，教师可指导学生将条款行为用生动、形象的图文形式展现出来，并进行展示；将“契约”制作成宣传页，让缔约学生及其家长共同阅读，形成家校合力；适时、适当地围绕“契约”及其条款举行主题班会，对“契约”进行宣传和强化。

(二)理解程度的检验

在“契约”的执行过程中,应适时地对学生的理解程度和履约行为进行检验。倘若有学生出现不适当的行为,可以通过询问的方式,来确定他们是否明白他们的行为不符合“契约”规定。以下问题可用于检验学生对自身行为的认识。

- 你能说说你现在/刚才做了什么吗?
- 你觉得你的这个行为符合我们的“契约”约定吗?
- 你认为你的这个行为和我们所约定的哪一条有关?
- 你认为你的这个行为是适当的行为还是不适当的行为?
- 你可以解释一下你为什么要违反我们之间的约定吗?
- 你觉得接下来应该怎么做呢?

对学生“契约”理解情况的检验,目的在于及时了解“契约”执行过程中出现的问题,明确学生的履约状况。因此,教师在进行询问的时候,应本着就事论事的态度,注意提问的语气和意图,避免责难。

(三)履约行为的塑造

第一,要正确利用奖励和惩罚。奖励是指给予物质奖励,或是在小学生正确履行“契约”义务之后给予表扬使其有满足感,并进一步激发其继续保持该诚信行为。惩罚,既可以给予某种痛苦或厌恶的刺激,也可以在不良行为发生后,取消或剥夺学生所喜爱的活动或权利。在小学生诚信品德的培养过程中,奖励和惩罚都应当及时,适当地运用惩罚是必要的,但奖励比惩罚更有效。

第二,注重榜样示范。研究发现,在大多数情况下,儿童在观察榜样的言行之后,会做出与榜样相似的举止。因此,在诚信履约行为塑造过程中,给学生提供模仿的榜样是至关重要的,教师、家长、同伴均可以作为小学生模仿的榜样。其中,应注意发挥学生干部的作用,学生干部应当以身作则,自觉遵守“契约”条款,在学生中发挥榜样作用。榜样的示范给小学生提供了观察学习、替代强化的机会,使其在短时间内习得大量的行为模式,为诚信履约奠定基础。

第三,要给予实践的机会。儿童的发展是自主、自发和自由的,其在校园生活中的积极主动和创造性的实践活动对其诚信履约行为的塑造也是十分关键的。例如,通过向小学生提供扮演不同角色的机会,对“契约”中的条款进行情景模拟,可更好地促进其道德行为习惯的养成。只有当小学生亲身实践和体验过，才能真正理解“契约”内容的真谛，更好地进行诚信践诺。

（四）意见分歧的解决

因制定“契约”时考虑不够详尽，在履约过程中，时常会出现师生针对某一个具体行为是否符合“契约”要求而意见不统一。此时，便需要师生协商解决，途径可以有以下几种。

第一，召开班会，讨论存在分歧的行为，应注意不针对出现该行为的学生；第二，必要时可邀请家长参与，征求家长的意见；第三，拟定“冲突解决合同”，并予以执行。

“冲突解决合同”是当某种行为出现时，师生之间就该行为持有不同意见，而通过拟定合同并执行，以此达到矛盾化解的目的。可以说，“冲突解决合同”是“契约”中的“契约”，其运用有利于强化学生的契约意识，内化诚信品质。“冲突解决合同”的使用，遵循“问题界定—描述感受—提出要求—讨论解决方法—决定计划—评估计划—执行机会”这一系列步骤，具体可以通过表6-1的步骤来执行。经师生双方协商、讨论并签订的“冲突解决合同”应当予以严格执行，并在下一个追踪评估日期对冲突的解决情况予以认定，以确保冲突的合理解决和原有“契约”的有效执行。

表6-1 冲突解决合同

<table>
<tr><td>第一步：客观问题界定</td><td colspan="3"></td></tr>
<tr><td rowspan="2">第二步：描述师生感受</td><td>学生感受</td><td colspan="2"></td></tr>
<tr><td>教师感受</td><td colspan="2"></td></tr>
<tr><td rowspan="2">第三步：提出师生要求</td><td>学生要求</td><td colspan="2"></td></tr>
<tr><td>教师要求</td><td colspan="2"></td></tr>
<tr><td rowspan="4">第四步：讨论和评估可行的解决办法</td><td colspan="3">办法1：</td></tr>
<tr><td colspan="2">优点：
(1)
(2)
(3)</td><td>缺点：
(1)
(2)
(3)</td></tr>
<tr><td colspan="3">办法2：</td></tr>
<tr><td colspan="2">优点：
(1)
(2)
(3)</td><td>缺点：
(1)
(2)
(3)</td></tr>
</table>

续表

<table>
<tr><td rowspan="2">第四步：讨论和评估可行的解决办法</td><td colspan="2">办法 3：</td></tr>
<tr><td>优点：
(1)
(2)
(3)</td><td>缺点：
(1)
(2)
(3)</td></tr>
<tr><td rowspan="3">第五步：选择和评估一个计划</td><td colspan="2">计划内容：</td></tr>
<tr><td colspan="2">计划预期效果：</td></tr>
<tr><td colspan="2">需要哪些调整：</td></tr>
<tr><td colspan="3">学生签名：________________　　合同签订日期：____________________
教师签名：________________　　下次追踪评估日期：________________</td></tr>
</table>

（五）学生家长的参与

为保证各种教育力量的一致性，有必要将“契约”告知家长，共同对学生的履约行为进行监督和约束。而大多数家长也都愿意参与到学生在校“契约”的教授和指导过程中来，也能够为此做出较大贡献。由此，可以在基于“契约”的小学生诚信教育过程中，形成学校—家庭的教育合力，以此对小学生提出的诚信品质要求，在方向上要保持一致。整合学校、家庭甚至社会共同的德育理念和要求，能够发挥其中积极因素的影响作用，防止和矫正消极因素的影响，以便使小学生明确其努力方向，在履行“契约”规定的义务和责任时更有动力。

例如，教师可指导学生个体或集体给家长写封信，说明“契约”及其相应条款内容，列举出合适的行为和不合适的行为。教师可在信末加一条附言，要求家长把信件保存好，以此作为和孩子讨论在校行为的参考。

四、评价

在制定、执行以及维护过程中对缔约主体的实践行为进行评价，是基于“契约”的诚信教育的重要环节。不同时期、不同阶段的评价，对于小学生而言，既能够帮助他们更好地了解自己的履约实践情况，明确今后的努力方向，又能够提高小学生的自我评价能力，促使他们根据正确的诚信道德观念和标准去判断、评价各种言行举止，帮助他们内化真、善、美的诚信道德品质。

（一）明确评价的主体

契约规训法的评价主体有学生自身、集体中的他人以及教师三类。

1. 学生自评

现代教育评价强调“要使评价成为学生自己的事”，因为通过学生自评，可以使其培养主动参与的意识，帮助学生在履约实践中学会用“契约”条款来分析自己、认识自己，并为自己之后的履约行为做好计划，促进其自立、自主、自制能力的提高。因此，在进行履约行为的评价时，要注重学生的自评环节，为其提供充分认识自己、评价自己的机会，以此来指导其诚信履约行为。

2. 学生互评

在履约行为的评价过程中，学生自评往往带有一定的主观性，难以真正对学生个体的履约行为做出正确判断和评价。学生互评则是站在同一个高度，以“契约”条款为标准，相互约束、相互监督。学生互评，一方面能够暴露出教师看不到的一面，将学生真正的日常生活和履约行为展现出来；另一方面，小学生在评价别人的同时，自己也能够加深对“契约”的认识，并能够充分调动诚信履约的积极性，使自己成为“契约”的主人，自主、自觉、诚信地去履行“契约”义务。

3. 教师评定

为了增强对学生履约行为评价的意识，克服对评价的盲目性，提高评价水平，可以提倡教师集体评价法，即班主任、相关任课老师对学生履约行为进行共同评价。原因在于，任何一个教师都不可能全面地了解学生的情况，单个教师的评价多是分散的、片面的，而教师集体评价，能够收集到更全面的信息，从而对学生的履约行为做出客观、公正、全面的评价。

（二）确定评价的方法

契约规训法的行为评价方法多种多样，常用的可以有以下几种。

1. 评估表法

评估表法是用来帮助学生学会评估、监测自己和他人行为的。评估表的评估人员可以由学生自身、集体中的他人和教师几个评价主体构成，也可选取其中的一个或两个。其优点在于，可通过不同评价主体从各个视角出发，对学生的履约行为进行评价，帮助学生了解自身行为的合适程度和需要改进之处。不足之处在于，过于主观、笼统，因此，可以结合评语法同时进行，即若该生的某个行为是“需要改进”或“不满意”时，可在评估表的最后写出改进计划或改进建议，以帮助学生更好地完善自身行为。表 6-2 为评估表法的例表。

表 6-2　在校常规履约行为评估

请根据我们的“契约”条款，来评价你自己的行为：满意、需要改进或不满意。如果你选择了“需要改进”或“不满意”，请你在表格的最后，写上你的改进计划。				
1. 我尊重师长、礼貌待人	学生评价	□满意	□需要改进	□不满意
	老师评价	□满意	□需要改进	□不满意
2. 我勤俭节约，爱惜公物	学生评价	□满意	□需要改进	□不满意
	老师评价	□满意	□需要改进	□不满意
3. 我衣着干净整洁，红领巾佩戴正确	学生评价	□满意	□需要改进	□不满意
	老师评价	□满意	□需要改进	□不满意
4. 我按时上学，不早退，不逃学	学生评价	□满意	□需要改进	□不满意
	老师评价	□满意	□需要改进	□不满意
5. 我勤洗手，爱卫生	学生评价	□满意	□需要改进	□不满意
	老师评价	□满意	□需要改进	□不满意
6. 我认真做两操，保持安静，动作到位	学生评价	□满意	□需要改进	□不满意
	老师评价	□满意	□需要改进	□不满意
……	学生评价	□满意	□需要改进	□不满意
	老师评价	□满意	□需要改进	□不满意
我的改进计划				
老师的改进建议				
学生签名：______________ 日　　期：______________			教师签名：______________ 日　　期：______________	

2. 评语法

评语法是评价者根据自己对评价对象的观察和了解，依据“契约”条款，以评语的形式，对评价对象的履约行为进行定性的描述。这种方法的优点在于，评价者根据平时的观察，并对照一定的条款和标准，可以对学生的履约行为做出较为全面、可靠的评价，结果具有一定的规范性和针对性。同时，学生个体也能够从评语中看到自己的成绩与不足，以便于调整自己的行为，更好地允诺。但评语法也存在一定弊端，主要是评价者的评语一定程度上是基于经验和印象出发，带有明显的主观性和随意性，具有一定的模糊性。

在使用评语法时，首先要对评价对象进行全面、系统的观察和了解，充分收集各类信息。其次，要严格按照“契约”条款，以此作为评价标准，进行全面的分析和评价。同时，要坚持实事求是的原则，尽可能地克服主观随意性，既要说明已完成的义务，也要点出不足之处，以激励评价对象的履约行为。此外，要注意评价用语的恰当和准确性，切忌激烈言辞和空泛说教。

3. 加减评分法

加减评分法是指根据“契约”条款，制定出一些评价项目和相应的分数，评价项目既包括应予提倡的良好行为，给予不同程度的加分；也包括应当取缔的不良行为项目，依据危害程度确定扣分值。之后，根据学生的履约或毁约行为进行加分或减分，计算出总分数。加减分评价的优点在于，可以将学生的履约行为转化为数量评判，评价结果较为客观、精确，有利于帮助学生树立契约观念和诚信品德。其缺点在于，偏重于对履约行为本身的评价，忽视了其中隐含的诚信道德意识和思想动机，不利于培养学生的道德发展。

运用这种方法，一方面，要根据“契约”条款要求，运用科学的手段来确定各项指标及其分值，这是加减评分法取得成效的前提条件；另一方面，要把评价过程当作教育过程，主要考察学生的行为动机，以提高其诚信道德意识，切忌为了评价而评价。

金华市东苑小学五(5)班班级量化管理细则

为创建一个团结和谐、积极向上、温馨美丽的班集体，让大家有一个良好的学习环境，现根据本班实际，制定了如下奖惩制度。

一、出勤、仪表

1. 全班同学需按照学校的规定，准时到校学习，按时到校者奖励积分50分，并给予大组加分，提前请假者除外。

2. 每天早上能佩戴红领巾进入教室的奖励积分50分。

3. 每周一能穿校服参加升旗仪式的奖励积分50分，全组同学都能着装到位奖励200分。

二、纪律

1. 7:45开始晨读，晨读自觉认真，不擅自离开座位，每次奖励积分50分，最高奖励200分。

2. 课前准备工作应在课间十分钟里提前完成，不得在上课铃声响起来后再着手准备，每天抽查两次，上午下午各一次，不能按要求做到的大组不加分。

3. 做眼保健操时，要保持安静，必须认真做操，特别认真的奖励积分50分，违纪一次由副班长口头提醒，违纪两次将告知班主任处理。

……

六、附则

1. 期末评优时，"小脚丫"个数达到150个的可以参加"三好学生"和"优秀班队干部"的评选。

2. 以上加分扣分由相关的班队干部记录，全班同学监督，有异议的可以向班主任反映，量化结果将于周末公布在博客和班级QQ群里。

3. 未尽事宜，将根据《小学生日常行为规范细则》另行处理。

上述案例中的"班级量化管理细则"，既是"契约"的一种，也可以作为"契约"条款履行情况的评定依据。"细则"中对出勤、仪表、纪律、卫生、学习等方面都进行逐条细致的解说，并附上一定的分值，能够清晰反映学生个体的履约情况。此外，"细则"还可以作为期末评优时候的依据，为学生的诚信履约行为增加了一定的动力。

4. 讨论法

讨论法，是一种由各评价者通过讨论的形式进行的口头评价。其优点在于，评价者对评价对象的评论能够在第一时间被传达，同时可引导其他评价者做出相应的评价，使评价更加全面、准确；同时，评价对象也能够及时了解自己在履约过程中的成绩与不足。其不足之处主要是并非所有评价者都能够当面对评价对象进行准确、全面的评价，甚至出现"只有优点与成绩，没有不足"的局面，不利于之后履约行为的开展。

讨论法的运用，应注意以下几个方面：第一，注重评价环境的创设。一个轻松、愉悦、公平的评价氛围，能够促使评价者进行客观、公正的评价。第二，注意评价过程的主持与引导。现场评价与讨论的顺利进行，离不开主持人的引导和调解。主持人既要保证讨论是围绕"契约"主题进行的，又要确保现场氛围和评论言论的和谐。第三，坚持"一分为二"的评价和正面教育。对学生的评价不能集体攻击，只说缺点，也不能一直表扬褒奖，只说优点。要坚持"一分为二"，从正反面看待学生的履约行为，并利用正面教育，对学生进行激励。第四，关注评价对象的后续行为。集体讨论结束后，教师要积极关注评价对象对评价的接受程度，并及时予以强化。对于诚信履约的学生，应当予以激励，鼓励其良好品行的养成；对于履约行为欠缺的学生，委婉地解释其不足，要避免挫伤学生的自尊心，避免引起对立情绪；应当帮助其发掘自身优点，激发其诚信履约的信心与意志，促进其履约行为的发生。

（三）违约的处理

倘若有学生违反“契约”，应当根据“契约”中关于违约情况的规定进行及时、公正的处理。若“契约”中并没有关于违约的处理说明，可以参考以下几类方法。

谈话法。教师与违反约定的个别学生进行谈话，询问其对于“契约”条款及自身行为的认识，引导其对自身违约行为进行反省，帮助其深化对“契约”的理解。

讨论法。组织班级同学对某类违约行为展开讨论，讨论围绕“行为”展开，而不针对“个人”，以此帮助违约同学重新审视自身行为。

合同法。可参照“冲突解决合同”，在个别学生出现违约的不当行为并受到教育时，教师可与其签订“违约处理合同”，单独对某行为进行约定，以此约束其行为。

违约处理的方法多种多样，但处理的宗旨在于规范和约束缔约主体的行为，帮助其在履约践诺的过程中，养成诚信品质。因此，对于违约行为的处理，应当注意以下几个方面。

一是以“契约”为尺度。“契约”一旦制定，便在班集体具有“法律”意义，代表着全体学生的意志。当小学生违反“契约”条款时，处理的唯一尺度应当是“契约”条款本身，即学生的集体意志。因此，违规的处理应当根据“契约”条款，以权利与义务对等为前提，对违约者进行相应处理。

二是突出诚信教育意义。“契约”的制定，其目的在于以“契约”的形式约束小学生的行为举止，并培养其诚信品质。教师不仅要理解小学生违约的必然性，而且教育者（教师）的任务之一，就在于教会孩子看到自己每个行为的后果。“道德上的愚昧无知，往往是从不善于环顾周围开始的。如果这种不善于变成一种习惯，而且变成一种本性和特性的话，那么，在人身上就会发展成粗野和无礼的行为。”①因此，对于小学生违约行为进行处理的意义在于，努力培养其进行主动、向善的观察与思考能力，并养成诚信履约和诚信践行的品行，使其懂得需要为自己的行为负责，而并非为了处罚而处罚。

三是注重自省。小学生的违约行为在处理之后可以直接改变，但在这个过程中应当引导学生积极主动地对自己的行为做出价值判断，即自省。

---

① 邓艳红，邓丽红．论班规的意义与实施[J]．教学与管理，2013(2)：25-27．

小学生的自省意识与培养其自尊心、自信心及奋进意识并不矛盾，通过引导学生主动、自觉“体验”和“内省”来帮助学生实现自我教育，帮助小学生澄清“契约”的内在本质，明确“契约”关系，增强学生的“契约”观念和意识，最终达到“自我实现”和“个性完善”。只有培养学生学会用心灵去体验事物的能力，并在体验中达到情感和理性的升华，才能促使其不断发展和完善自身诚信品质，从而真正诚信、自主地履行自己的职责与义务。

四是指导改进。违约行为的处理，是为了帮助小学生更好地理解“契约”、履行“契约”义务。教师应当善于向学生表达对其改进行为的期望，并在学生需要帮助时提供相应的参考意见或指导其制订合适的行为矫正计划。

然而，学生从违约行为的发生到良好品行的养成不是一蹴而就的，而是一个循序渐进的过程。因此，教师应当对学生富有耐心，并坚定信念，同时通过自身的师德、师范来引导学生，指导他们履约行为的发生和诚信品质的养成。

第三节　履约·践诺：诚信教育之支持条件

通过“契约”的形式对小学生进行诚信教育既是必要的，也是可行的。其具体的实施方式多种多样，但要使“契约”最大限度地发挥诚信教育功能，还需要操作原则、规章制度、文化氛围以及公共认同等多方面的条件约束与支持。

一、完善操作原则

契约在不同阶段有着不同的内涵，从古代社会到当今社会，现代契约摒弃了一切原始的、带有宗教色彩的成分，在接受人类先进思想和现代社会变化的基础上，不断丰富其内涵。然而，契约作为一种自由合意，在进行制定、执行的过程中，仍遵循着特定的原则，以确保契约的有效性和缔约双方的利益。同样，作为小学校园诚信教育的主要手段和载体，“契约”在实施过程中应遵循契约操作原则，并逐步加以完善，以确保诚信教育过程中目标取舍、策略选择以及效果评价的有效进行。

（一）一般原则

小学校园“契约”作为契约的一种，其实施首先应遵循契约的一般原则，即自愿原则、平等原则和互惠原则。

1. 自愿原则

自由自觉的活动，是人类的本质。或者说，自由是人类存在的本体。人的全部活动都是为了克服自己与客体的对立而得到自由。有了自由，个体才能感到自己是主体性的存在，才能充分展现出自己丰富的创造性内涵。[①]按照马克思的观点，只有个体拥有对自己的行为进行选择的自由，并能够自由地表达自己的交换意愿，商品交换才能发生。在商品交换中，正是"通过契约来建立的天生独立的主体之间的相互关系和联系"，为个人的自由提供了发展的空间。[②]

人类个体的思想、言论和判断的自由，是其不可转让的天赋权利。因此，当学生与教师或班集体订立"契约"时，个体放弃的是自由报复的权利，但并没有放弃思想和自由发表意见的权利。订立"契约"，目的是为了保障个体自身能够按照理性和自由的原则行动，而并不是使自己变成"契约"的奴隶。那么，"契约"作为个体自由合意的产物，当事人之间的自由意志是契约关系的前提和内在要求，也是"契约"成立和发生效力的首要条件。一方面，"契约"行为是学生的自愿行为，这种自愿行为的动机是为了取得权利和获得满足，教师不能通过威胁、利诱或是权威命令而强制学生实施"契约"行为。另一方面，"契约"是学生不受干预和胁迫进行自由选择的结果，是其意志的充分表达，由此，学生个体必须对自己的行为负责。在教师与学生订立"契约"时，应充分尊重学生的意见和意愿，只有在这种基础上建立起来的契约关系才对教师和学生双方都具有约束力。

2. 平等原则

公正平等是个体自由的自然延伸和逻辑前提。只有思想自由、意志自由的个体之间，才有平等可言。就本质而言，契约是个人通过自由协定而为自己创设权利和义务，其中，契约的当事人都是平等的，协议结果对于每个当事人而言也是平等的。这里所说的平等是指基本权利的平等，而非享有更高权利的平等或是结果的完全平等，否则便成了平均主义。

具体而言，"契约"的平等原则体现在以下几个方面：第一，学生与教师或班集体都具有契约主体资格。契约主体资格不再是身份、等级、特权的代

---

① 武高寿．社会契约新论[M]．北京：北京大学出版社，2006：49．

② 武高寿．社会契约新论[M]．北京：北京大学出版社，2006：51．

名词，而是人人不可剥夺的天赋人权。[①] 第二，在"契约"实施的过程中，当事人的地位是平等的，教师的权威和主导地位不能成为契约关系中否定当事人地位平等的借口和托词。第三，"契约"的内容是当事人权利、义务的对等，是双方真实意思表示的一致，任何一方不得通过破坏"契约"的平等原则以获取不合理利益。第四，平等的契约关系和对等的"契约"内容，若因客观情况的变化，造成履约过程中一方无法履行义务或因履行造成巨大损失，该方可以请求对方变更或终止"契约"的履行。综上，在签订"契约"时，师生双方的尊严、权利和义务是平等的，教师应予以学生充分的尊重，通过平等对话和充分协商，完成权利的让渡，以达到双方利益最大化。

3. 互惠原则

等价互利是商品交换的基本规律，这同样适用于"契约"，即契约的互惠原则。根据契约的起源，当事人为满足自身利益需求，充分协商后自愿签订契约，并以此来约束自身行为，遵守道德规范和社会秩序。契约之所以拥有这种力量，在于它充分顾及当事人的利益，站在不同角度对个体的具体需求和道德约束的合法性进行论证，以达成当事人利益之间的平衡和权利、义务的对等。

"契约"中的互惠原则可以理解为：第一，一方享受权利，也应向另一方履行相应的义务；而另一方向对方承担义务，也应享受相应的权利。双方当事人的权利和义务具有相对性，即互为等价给付。第二，当事人收获的权利与履行的义务在价值上大致相等，即学生所付出的履约行为与其最终获得的权利和收获应当是对等的。第三，当事人从事契约活动时，各方都应获得一定的权利，不得侵犯或剥夺他方的应得权利。同样，在小学校园实施"契约"，教师和学生签订"契约"，是以教师希望学生养成诚信意识、班级形成良好诚信文化氛围，学生希望通过自身行动获得教师和班集体的认可与鼓励这两方面为基础的。因此，任何一方未能履行"契约"或违背"契约"，都将不利于"契约"的实施。

(二)特殊原则

小学阶段的儿童，正处于身心发展的关键期，其感知、记忆、思维和个性发展有其自身特点。因此，在小学生群体中实施"契约"，还应考虑该群体的特殊性，遵循"以人为本"原则、心理契约优先原则、因材施教原则、全员性原

---

① 李仁玉，刘凯湘. 契约观念与秩序创新[M]. 北京：北京大学出版社，1993：181-182.

则以及全程性原则。

1."以人为本"原则

基于"契约"的诚信教育过程中,要将小学生看作是诚信教育的主体,遵循"以人为本"的原则。在小学生诚信道德教育中"以人为本"应理解为"以小学生为本",就是要注重小学生的身心发展特点和规律,充分尊重其主体性地位。要充分认识小学生的本质属性:第一,小学生是具有发展潜力的人,具有不断向上发展的内驱力;第二,学生既是受教育的对象,又具有在教育活动中的主观能动性和自我教育的可能性,是学习的主体;第三,任何一个学生都是独特的生命个体,具有渴望自由、平等、快乐的天性;第四,学生是有着丰富个性的完整的人;第五,学生的成长过程是一个社会化的过程,学生是具有社会意义的人。

因此,在实施基于"契约"的小学生诚信教育之前,要深入研究小学生的身心发育特点,要充分热爱和尊重每一个个体,并以促进学生发展为目的,用全面、发展的眼光看待学生,公平公正地对待他们。按照道德发展的规律,有针对性地进行指导,充分调动小学生的积极性和主动性,培养他们履约践诺的自觉性、自主性和自律性。同时,注意对学生进行引导、鼓励和示范,提升其道德认知水平,培育诚信信念,养成良好的诚信道德品质。

2.心理契约优先原则

心理契约优先原则,是指能用心理契约调节的,就不采用文本"契约"。"教育是人的灵魂的教育,教育即生成,教育的使命在于成为'全人':自由的生成与精神的唤醒。"①教育说到底属于精神领域,相比而言,心理契约比文本"契约"更符合教育的主旨,更贴近教育的本质。因此,使用心理契约更能激发学生求真、向善、爱美的潜能,如若心理契约已经能达到效果就没有必要再采用文本契约进行规范。

3.因材施教的原则

小学生是诚信教育的对象,他们由于受到先天遗传因素和后天环境的影响,往往千差万别,各具特色,正如"世界上没有两片相同的叶子"。因此,基于"契约"的诚信教育过程中要遵循因材施教原则。一方面,要面向全体,促进全面发展。这就要求全面教育和指导每一个学生,使每一个学生都各尽所能,全面发展,即面向每一个学生,面向学生的所有方面。另一方面,注

---

① 李峻,刘玉杰.教育的本真:自由的生成与精神的唤醒——雅斯贝尔斯《什么是教育》解读[J].大学教育科学,2007(4):15-19.

重个性差异与个别教育。个性差异包括个性倾向性和个性心理特点方面的差异，不仅表现在某方面的差异，也表现在同一方面的不同水平。这就要求研究和了解学生兴趣、能力、性格、气质等方面的差异，并从学生的实际出发，区别对待。

由此，基于"契约"的诚信教育的内容和策略要适应小学生道德教育的层次递进特点，根据不同年级学生的不同道德水平和认知差异，制定和执行相应的"契约"。同时，要从学生的具体情况和个体差异出发，选择适合每个学生特点的"契约"实施策略，有针对性地进行诚信道德培养，以促进学生的全面发展。

4. 全员性原则

小学生诚信教育的对象是全体学生，目的是促进全体学生良好诚信品行的养成。因此，基于"契约"的小学生诚信教育要遵循全员性原则，首先要面向集体、教育集体，然后由教师和学生集体共同影响每个学生，使学生集体不仅成为教育的客体，更成为教育的主体。通过教育集体来影响个别，通过个别教育来巩固与发展集体，这便是马卡连柯所主张的"平行影响的教育原则"。健全的班集体具有巨大的诚信教育力量，成员之间以有形或无形的力量相互影响着，制约着个体的行为，通过充分发挥每个学生的诚信力量，既推动整个集体诚信品质水平的提高，又运用集体的力量帮助个别学生。

与此同时，要充分发挥集体中同伴的教育作用。同伴是在社交中处于相同地位的个体，或者是具有相似的行为复杂性的同辈或个体。同伴教育具有草根性、高效性，是正规诚信教育方式的有效补充。同伴教育指具有相同背景、共同经历、共同语言的年轻人在一起分享信息、观念、行为技能，以实现教育目标的一种教育方式。[①] 因此，教师在开展诚信教育时，要注意发挥集体和榜样的作用，动员全体，并通过同伴和集体的力量来制约个体行为，达到诚信教育的目的。

5. 全程性原则

契约作为缔约双方自由合意的产物，契约的订立和履行必须以诚信品性为基础，其本身就具有诚信教育意义。因此，应注意基于"契约"的诚信教育作用的全程性。从订立、执行和评价等环节着手，通过让学生自由、真实地表达自身意愿，诚实地履约践诺，并对契约进行客观公正的评价，对学生进行全程性的诚信观念的培育。

---

① 顾红. 基于心理契约理论的高校学生教育管理策略[J]. 教育探索，2011(4)：72-75.

此外，由于小学生的心智发育尚不成熟，要注意发挥教师指导的全程性。原因在于，其一，小学生诚信品德的养成并非一朝一夕就能完成；其二，小学生对于“契约”的认识不是直线的，其间有反复和波折；其三，小学生的诚信认知是作为一个整体起作用的，当个体心理活动的某个方面出现问题或障碍时，会影响到其对诚信品质的理解；其四，小学生所处的成长环境是不断发生变化的，环境中的各种因素也在不断地作用于学生个体，既有积极的也有消极的，这必然会促进学生诚信品性的养成。因此，教师作为立约一方的同时，应准确把握学生的心理，对“契约”实施的各个环节进行指导，从而保证学生对于“契约”的理解与执行，帮助其诚信品德的成功塑造。

二、健全规章制度

埃德蒙·伯克说：“我认为，与制度结合的自由才是唯一的自由。自由不仅要同制度和道德并存，而且还须臾缺不了它们。”制度关乎事件发展的可能性、有序性和顺利性，学校制度则是学校正常、合理、有序运行的保障。[①]小学生“契约”的有效实施也离不开学校制度的支持和保障。

（一）德育制度

学校德育制度指观念形态的规范体系，包括正式的、理性化的、系统化的、行诸文字的行为规范，如学生守则、学生日常行为规范、学习制度（考勤制度、课堂常规、考试制度等）、学生礼貌常规和品德评价制度等。[②] 其中，诸如小学生守则和小学生日常行为规范条例等具有严格规定性的制度，既可以作为“契约”的一种，用来规范小学生的各项行为，也从法律规范的角度对诚信教育和小学生的诚信行为提出了要求；同时，还可以通过晨会制度来确保基于“契约”的诚信教育的有效实施。晨会制度主要是指举行升旗仪式，进行时事政策和日常行为规范教育。尤其是“国旗下讲话”这一环节，通过拟定“让诚信成为一种习惯”“做一个讲诚信的人”“做个诚实守信的好少年”等主题，由学生代表发言，倡导诚信、守约行为。此外，围绕校园生活、开展正面宣传的学校少先队广播也是进行基于“契约”的诚信教育的重要阵地之一。通过少先队广播，进行“契约”的宣传，播放诚信履约的故事，为小学生的履约行为提供一个良好氛围。

---

① 傅建明.校园童谣与小学生诚信教育[M].广州：广东教育出版社，2012：133.

② 杜时忠.制度德性与制度德育[J].高教探索，2002(4)：11-13.

（二）教学制度

课堂教学制度是学校用以保障课堂教学有效实施、学生主体性发挥以及课堂形式多元化的有效手段。当前，课堂教学制度越来越注重课堂中新元素的注入、新方法的尝试以及新手段的应用。“契约”作为一种新元素，将其注入课堂教学，渗透至教学的各个环节，不仅有利于增添课堂情趣，提高学生学习积极性，同时也能帮助学生增强履约体验。因此，只要课堂教学制度中对“契约”的使用加以规定和规范，便有助于教师在课堂教学环节对“契约”的运用，“契约”进入课堂也便有了制度保证。

（三）管理制度

学校的管理制度，包括校园管理制度、教职工管理制度、学生管理制度（前文中已叙述）、安全卫生管理制度等。其中，校园管理制度和教职工管理制度与基于“契约”的小学生诚信教育关系密切。校园管理制度的内容包含了学校物理环境的规划和维护、校园设施的装饰和设备的配置、周边环境的维持等。校园内的宣传窗、板报、文化长廊等设施应当定期更新内容，用以宣传各类体现人文关怀、时代精神和教育功能的内容，积极营造育人氛围。校园管理制度中关于宣传窗、板报等的规定，为“契约”的实施提供了制度空间。此外，学校管理制度中，关于教职工课内外对“契约”的运用的规定，保障了“契约”使用过程中教师的组织和引导，使得基于“契约”的小学生诚信教育有了人员制度上的支持。

三、建构文化氛围

所谓精神文化是指属于精神、思想、观念范畴的文化，是代表一定民族的特点反映其理论思维水平的思维方式、价值取向、伦理观念、心理状态、理想人格、审美情趣等精神成果的总和。[①]基于“契约”的小学生诚信教育的精神文化主要包括班级氛围、学校文化以及社会环境等三方面。

（一）班级氛围

“契约”的实施需要一个突显契约精神的班级氛围。契约精神主要表现为：第一，平等的价值观，即师生之间人格的平等。这种平等并不否认双方在年龄、知识、经历方面的差异，它强调的是缔约双方作为各自的行为主体，在人格、权利和义务上的对等。主要表现为教师能够正视学生的需要，予以

① 曾丽雅．关于建构中华民族当代精神文化的思考[J]．江西社会科学，2002(10)：5-10．

学生充分的尊重和理解，通过平等对话来完成“契约”的履行。第二，自由的精神，是指师生能够对自身的行为进行自由地选择，自由地表达意愿。自由的精神体现在班级管理过程中，师生都可以自由地对班级事物发表自己的看法，师生的意志能够得到充分的表达和尊重。第三，互惠的取向，是指师生为了达成双方之间的平衡和权利、义务的对等，任何一方绝不以牺牲对方的需要来满足自己的利益，每个人的权利和义务是对等的，需要履行自己的义务，以期待对方给予合理的回报。第四，诚实守信的作风，这既是对个体的基本评价尺度，也是个体必须遵循的生活信条。在班级中，诚实守信的作风，是班级契约精神的基础，也是培育契约精神的目的之一，是师生都应具备的素质。

与此同时，班级和谐的人文氛围和人际关系也是小学生诚信教育精神文化支持的要素之一。一方面，教师（尤其是班主任）应充分利用自己的专业知识、教育思想及个人品质，对小学生的心理和行为产生潜移默化的影响。同时，要重视学生群体中特有的价值观、行为方式、处事态度等对学生个体的影响，以创造一个富有特色的、和谐的班级人文环境。另一方面，教师应重视学生的交往行为，建立良好的群体人际关系。群体中的团结友爱、互帮互助、尊重理解能够使人感到温暖，产生安全感，从而促进学生良好诚信心理品质的养成。

（二）学校文化

“契约”的实施有赖于健康的学校文化。这里说的学校文化是相对于外层的物化形态文化、中介层的校园制度组织文化而言的，是指处于核心层的精神形态文化。学校文化，即学校和学校师生思维方式、观念形态、心态和情感的总和，具有隐蔽性和渗透性，是学校氛围的总体体现。隐蔽，并不是彻底的无形，因为任何事物都是内容和形式的统一，有内容就有一定的形式，内容都要通过一定的形式表现出来。就是最隐蔽的世界观、价值观文化，也是有其区别的，它一旦确定下来，又较稳定持久。①

良好的学校文化是一种潜在的心理力量，它作为学校中普遍认可、接受和推崇的风尚、习惯和准则，一方面以制度规范的形式，依存于校风中；另一方面，又以价值观念的形式，存在于个体身上，体现在学校师生的个性心理特征上，属于校风的人格化。学校文化的表现形态多种多样，它融于校园的

---

① 徐振鲁.校园文化建设与大学生素质培养[M].郑州：河南医科大学出版社，1998：14.

各个角落，对学生的身心发展具有潜移默化的作用。学校文化一旦形成，便可以振奋情绪、激励意志、调节心理、规范行为，促使学生的学习动机、需求、态度、方法以及道德认知、情感体验、行为方式都呈现一个良性循环。因此，健康、文明的学校文化不仅能够优化小学生的学习生活氛围，更能够帮助小学生养成诚信道德品质，推动“契约”的实施。

（三）社会环境

社会环境，是指人类生存及活动范围内的社会政治、经济、文化等方面的总和。小到衣食住行的风俗习惯，大到教育制度等，都体现了社会环境对小学生的直接作用。从某种意义上而言，小学生生活的环境实际上就是一个弥漫性的社会氛围。在小学阶段之前，社会环境对儿童的影响迟于家庭和学校，且处于一个相对被动的位置，会受到个体的主动选择。到了小学阶段，小学生有机会脱离学校和家庭的监护，独立存在于社会环境之中，且随着年龄的增长和其本身自由程度的加大，社会环境的影响也在不断增大。

“契约”的实施离不开良好的社会环境。诚信教育不仅是学校之事，更是社会之事，具体可从诚信观念的树立、诚信风气的形成和诚信舆论的监督等方面着手。诚信观的树立，可以通过对传统诚信故事和名言警句的传播，让诚信的种子普撒大地，使诚信观念深入人心，从而为校园“契约”的实施提供心理基础。要改善诚信风气，则需从市场经济这一源头着手，规范市场经济秩序和行为，还原诚信市场之风气，使“讲诚信，树新风”的道德风尚重回人们的日常生活。诚信舆论是指人们对诚信言语和行为的议论和评价。社会的诚信舆论可以利用宣扬诚信事件、对诚信行为给予物质和精神奖励以及曝光失信事件等方式，加强对诚信行为的舆论监督，创造浓厚良好的诚信舆论氛围，为小学生诚信教育提供支持。

四、获取公共认同

康德说：“人只有靠教育才能成人。人完全是教育的结果。更可注意的是，只有人才能教育人。”①在基于“契约”的诚信教育过程中，小学生最常接触的三类群体——教师、家长和同伴都可能成为教育者，为“契约”的实施提供支持。

（一）教师

在小学校园中，教师是作为促进学生发展的指导者、塑造学生心灵的工

---

① 傅建明. 校园童谣与小学生诚信教育[M]. 广州：广东教育出版社，2012：146.

程师、学生学习的支持者、学生的养护者以及沟通学生与社会的中介者而存在的，对小学生的校园生活起着重要作用。在基于“契约”的小学生诚信教育过程中，教师不仅对“契约”的订立、执行和评价方面进行指导，还在学校生活各方面起引领、支持作用，具体表现在三方面：示范作用、威信作用、期待作用。

第一，教师职业具有示范性，而学生又具有向师性，因而教师的言行举止、穿着打扮、信念观点、教养风度等会给学生留下深刻的印象，直接影响到学生。因此，教师必须充分意识到身教重于言教的意义，严格要求自己，提高自身修养，注意自己的一言一行，做到以身作则，践行诚信，树立起良好的道德形象和道德威望，成为学生的道德楷模。

第二，一个具有威信的教师，在小学生诚信品质养成过程中具有很大的影响作用。首先，小学生确认教师关于“契约”的一言一行都是真实的、科学的，其提出的要求和希望是正确的。这样，学生便乐于接受教师的要求，并转化为自己的需求，从而更加自觉、主动地学习，积极配合教师完成“契约”条款，实现“契约”中体现的义务。其次，有威信的教师对小学生的表扬与批评富有激励性，在学生履约践诺过程中教师给予的反馈能引起其相应的情感体验，使他们产生深刻的感受。最后，有威信的教师更是小学生心目中的榜样，能使学生产生敬仰心情，产生正面的情感，将体现在教师身上的诚信道德要求转化为自身的品德。因此，教师要注意自身威信的养成，通过言行举止把抽象的诚信道德概念和标准具体化，使小学生从具体形象的实例中感受深刻教育，从而实现诚信品质的内化。

第三，教师对学生的热情“期待”，对学生行为具有明显影响。教师根据学生的性别、性格、兴趣等信息，形成对不同个体的不同期望。当教师有高期望时，往往表现得更和蔼、愉快，做出微笑、点头、注视等动作，并经常赞扬学生，通过情绪、身体语言、口头语言等形式上的体现，教师表现出自身对学生的期望。凡是被教师寄予希望的学生，感受到教师的关心、帮助与厚爱，师生感情融洽，学生往往以积极的态度对待教师、学习和品德养成，并表现出自尊、自爱、自信和自强，产生积极向上的情绪；反之，则会导致学生的自卑和情绪低落。因此，教师应善于向学生表现自己的良好期望，尤其是对在品德养成方面有障碍的学生，更多地采取积极鼓励的方式激励学生的亲社会行为和诚信品行。

（二）家长

家庭是孩子的第一所学校，是他们获得早期生活经验、形成最初道德认知和行为习惯的主要场所。家长，主要是父母，作为与儿童情感联系紧密，接触最早最多的重要他人，是其成长与发展的第一任老师。家长行为对基于“契约”的小学生诚信教育的影响机制，主要包括态度转变、观察模仿以及认同作用。

态度转变是指家长通过各种方法来改变儿童的态度，使其接受、内化行为规范的过程，一般包括使用权利、爱的收回和信息内化等方法。使用权利是指运用强制性的压迫手段迫使儿童接受行为规则的方法。这种方法的使用，在培养儿童诚信品行过程中，不能产生长期、可靠的变化，且使用不当也会产生反面效果。爱的收回则是一种心理上的惩罚，当儿童做出失信行为时，父母对儿童表现出的失望、不理睬和孤立，会使其对自身安全受到威胁而产生焦虑，从而迫使儿童改变其行为方式。信息内化是指父母引导儿童注意以至理解其所传递的行为标准，父母帮助儿童预见其失信行为的后果、认识其行为将造成的危害，这对于儿童诚信规则的内化十分有效。家长对儿童信息内化的方式应随儿童的年龄和具体情境的变化而改变。

观察和模仿父母行为是小学生诚信品德发展的重要途径之一。社会学习理论认为，在社会交往过程中，儿童一方面通过直接观察他人的行为学会新的行为方式；另一方面，通过观察他人行为产生的后果得到“替代性强化”。① 父母就是一面时刻展现在孩子眼前的镜子，孩子们常常通过“照镜子”的方式来“规范”自身的言行。因此，家长在与孩子的交往过程中要以身作则，不断约束自己，履行对孩子许下的承诺，使孩子受到感染和熏陶，在无形中接受诚信教育。

认同作用则是一种获得性认知反映，这不仅仅是由儿童与家长之间的相似造成的，不是简单的模仿。认同的发生，首先要基于儿童对榜样的钦佩情感，从而产生模仿榜样的思想和行为，并在认同过程中得到强化。因此，家长应注意自身的行为榜样作用，养成良好的诚信行为习惯，和孩子一起成长。

（三）同伴群体

同伴是小学生日常生活中的重要他人，在相互交往过程中，小学生开始扮演社会化的角色，了解个体交往的规则，并受到相互间潜移默化的影响。与此同时，随着他们与同伴交往次数的增加，小学生之间逐渐自发地形成了

---

① 俞国良，辛自强．社会性发展心理学[M]．合肥：安徽教育出版社，2004：475.

具有共同目标、共同行为准则的同伴群体。同伴及同伴群体主要通过以下几种形式对儿童的行为产生影响。

第一,同伴群体能够提高小学生的诚信认知水平。诚信认知是发展小学生诚信道德的基础,在诚信教育中必须把提高诚信认知水平放在首要位置,系统、全面地帮助学生增强诚信认知水平,从而将诚信认知转化为道德行为。不同于法律或成人对小学生的强制性和权威性约束,同伴群体对个体施加的是一种平等的、建议性的期待和暗示,旨在向个体提供合理的道德规范。因此,在同伴群体中,个体被要求以诚实守信的姿态面对人际交往,坦白真诚、彼此信任,期待个体能够承担责任、履行义务。就个体而言,凭己本心、尽己之力完成群体角色的要求就是诚实信用的实践形式。当个体意识到在群体交往中践行诚信能够被赞同和推崇时,便也深化了对诚信准则的理解。

第二,同伴群体有助于小学生诚信态度与情感的深化。情感赋予诚信态度以个人的生命力及鲜明的个性,是个体道德价值观的重要因素。诚信的情感是个体在社会道德实践与诚信的亲历和体验中形成的。[①] 其中,感染是同伴群体情感相互影响的一种重要互动方式。同伴群体对个体的诚信感染是一种道德感染,是"社会互动中道德的交流和深层次的精神渗透,是在无说教、无压力的情境中互动双向心理上滋生的道德认同"[②]。同伴群体中的诚信感染不仅停留在个体情绪的影响层面上,还通过影响个体的情感进而影响个体的诚信态度,深化个体关于诚信的价值观。在同伴群体交往过程中,个体经历和体验具体的诚信事件后,逐渐理解诚信对于一个群体成员参与社会生活的重要性,能够产生丰富的道德情感,坚定诚信信念,深化诚信情感的体验。

第三,同伴群体帮助改善小学生的诚信行为。在同伴群体中,"当我们没有做道德原则要求做的事或做了道德原则不容许做的事时,我们通常便会对此感到内疚"[③]。为了获得群体成员的认同,个体将视秉承诚信为自身之于群体的责任和义务,将违反诚信品德的行为视作未尽责任和义务,并由此促进个体的道德实践,为之提供心理机制上的保证。同时,当同伴群体中

---

① 吴继霞. 诚信品格的养成[M]. 合肥:安徽教育出版社,2009:331-332.

② 李建华. 德性与德心[M]. 北京:教育科学出版社,2000:79-89.

③ BOND E J. Ethics and human well-being[M]. Oxford: Blackewell Publishers, 1996:185.

树立起了诚信的典型形象，个体由于受到典型诚信事件和榜样人物的感染，对诚信事件的价值取向和诚信人物的诚信观念、行为方式予以高度认同时，就会相应地产生积极的模仿行为，并在反复的正面感染和积极模仿的过程中，实现他律到自律的诚信行为的转变。

此外，还应注意发挥对同伴群体的引导，以更好地发挥其作用，促成小学生诚信品德的养成。对待同伴群体，既要认识其存在的客观必然性，也要注意研究其形成规律，及时了解小学生中同伴群体的类型和性质，以发挥同伴群体对学生诚信品德的促进作用。一方面，要帮助小学生树立正确的群体意识，提高其交往过程中的辨别能力；另一方面，要加强群体核心人物的重点教育，以带动整个群体的积极发展。此外，还需要家庭、学校和社会的相互配合和有效沟通，共同引导同伴群体对小学生诚信品德的养成。

第七章　教学引领法

教学是学校教育工作的中心环节，课堂是教学的主渠道，课堂不仅是学生获取知识、习得能力的场所，更是学生养成习惯、内化品性的阵地。教师在教学过程中，要充分发挥教学的教育性功能，以课堂为主阵地开展诚信教育，充分发挥教学的诚信教育价值。本章从专门的诚信教育课、学科中的诚信教育和课外诚信活动三个维度进行论述。

第一节　以境育诚信——专门的诚信教育课

德育可分为直接德育和间接德育，专门的诚信课是以直接德育的方式影响学生。它是指课堂教学以诚信教育为主题内容，采取灵活多样的形式，对学生的知、情、意、行产生影响，并在这个过程中培养学生诚信品质的活动。

一、专门诚信课的教育价值

采用专门诚信课进行诚信教育是小学校园诚信文化建设的重要方式，体现了学校对诚信教育的重视，更体现了诚信品质对小学生的重要性。

专门诚信课以小学生诚信教育为中心目标，教学题材的选择以诚信为主题，教学过程以诚信教育为中心展开，教师通过主题教育的形式系统完整地呈现一节诚信教育课，在这种情况下，诚信在学生的脑海中不是支离破碎、若隐若现的，而是牢牢印在学生心中的，这不仅有利于学生形成对诚信全面完整的认识，更有利于学生更好地感受诚信、理解诚信、内化诚信乃至践行诚信。

小学阶段的儿童认知水平不高，知识接受能力有限，专门诚信课全面渗透的特征让学生感受到处于诚信文化的包围中，从身边事物体会诚信，增强学生对诚信的亲近感。另外，专门诚信课的内容丰富多彩、形式变化万千、方法灵活多样，贴近生活、贴近实际，这种课程会自然地吸引学生的关注，激发学生参与课堂的兴趣，从而有利于调动学生的多重感官，启发学生思维，发挥学生参与诚信活动的主动性和创造性，在诚信教育中养成学生主动合作、乐于探究的品质。

二、专门诚信课的操作路径

专门诚信课在学生的诚信教育方面具有不可替代的重要价值，教师是诚信课的实施者，所以教师要精心设计课程，有效组织教学，调动学生积极性，力争把其教育价值发挥到最大限度。专门诚信课源于生活，最终也要回归生活，其操作路径为：主题选择—开放交流—成果展现—点拨升华—发展延伸。

（一）主题选择

这一过程是学生与生活的对话。专门诚信课的主题选择并不是教师一人独断，教师要把主动权交给学生，鼓励学生自主选择课程主题，这样才能唤起学生参与课堂的积极性。学生从自身生活经验入手，寻找身边让人感动的诚信人和事，关注自身感兴趣的诚信话题，选择自己喜爱的诚信活动，提出困扰自身的诚信难题，反思自己是否做到了诚信，这些都是学生的亲身体验和生活感悟，是诚信主题的最好原料。专门诚信课的主题不能“假大空”，而是要源于学生生活，这样才能提高诚信教学的针对性和成效。值得注意的是，学生提供的诚信素材往往是零碎的、不成系统的，教师要对众多素材进行整合，提炼出一个契合学生实际的主题，这个主题是学生与生活对话的成果。

（二）开放交流

这一过程是学生集体的对话。学生根据确定好的诚信主题进行开放交流，这时的课堂不再是传统的静悄悄，不是教师一言堂，教师在学生交流过程中仅扮演导演的角色，学生才是主角。学生参与小组讨论，表达自己对主题的看法，每个学生的想法都是不同的，或相互补充，或相互碰撞，这样更有利于激发学生思维，深化学生对诚信的认识。同时，学生也会提出让自己困惑的问题，大家各抒己见，互相启发，往往会一层一层拨开困惑的神秘面纱，让学生对诚信有更清晰的认识。开放交流是专门诚信教育课的关键环节，教师通过倾听学生的交流内容，可以了解学生的诚信现状，站在学生的角度看诚信问题，教师会反思自身的教学方法，探索怎样用学生最能接受的方式对学生进行诚信教育。学生集体对话让学生经历一个对诚信由陌生到熟悉、由抽象到具体、由片面到相对全面的过程，让诚信渗透到学生的知情意行各个方面。

（三）成果展现

这一过程是学生与素材的对话。专门的诚信课并不是流于形式、漫无目的，而是指向一定目标，需要获得一定成果。在专门诚信课上，学生通过讨论他们自己选择的诚信主题，一定会有所思、有所疑、有所获。可采取以小组为单位的方式让学生展现他们的学习成果，例如通过代表发言的形式请学生描述他们对诚信认识不断深化的过程，分享他们独特的感悟和体会，并提出尚待解决的问题。成果展现的形式丰富多彩，可以让学生说出来、写出来、画出来、演出来等，无论学生选择哪种形式，最终成果都是学生自我总结、不断反思的结果，是学生集体智慧的结晶。成果展现这一环节不仅可以让学生直观看到自身努力的成果，提高学生继续探索的自信心和积极性，也可以让教师深入全面了解学生所思所想，在诚信教育方面为学生提供针对性的帮助和指导。

（四）点拨升华

这一过程是学生与教师的对话。当学生将他们的劳动成果展现出来时，教师要根据学生反馈交流的信息，重点对学生未理解的内容进行点拨和评价，发挥教师的主导作用。小学生对诚信往往难以形成深刻系统的认识，面对实际生活中道德两难也不知如何做出选择，诚信教育主题中一些深奥的内容可能超出了他们的理解能力，这时教师应尊重学生主体性和多样性，切不可将自己的观点强加给学生，而是要以学生能听懂的话语对诚信教育的内容进行分析解读，并尽可能在生活中找到原型，拉近诚信与学生的距离。教师的点拨升华往往会达到让学生恍然大悟的效果，教师要找准学生认识的盲点，以四两拨千斤之力道启发学生，使学生不仅深入认识诚信，更坚定践行诚信的决心。

（五）发展延伸

这一过程主要是学生与自我的对话。这一阶段主要是让诚信从课堂回归学生的生活世界，这种回归不是原地转圈，而是螺旋式上升的回归。儿童在课堂上学习的知识不能局限于在学校狭小的空间中发挥作用，而要指导他们的生活，让儿童更好地适应社会和完善自我。通过专门的诚信教育课，每个学生都会反观自身，在我心中诚信是怎样的？诚信与我有怎样的关系？在生活中我做到诚信了吗？专门诚信课学习会让学生一步步找到这些问题的答案。学生在课堂上探索诚信，也在生活中体验诚信，课堂是“微诚信”“微生活”，最后一个环节旨在让学生将课堂诚信教学的所思所悟延伸到实际生活中，让诚信成为学生的一种生活方式。

三、专门诚信课的呈现形式

（一）“制定课堂诚信宣言”——侧重认知的诚信教学

任何一种品德的形成都包含知（道德认识）、情（道德情感）、意（道德意志）、行（道德行为）等心理成分，这些心理成分相互联系、相互促进。其中，知是品德形成的重要开端，影响着情、意、行三个要素。因此，侧重认知的诚信教学致力于促进学生形成诚信的概念，确立诚信的信念，并表现出诚信的行为。

制定课堂诚信宣言

【教学目标】

(1)通过课堂诚信宣言的制定，了解诚信体现在课堂的哪些方面。

(2)能够自觉遵守课堂诚信宣言，做一个言行一致的人。

【教学准备】

(1)学生录制视频。

(2)任课老师录制音频，准备记号笔、展板。

【教学过程】

一、认知诚信

(一)讨论什么是诚信。

主持人：各位同学，今天我们要谈论的主题是——制定课堂诚信宣言。在活动的开始，我想问问大家，什么是诚信呢？

生1：诚信就是说真话，不说谎话。

生2：诚信就是答应别人的事情要做好，实现自己的诺言。

生3：诚信就是不欺骗。

……

（二）班长解读“诚信”的定义。

诚信包括“诚实”和“守信”。诚实，即忠诚老实，不掩饰自己的真实感情，不说谎，不作假，不为不可告人的目的而欺骗别人。守信，就是讲信用，讲信誉，信守承诺，忠实于自己承担的义务，答应了别人的事一定要去做。忠诚地履行自己承担的义务是每一个现代公民应有的品质。

小结：诚实守信是中华民族的传统美德，也是我们少年儿童应该具备的品质。今天我们就一起来说一说课堂中的诚信。

二、播放视频及录音

视频：马小虎考试时有道题目不会做，趁老师不注意偷偷给同桌王小明传了一张纸条，王小明犹豫了，该把答案写给自己的好哥们吗？

英语老师录音：我是一名英语老师，带四个班的英语课，每天工作量非常大，但是有件让我很苦恼的事情，每个班都有好几个同学不按时交作业，明明没有写，还骗我说没有带，每天在这些同学后面催着要作业真的很辛苦，希望同学们也能体谅老师的难处。

数学老师录音：我是一名数学老师，学数学最重要的就是课堂上逻辑技巧的掌握，如果同学们上课跟着老师的思路，把各种题型的逻辑思维整理清楚，课下再巩固巩固，学好是不成问题的。课到了高年级，当我分析完，问同学们是否听懂时，有些同学选择了沉默，有些同学明明没有听懂却附和别人说听懂了，长期这样下去，我担心同学们的缺漏会越来越多。

三、组织讨论

主持人：其实，在我们平日的课堂上，还有很多这样的情况，今天让我们一起敞开心扉，谈谈面对这种课堂中的不诚信现象，我们到底应该如何做。

（学生四人为一个组，自主选择视频或录音中的一个话题进行讨论，也可以谈谈课堂中的其他不诚信行为，然后汇报发言。）

……

主持人：刚才大家针对“课堂中的诚信”这个问题都谈了自己的看法，下面我们邀请各位敬爱的任课老师，看看他们对我们有哪些建议。

四、任课老师共商议

（邀请本班语文、数学、英语老师到场。采访他们，请他们谈谈自己对课堂诚信的看法。）

主持人：各位老师你们好，你们平时带我们班级的各项课程非常辛苦，今天邀请各位老师来，希望各位能谈谈对课堂诚信的看法，让我们也了解自己在课堂诚信方面的不足之处。

语文老师：语文有很多非书面作业，比如回家听写、背诵等，有时老师没有做到一一检查，我希望同学们能够自觉完成。

数学老师：我最大的希望就是同学们在课堂上回答问题时一定要诚实，懂就是懂，不懂也没有关系，我可以再讲，但千万不能不懂装懂。

英语老师：如果同学们一两次没有带作业或者没有写，老师是能原谅的，但希望你们能诚实地告诉我，老师最不想看见的就是你们说谎话。

五、班级共商议

1. 分小组根据以下内容展开讨论。

(1)关于课堂中的作业，我们需遵守哪些诚信原则？

(2)关于考试，我们需遵守哪些诚信原则？

(3)关于课堂上的发言，我们需遵守哪些诚信原则？

2. 分小组展示讨论结果，由汇报人阐述本组观点。

(1)作业诚信原则：

生 1：每天要在保证质量的情况下按时上交作业。

生 2：如果确实忘记带作业或者忘记写作业应主动去跟老师说明原因。

生 3 ：不会做的作业可以课下请教同学或老师，但不能抄袭。

生 4：即使是非书面的不用上交的作业也要及时完成，不能欺骗老师。

(2)考试诚信原则：

生 5：考试过程中不抄袭。

生 6：考试过程中不帮助别人作弊。

(3)课堂发言诚信原则：

生 7：课堂上如实回答问题，不能不懂装懂。

……

3. 全班同学投票表决将哪些诚信规章写进班级《诚信课堂宣言》中。

4. 由班长执笔撰写《诚信课堂宣言》初稿。

六、修改《诚信课堂宣言》初稿

1. 班委会同学将初步制定的《诚信课堂宣言》交由本班所有任课老师一一过目，请他们指出不足之处及需要补充之处。

2. 全班再次商议，确定《诚信课堂宣言》。

3. 全班同学集体起立，在班长的带领下齐声朗读《诚信课堂宣言》。

主持人：同学们，我们一定要牢记自己的誓言，不辜负学校和老师的期望，做到“言必信，行必果”。在今后的学习与生活中，我们也要时时讲诚信，处处守诚信，让诚信之花永驻我们班。

【课后拓展】

将制定好的《诚信课堂宣言》制作成展板，贴在班级的显眼位置，时刻提醒同学们要做到诚信。

【教学反思】

这次诚信宣言的设计活动，不仅让学生反思了自己在课堂中的不诚信行为，而且让各任课老师走进课堂，让大家了解老师心目中的诚信课堂是什么样的，最终制定的诚信课堂宣言使学生的诚信意识有了普遍提高。①

(二)“诚信在我心中”——侧重体验的诚信教学

侧重体验的诚信教育课让学生全身心地融入课堂，并创造性地以自己的方式诠释诚信。通过富有乐趣的体验学习，诚信在学生面前不再是冰冷的，而是活生生的，与学生生活紧密联系的，这无疑会提高诚信教学的成效。

诚信在我心中

【教学目标】

通过专门的诚信教育课让学生领会到诚信是中华民族优良的传统，懂得同学之间的相处需要以诚相待。这种美德的核心是真诚。以“诚信在我心中”为口号，号召同学们坚持诚信做人的原则，做一个诚实守信的人。

【教学准备】

(1)排练小品《95分吗?》《友情》等。

(2)收集班中诚信的正反事例，对这些例子进行讨论。

(3)总结出不诚信的后果，以及诚信的意义和给我们带来哪些好处。

【教学过程】

1.激励引导，明确目标。

诚信，即诚实守信，用较为通俗的话讲就是“讲老实话，办老实事”。诚实守信是我们中华民族的优良传统。千百年来，人们讲究诚信，推崇诚信。诚信之风质朴醇厚，历史越悠久，诚信之气越广大。它早已融入我们民族文化的血液，成为文化基因中不可或缺的重要一环。同学们，让我们以“诚信在我心中”为口号，在浓缩的一节诚信教育课上一起来探讨、领会吧。

2.展示学生收集的有关诚信的名言名句，进行交流互动。

---

① 陈小勤.小学诚信教育主题活动设计[M].北京：中国轻工业出版社，2014:21-26.

(1)勿以恶小而为之,勿以善小而不为。

(2)精诚所至,金石为开。

(3)不信不立,不诚不行。

(4)诚实是智慧之书的第一章。

(5)诚实和勤勉,应该成为你永久的伴侣。

(6)言必信,行必果。

3.让学生举出古今中外“诚实守信”的事例。

(1)列宁打碎花瓶的故事。

(2)宋庆龄信守诺言。宋庆龄要去看望幼儿园的孩子。幼儿园的小朋友听了都很高兴,兴致勃勃地等着宋奶奶到来。突然,原来晴朗的天空刮起了大风,霎时间,飞沙走石,路上的行人都睁不开眼。大家议论,宋奶奶可能不会来了。正在这个时候,宋奶奶不顾漫天飞沙,满脸笑容地走下车来,来到孩子们中间。一位老师感动地说:“天气不好,您就改天再来吧!”宋奶奶说:“不,我不能失信,应当遵守诺言。”

(3)季布,汉朝人,他以诚实守信著称于世。时人谚云:得黄金百两,不如得季布一诺。意思是说,季布的一个承诺,比金子还要贵重。后来,季布跟随项羽战败,为刘邦通缉,不少人出来掩护他,使他度过了危难。最后,季布凭借着诚信,受到了汉王的重用。

(4)李苦禅是我国当代著名画家。他为人爽直,从不食言。有一次,有位老友请他作一幅画,李苦禅欣然应允。无奈,李苦禅因有事在身,未能及时完成画作。不久,他接到老友病故的讣告,内心愧疚,即趋画案,画了幅百莲图,并郑重其事地题上老友的名字,盖上自己的印章。随后携至后院,肃立将画烧毁。事后,李苦禅对儿子说:“今后再有老友要画,及时催我,不可失信啊!”

4.举出班上有哪些诚实的同学,说说他们的事迹。有哪些不诚实的同学,具体表现在哪些方面。

严文伶是个诚实的孩子。有一次单元测验时,老师扣漏了一题的分数,她及时对老师说:“老师,你少扣了我2分。”这种诚实的精神,受到赞扬。而本班的廖玉明同学,在操场上拾到同学的钱时,没有交还同学,而是将钱装进自己的口袋。当同学揭发他时,他才把钱还给同学。

5.讲故事。

早年,尼泊尔的喜马拉雅山南麓很少有外国人涉足。后来,许多日本人到这里观光旅游,据说这是缘于一位少年的诚信。一天,几位日本摄影师请当地一位少年买啤酒，而这位少年为之跑了三个多小时。第二天，那个少年又自告奋勇地再替他们买啤酒，这次摄影师给了他很多钱，但直到第三天下午，那个少年还没回来。于是，摄影师们议论纷纷，都认为那个少年把钱骗走了。第三天夜里，那个少年却敲开了摄影师的门。原来，他只购得4瓶啤酒，而后，他又翻了一座山，趟过一条河才购得另外6瓶，返回时摔坏了三瓶。他边哭边拿着玻璃碎片，向摄影师交回零钱，在场的人无不动容。这个故事使许多外国人深受感动。后来，到这儿的游客越来越多。

6.表演小品，然后讨论。

小品一：

在一次数学测验中，志明得了93分。在放学的路上，他边看试卷，边哼起歌来，一副得意扬扬的样子。碰见同学小聪，小聪对志明说："志明，今天这么高兴，有什么喜事?"志明说："你看我的试卷，我这次考试数学成绩超过你。"小聪觉得奇怪，就问："志明，你不是向老师保证说用你的真本事去考好成绩吗？可你放松了自己，平时又不用功学习，哪来这么高的分?"志明说："你是我的好朋友，不瞒你，这次成绩是我在考试时靠偷看得来的。"小聪说："你得来高分有什么用呢？这不是你的真实成绩。"志明脸红了。此时，心理博士出现，说："对于学生，在学习上诚实的美德表现之一就是考试不作弊，守诺言，不要为了一个成绩或荣誉，就不诚实，弄虚作假。"

小品二：

薇薇与菲菲相约在星期六下午3点在图书馆门口见面，一起去看书法展。两人彼此叮嘱，不见不散。不料，星期六下午薇薇却陪另一个同学去公园玩儿了。

菲菲在图书馆门口苦等了薇薇一个小时，错过了看书法展时间，很气愤。从此，菲菲不再和薇薇玩了。她们的友谊淡薄了许多，后来没有交往了。同学们，你认为薇薇失去朋友的原因是什么？围绕这个问题，让同学发表意见。（主持人请在座的同学当心理博士来解答）

7.游戏：我为诚信做广告。

8.课外延伸。

(1)把有关诚信的故事告诉你熟悉的朋友。

(2)制作"诚信小卡片"。①

---

① 任小艾，丁榕，迟希新.班级活动设计与组织[M].北京：北京师范大学出版社，2008：97-101.

(三)“诚信布偶剧”——侧重创作的诚信教学

爱唱爱跳是小学生的天性，同龄人创作和表演的节目更能增加他们对诚信的理解与悦纳。如果将诚信内容用快板、朗诵、表演剧等儿童喜闻乐见而且能够亲身参与的方式加以呈现，相信能取得更好的成效。通过创作与表演，抽象的诚信教条转变成一幕幕生动的情景，会给孩子们留下视觉、听觉和心灵上的深刻印象。无论是在台上表扬，还是在台下观看，孩子们都享受着表演带来的欢乐，诚信的种子润物细无声，植进了孩子们的心田。

诚信布偶剧

【教学目标】

(1)通过学生们感兴趣的诚信布偶剧表演，学生懂得幸福生活要靠诚实劳动获得。任何奉承、欺骗等手段最终都会被识破，不仅得不到大家的认可，还可能自食其果。

(2)通过故事表演，学生知道诚信的人最终会得到大家的尊敬和认可。

【教学准备】

(1)教师以公开招聘的形式选择两名主持人和若干名演员，制作招聘演员的宣传板。

(2)老师指导学生做好故事、表演编排。

(3)准备兔子、乌龟、长颈鹿等动物头像，以及幕布、绳子等道具。

【教学导入】

主持人甲、乙：尊敬的老师，亲爱的同学们，大家好！今天我们布偶剧的主题是——诚信。

主持人甲：草原上的动物王国准备评选“2014 年感动草原的十大诚信动物”。动物们都像过节一样高兴，纷纷讨论今年谁在这方面做得好，该选谁呢？你看他们来了。

(由学生扮演的狮子上场，低头想着。)

狮子：我该投谁一票呢？长颈鹿、小乌龟，还有大象国王做得都很好。嗯，当然，我觉得表现最好的还是我的恩人。你们知道我的恩人是谁吗？告诉你吧，你可别不相信，是小老鼠，它呀……

(由学生扮演的兔子上场，一脸的沮丧。)

狮子：小兔子，小兔子，天天都见你蹦蹦跳跳的，今天怎么了？咦，几日不见你长高不少啊。

兔子:唉,哪里是长高了,是耳朵变长了,又红又肿,还是别提了,羞死人了。

主持人乙:同学们,你想知道狮子的恩人为什么是身体比它小许多的小老鼠吗?想知道为什么兔子耳朵变长了吗?请看我们的诚信故事布偶剧表演。

【活动过程】

甲:请同学们欣赏第一个诚信故事表演《兔耳朵是怎样炼成的》。

演员:大象、兔子、长颈鹿、乌龟、猴子、小狗、土拨鼠等。

场景一:

(国王大象手持卷轴,威严地上场)

大象:我们的大草原已经有好几个月没下过雨了,变得像一个巨大的蒸笼,又闷又热。为了让草原的动物们都能喝到清凉可口的水,本国王宣布,我们要在草原上挖一口深井,除了孩子们和年老体弱者以外,大家都要有一分力出一分力,争取早点完成任务,早点解决大家的喝水问题。

(长颈鹿、乌龟、猴子、小狗、土拨鼠等动物纷纷响应,有的手里拿着铲子)

猴子(指着讲台靠左边的位置):这个位置不错,就在这里挖吧!

长颈鹿:我看可以,来,大家一起干。

(动物们干得热火朝天,兔子手里拿着一根草茎,慢悠悠地上场,走到讲台的右边)

兔子:我才没有它们那么傻呢,这么热的天出一身臭汗,等挖出水来,我一样去喝,何必这么累呢?还是待在大树下舒服,我先躺一会儿。

(兔子坐在树下,跷起二郎腿,嘴里嚼着草茎,双手枕在后脑勺下哼着小曲儿。另一边,众动物擦着汗,继续挖着)

众动物(兴奋地喊叫):出水了,出水了,终于挖到井水了。

猴子(作捞水喝状):啊,真凉啊,真爽!

小狗(作喝水状):还有点甜味呢,真好喝!

乌龟:是啊,要是在里面洗个澡,才叫舒服呢。

(兔子听了,一骨碌从地上跳了起来,直奔水井)

兔子:嗯,什么?怎么不先告诉我?亲爱的井水啊,我来了!

(众动物连忙挡在井前)

长颈鹿:你不行,挖井时到哪儿去了?一点儿活都没干,喝水你倒挺积极!

兔子(死皮赖脸地往井边凑):不嘛,我就要喝!

众动物:大象国王,兔子想不劳而获,我们都不同意让他喝我们挖出来的井水。

大象：很好，我之前说过，大家有一份力就要出一份力。我们可以照顾老弱病残，保护孩子，但我们可不愿意养懒汉。今天就安排长颈鹿在这里值班，看护好我们的水源。

场景二：

（长颈鹿拄着警棍，在井边坚守岗位。兔子偷偷溜到井边）

兔子（故作镇定）：哎呀，我以为是谁呢，原来是远近闻名的长颈鹿大哥呀，久仰呀久仰！

长颈鹿：哼！我是不会吃你那一套的，你白天没有机会，晚上还想来打坏主意，没门儿。有话直说，你是不是来偷水喝的？

兔子：我说长颈鹿大哥，你不要把我想得那么坏行不？我是特地来看看你，我还记得你最爱吃蜜了，特地带了一罐蜜给你，快尝尝。

长颈鹿：你不会骗我吧，我先闻闻，嗯，是挺香的。但是不行，你肯定是要用你的蜜换我的水，我才不上当呢！

兔子：我这就是孝敬你的，我是看你太辛苦了，特地送给你的。我保证不喝水，拿着罐子就走。

（长颈鹿将信将疑，看着兔子那么真诚，就打开罐子喝了下去。喝完，摇摇晃晃，慢慢倒地）

兔子：哼，告诉你吧，这里面有昏睡草，喝了它你就睡吧，我保证明天太阳老高的时候你都不会醒，哈哈……

（兔子作喝水状，喝饱了又装了一罐子水，一蹦一跳地离开了）

场景三：

（众动物在井边，商量着怎么对付兔子）

小狗：一连三天过去了，每次我们派来看护水井的动物都被兔子骗了。兔子可真是狡猾。

土拨鼠：是啊，上次我看守的时候，还差点被兔子推到井里去，真是气人。

乌龟：今天就让我值班，我一定能打败兔子，保卫井水！

猴子：你？哈哈，别逗了，就你那么个小不点儿，当心兔子把你做成龟肉补汤了。

乌龟：哼，最讨厌你一副瞧不起人的样子，你就等着瞧吧！

场景四：

晚上，乌龟悄悄来到井边，扑通一声跳了下去，在井底静静等待着。一会儿，兔子来到井边，见没有人看守，以为动物们妥协了。

兔子：哈哈，我的智慧谁也比不上，它们都被我捉弄怕了，今晚也没有派个值班的，我可以想怎么喝就怎么喝了。

（兔子刚想把头往井里伸，就被乌龟跳起来一下子咬住了耳朵）

兔子：哎哟哟，快松开快松开！我下次再也不敢了。

（兔子不停地挣扎，乌龟就是咬住不放。兔子的叫声把其他动物都引来了）

众动物：哈哈，现在知道错了吧。

（兔子羞愧地低下了头，在众动物的劝说下，乌龟放开了兔子）

乙：兔子的耳朵又大又长，原来是这样炼成的呀！兔子懒惰又想不劳而获，最后落得这样的下场，真是又好笑又可怜啊！看来我们可不能做偷懒狡猾的人哦。接下来请大家欣赏第二个诚信故事表演《小老鼠与大狮子》

场景一：

旁白：有一天，小老鼠在水池边玩耍时不小心掉在了水池里。它一边大声呼救，一边在水里使劲挣扎着。

老鼠：救命啊，救命啊！快来救救我这只可怜的小老鼠！

（狮子听到了声音，走过来，把小老鼠救起来）

老鼠：谢谢您，大狮子！

狮子：你嘴巴还挺甜呀，不过我可没有那么好心，现在肚子咕咕叫着呢。你说，怎么办呀？

老鼠：大……大王……我……一只……小老鼠……全身还没二两肉，还……不够您塞牙缝呢，不如您就放了我吧。日后我一定会报答您的。

狮子：你这个小不点，能顶什么用，好吧！看你浑身湿漉漉的，长得这么难看，不过你说得对，你还不够我塞牙缝呢！哈哈，我今天心情好，就放你一马吧。

老鼠：谢谢大王，我一定会报答您的救命之恩！

场景二：

（狮子被猎人用绳子捆在了一棵大树上，发出低低的吼声。小老鼠经过这里。）

老鼠：怎么了，我亲爱的大狮子？

狮子：唉，是你啊，小老鼠，我被猎人逮住了。他们把我捆起来，说明天就送到马戏团去。呜呜……我就要离开大草原了，以后可能再也回不来了。

老鼠：别怕，我有办法，看我的。

（小老鼠用牙齿使劲啃着绳子，一会儿工夫，绳子被啃断了，狮子得救了）

狮子：太谢谢你了，小老鼠，以前我还看不起你，今天多亏了你救我，你就是我的救命恩人。

老鼠：上次我说会报答你的，现在承诺终于实现了。

场景三：

（草原大会就要召开了，大象国王和动物们都到了，还有小老鼠和兔子没有到）

狮子：亲爱的朋友们，今天我们在这里欢聚，就是要评选出“2014年感动草原的十大诚信动物”，大家可以推荐，谁得的票数多就能够胜出。

狮子：咦，怎么没看到我的恩人小老鼠呢？它可是我隆重推荐的对象啊！

猴子：你们的故事我们都知道了，小老鼠虽然个子小，但志气不小，一诺千金，说到做到，是诚信的典范。

（老鼠悄悄走上前来，不好意思地）

老鼠：没什么，这是我应该做的，狮子还曾经救过我呢，我们现在是好朋友。

（兔子也悄悄凑过来）

兔子：大家都在这里啊，是评选十大诚信动物吗？我最近表现不错，欢迎大家投我一票。

小狗：看看你的耳朵，还记得是怎么变长的吗？

兔子：人家知错了嘛！我最近自己种了一片菜地，还把多余的菜给山羊伯伯了呢。我一定好好表现，做个热爱劳动、诚实守信的好兔子。

【活动总结】

老师：今天我们的小演员表演得很精彩，让我们把最热烈的掌声送给他们。通过他们的表演，大家得到了哪些启发？

（同学们自由发言，下面是部分同学的发言）

(1)只有诚信才能赢得信任。

(2)说过的话一定要努力做到。

(3)知错就改，一样能得到别人的尊重和信任。

(4)劳动创造生活，靠诚实劳动创造的东西是最珍贵的。

老师总结：只要信守承诺，通过自己的努力，看似不可能的事情也可能变成现实。承诺的事情一定要努力办到。

最后对本次活动中积极参加的小演员进行表扬。①

---

① 陈小勤. 小学诚信教育主题活动设计[M]. 北京：中国轻工业出版社，2014:78-86.

四、专门诚信课的注意事项

(一)契合儿童经验

长期以来,我国的道德教育内容枯燥、方法单一,效果很不理想,其中最主要的原因就是德育与生活的隔离。① 诚信教育作为道德教育的重要方面,自然要吸取道德教育的教训,不管是专门诚信课的内容设计,还是方法选取都要回归儿童生活,契合儿童经验。在进行诚信教育时,应根据班级情况、学生年龄特点选择喜闻乐见的传授形式,如讲故事、情景剧表演、自制诚信班规等,使儿童易于主动融入其中,自觉接受诚信教育的洗礼。教育内容要贴近生活,如儿童在与他人相处时不说谎、守承诺,在考试中不作弊、不帮助他人作弊,不抄袭作业,不欺骗师长等。由于儿童的接受能力有限,教学目标要体现递进性,由易到难,由浅入深,根据学生的年龄特点和接受能力循序渐进,逐步提高。在引导学生行为时,也不能急于求成、揠苗助长,须知诚信行为的养成非一日之功,教师要从大处着眼,小处入手,从远处着眼,近处入手。总之,诚信教育不能走形式主义、理想主义的老路,而要扎根现实,从儿童现有的经验入手。

(二)体现学生主体

专门诚信教育的课堂一定要走进儿童、了解儿童、信任儿童,以儿童为本,尊重儿童的天性。儿童是课堂的主角,有效的诚信教育离不开学生的自身参与、积极思考、亲身体验、自觉践行。教师在合理设置教学目标的前提下要给学生表现的机会,相信儿童的潜力,很多时候学生在专门诚信课的熏陶下能够进行自我教育,反思自己哪方面欠缺,在遇到某种诚信难题时自己应该怎么做,教师让学生做课堂的主人远比强制灌输冷冰冰的诚信知识来得有针对性和实效性。诚信教育课堂要做到不虚伪、不做作。教师要还原儿童课堂中真实的自己,鼓励儿童诚实表达自己的想法,虽然学生的某些想法和做法有时候并不符合诚信原则,这也正体现了诚信教育的价值和需要。教师要明白学生的心智尚未成熟,错误和困惑是在所难免的,诚信教育课堂正是解决和减少困惑的地方,教师就是儿童道德成长的引路人而不是代步者,要构建真正开放而有活力的课堂。

(三)课堂寓教于乐

专门诚信课不同于学科教学课程,其以诚信教育为中心展开,不会受学

① 傅建明.校园童谣与小学生诚信教育[M].广州:广东教育出版社,2012:77.

科教学内容的限制，具有灵活性和多样性。所以教师在进行课程设计时，要力求内容丰富多彩、形式喜闻乐见，体现寓教于乐的原则。我们不能期待小学生像成人那样静坐默思，儿童喜欢游戏，乐于模仿，他们的学习主要是通过活动进行的，儿童对新异的东西会产生强烈的好奇心，有去探究的欲望。教师要抓住儿童的这些鲜明特点，寓教于乐地开展诚信教育。游戏、唱歌、画画等是大多数儿童喜欢的学习形式，教师要善于将教学内容渗透到这些活动中，使儿童在参与中潜移默化地形成诚信观念，养成诚信行为。知识授受的静态课堂是无法激起学生的学习欲望的，特别对于小学生而言，僵化的课堂只会让他们将教学内容自动屏蔽。课堂应该是有生命活力的，是开放而有序的，学并快乐着，应该成为课堂教学的最高追求。

第二节　以理倡诚信——学科中的诚信教育

学科教学不应成为单纯获得知识的工具，结合其在学校教学活动中所占比重大、涉及面广的特点，学科教学应该成为学生精神生活的一个主要组成部分。因此，教师在学科教学中不仅要向学生传授知识，发展学生的学科素养，还应遵照德育要求，让学生在学习知识的过程中，受到诚信等思想品德教育，促进他们身心的健康发展。具体来说，教师要善于抓住时机，充分挖掘教材的思想性，结合教学环节和学生特点培养诚信品质，把诚信教学有机渗透到学科教学活动之中，从而实现教书育人的终极目标。

一、人文学科

人文学科中叙述的很多事例、名人故事等，都非常接近学生的生活经验，是对学生进行诚信教育的重要内容。教师在教学时要结合教学内容，利用诚信素材，征举引申、补充事例，通过实行多样的方法，适时地对学生进行诚信教育。① 小学的人文学科包括语文、品德与社会（品德与生活）、心理健康、英语、历史、地理等课程。在众多人文学科中，语文德育的实际效果最为突出，这是因为语文本身具有很强的人文性，其内容通常也负载着道德内容，而且语文的教学时间长、课时多，所以利用语文学科渗透诚信教育极为必要。我们将通过一个案例向大家展示如何渗透。

---

① 楼黎社．诚信校园建设的理论与实践[M]．杭州：浙江大学出版社，2008：89．

《我不能失信》教学设计

一、教材简析

本文选自三年级语文上册第八课。课文描述了一个星期天，宋庆龄要随父母一起去父亲的一位朋友家，突然想起要在当天教朋友小珍叠花篮，虽然父母都劝她改天再教，可是小庆龄还是留了下来，履行了自己的诺言。

二、设计理念

鼓励学生运用默读、大声读、分角色读等多种阅读方式，放手让学生读课文。在自读自悟的基础上，就自己的阅读感受与同学进行交流，与他人分享阅读成果，感受阅读乐趣，提高阅读能力。

三、学习目标

1. 正确流利地朗读课文，有感情地朗读人物的对话。

2. 把握文章的主要内容，感受宋庆龄诚实守信的可贵品质，使自己在做人做事上获得启示。

3. 培养独立阅读能力。

四、教具准备

课件、挂图。

五、教学过程

（一）看图导入

1. 出示挂图，让学生说说图上画的是谁。

2. 出示课件资料，简介宋庆龄。

3. 今天我们来学习宋庆龄小时候的故事——《我不能失信》（板书课题）。

（二）初读课文、认识生字、整体感知

1. 学生自由读课文，可大声读、默读、同桌互读、小组读。一边读一边画出不会读的字，借助拼音，读准字音。

2. 教师检查认读字、词的情况。

（1）出示课件，让学生认读。

（2）抽学生读蝴蝶上的字词，让蝴蝶飞回家。

3. 指名学生读课文。

4. 说说课文向我们介绍了什么内容。

（三）细读课文、理解句子、加深体会

1.学生自主读课文,自学课文,找出自己存在的问题。

2.课件出示阅读要求:说说宋庆龄给你留下了怎样的印象,你是从文中哪些地方感受到的?

3.小组交流。

4.学生自由发表意见。

5.教师指导学生抓住重点词句体会文章所表达的思想感情,指导有感情地朗读。如:“宋庆龄显得特别高兴。她早就盼着到这位伯伯家去了。伯伯家养的鸽子,尖尖的嘴巴,红红的眼睛,漂亮极啦!伯伯还说准备送她一只呢!”教师要指导学生抓住带点的词句,明白宋庆龄多么想去那位伯伯家,多么想去看那些可爱的鸽子。如此想去而未能去成表明一个孩子为守信做出的牺牲是多么难能可贵。

6.讨论:第9段,妈妈的话在全文中起了什么作用?(妈妈的话是对宋庆龄守信行为的肯定和赞美,也点明了文章的中心。)

7.宋庆龄那么想去伯伯家看鸽子却没能去成,为什么最后还是甜甜地笑了?(因为她觉得自己信守约定,做了一件正确的事情。)

(四)分角色朗读课文,体会文章情感

1.四人小组合作,一位读旁白,其余三位分别读爸爸、妈妈和宋庆龄的话。先组内练习,然后小组间比赛。

2.选小组上台表演。

3.同桌评比,选出优胜者。

4.读了这个故事,你觉得宋庆龄做得对不对?

(五)结合实际,拓展延伸

1.在生活中,你有没有遇到过类似的事?你是怎么处理的?

2.播放影片:《信义兄弟》。

3.交流讲信用的名人名言。

人而无信,不知其可也。——孔子

一言既出,驷马难追。——中国谚语

如果要别人诚信,首先自己要诚信。——莎士比亚

(六)作业布置

1.有感情地朗读课文。

2.收集有关诚实守信的故事。[①]

---

① 邬忠贤.《我不能失信》教学设计[J].课程教育研究,2012(6):81-82.

二、自然学科

自然学科体现实事求是、严谨科学的精神，这本身是一种诚信品质。教师要以自然学科教学为契机努力使学生养成求真务实的学风，让学生深切体会到科学是老老实实的学问，科学是人类实践活动的结晶，科学发展需要诚实的人去实践。小学自然科学学科包括数学、科学等学科，它们是向学生进行科学启蒙的重要基础学科，是培养学生科学意识和科学精神的摇篮，教师在组织学生实事求是地寻找论证科学答案时，就潜移默化地将尊重事实、严谨治学的科学态度扎根于孩子幼小的心灵之中。

教师要善于利用教科书的知识进行诚信教育，使学生不仅学到科学知识，更体会到科学研究需要严谨踏实、实事求是的精神，将此转化为自身的内在追求。下面展示人教版数学五年级上册《统计与可能性》教学设计供大家参考。

统计与可能性

【教学目标】

1. 体验事件发生的可能性以及游戏规则的公平性，会求简单事件发生的可能性。

2. 能按照指定的要求设计简单的游戏方案。

3. 通过多种活动，感受可能性在生活中的作用，体会到探索规律的过程必须尊重事实，容不得半点虚假，学习科学家严肃、认真的科学态度和科学精神。

【教学准备】

多媒体课件、飞镖一套，一元硬币若干、练习纸一张、计算器每两人一个。

【教学过程】

一、游戏导入

师：同学们，你们喜欢玩游戏吗？（出示飞镖及靶盘，见图 7-1）

师：这个游戏你们玩过吗？想不想试试？（任意请两名同学上台）

师：大家猜一猜，谁可能会赢？为什么？

揭示课题：在游戏中或生活中的一些比赛，可能你会赢，可能我会赢，充满了未知性，所以我们一定要遵守游戏规则，保证游戏的公平性。今天我们就来探索有趣的知识——可能性。

二、探究新知

1. 设疑

(1)师：既然是可能性，是否就毫无规律可言呢？（实物投影：一枚一元钱硬币，让学生观察一元钱硬币的正反面。）

(2)教师抛硬币，让学生猜一猜是正面还是反面。

师：是正面朝上的次数多，还是反面朝上的次数多？

图 7-1　飞镖靶盘

2. 实验探究

实验要求：每两人为一活动小组，限时一分钟连续抛硬币，并把每次抛硬币正反面出现的结果记录在练习纸的表格（见表 7-1）中。

表 7-1　抛硬币实验记录

次数	1	2	3	4	5	6	7	8	9	…
朝上的面										

正面朝上次数____，反面朝上次数____。

请几个小组汇报实验结果，教师将实验结果输入课件，见表 7-2。

表 7-2　抛硬币实验汇总

组别	正面朝上次数	反面朝上次数
一		
二		
三		
四		
五		
合计		

教师将汇总的实验结果在计算机中进行简单合计，引导学生观察这两个实验结果。

师：正面朝上总次数和反面朝上总次数的差别大吗？

生得出：正反面朝上的次数差别不大或相同。

3. 如果试验次数更多，会怎么样呢？让我们看看实验结果吧，见表 7-3。（适时引出科学家的实验数据，为进一步探索打下基础。）

表 7-3　历史上数学家抛硬币实验情况

实验者	抛硬币次数	正面朝上次数	反面朝上次数
德·摩根	4092	2048	2044
蒲丰	4040	2048	1992
费勒	10000	4979	5021
皮尔逊	24000	12012	11988
罗曼诺夫斯基	80640	39699	40941

师：面对这些实验数据，你的第一印象是什么？

生 1：科学家的试验次数很多。

生 2：正反面朝上的次数差不多，非常接近。

学生小组活动：利用计算器，将科学家的实验数据快速算一算：

(1)用正面朝上的次数除以实验总次数，得数多少？

(2)用反面朝上的次数除以实验总次数，得数多少？（除得结果保留一位小数）

师：你发现了什么？

生：除出来的得数都约等于 0.5。

师：0.5 用分数怎么表示？

生：0.5 用分数表示是 1/2。

师：科学家的实验数据毕竟是有限的，但随着科技手段的不断发展，如果实验结果的次数更多，设想一下，正反面朝上的可能性会怎样？

学生得出：正反面朝上的可能性会相等。

师：通过抛硬币的活动，我们发现，一个小小的规律的得出需要很多人的艰辛探索，科学家们重复了如此多次的实验，他们靠数据说话，实事求是，尊重事实。我们在学习科学知识的过程中，也要向他们学习，始终怀着严肃认真、一丝不苟、坚韧不拔的科学态度。①

三、艺体学科

艺体学科不仅是发展学生特长、培养学生多种能力的重要途径，也是全

① 邢慧清. 鼎尖教案[M]. 延吉：延边教育出版社，2008：172-173.

面发展学生智力，培养学生良好习惯的学科。它具有“以艺寓德、以艺育德、辅德引善”的重要作用，能通过栩栩如生的艺术创作和艺术形象，唤起人们的美感，影响人们的情绪思想和品德，使人们受到真善美的感染，在耳濡目染中受到理想信念和思想道德的教化。① 所以，教师在开展丰富多彩的艺体活动中，要注重培养学生诚实守信的品德，促进学生身心健康发展。下面就以小学音乐课为例展示说明。

《拉勾勾》教学设计

【教学目标】

1. 激发和培养学生对音乐的兴趣，开发学生的音乐感知力、感受力，体验音乐的美感。

2. 通过实践活动，培养学生积极向上的生活态度及合作精神，使学生明白朋友间要真诚友好，拉勾勾就代表一个承诺，答应朋友的事一定要实现。

3. 能说出三角铁、双响筒、铃鼓的名称，并初步学会演奏方法。

【教具准备】

图片(图片上两个小朋友手拉手)、录音机、磁带、电子琴、百宝箱(用纸箱装饰一下做成的，里面放了三角铁、双响筒、铃鼓)

【教学过程】

一、情境导入

(一)讲故事《爱因斯坦与小女孩》

(二)针对故事提问：同学们，你们想一想为什么爱因斯坦和小女孩能成为最好的朋友?

生1：爱因斯坦是伟大的科学家，但小女孩面对他敢于说真话、实话，敢于指出爱因斯坦的缺点。

生2：爱因斯坦和小姑娘相互很真诚，他们信守每天互相帮助的诺言，所以他们成为好朋友。

师：上节课我们学了一首新歌《好朋友》，大家看看我与朋友表演这个动作的时候代表什么啊?(教师与一学生拉勾，表演“拉勾上吊，一百年不许变”!)

生：代表跟朋友约定了一件事，不能改变。

---

① 楼黎社. 诚信校园建设的理论与实践[M]. 杭州：浙江大学出版社，2008：87.

师：今天我们就来学习一首新歌《拉勾勾》。

二、寓教于乐

（一）自主学习，感受音乐

1. 老师范唱歌曲《拉勾勾》，学生初步感受音乐。

2. 老师引导学生反复听几遍，学生听音乐，拍手拍肩、拍手拍腿小声跟唱歌曲，感受歌曲的节拍。

（二）启发引导，用听唱法教学新歌

1. 老师指导学生准确地读出歌词，调动学生积极性。

2. 老师边范唱边在黑板上指画金勾勾、银勾勾图形谱。老师再次范唱，学生哼唱，并用手指指出画面上的图。

（三）演唱歌曲，体验音乐

分小组唱，老师指导突破歌唱的难点。

（设计意图：学生往往在集体歌唱时唱得很流畅，但是单独唱时，很容易找不着调，集体唱也不便于老师听辨学生是否唱得正确，所以让学生分组练唱，老师听辨的同时其余学生也得到了听辨训练。）

三、创造表现

（一）合作探究

1. 老师用手势动作表示高音或低音的旋律行进，再让学生准确地唱一遍歌曲。

2. 老师和学生一起做拉勾勾游戏并表演，问：我们怎样做才能和同学们都成为好朋友？哪些行为我们不能做？

生：不能对同学撒谎，说到的事一定要做到。与朋友相处要说实话，要学会跟朋友分享，要关心朋友，朋友有困难要及时帮助他们……

师：大家说得很好，我们都希望有很多好朋友，所以我们在生活中要帮助别人、对同学说实话、真话，信守承诺，这样我们就能交到越来越多的朋友。下面，跟我们的好朋友一起，再来唱一唱这首歌吧。

（二）创造实践

鼓励学生分小组自编动作演唱歌曲；随老师的琴声两人一组表演。

（三）表演展示，交流评价

推选几组进行表演，学生分组站成圆圈并拍手做动作演唱歌曲，评比哪组表演得好。

（四）聆听管弦乐

师：我们不仅和同学们成为好朋友，我们也应该和小动物们交朋友。你

们听，一个小朋友和他的小动物伙伴玩得多开心啊！（播放音乐《口哨与小狗》）

问：你们听到乐曲中有哪些声音？（口哨声与小狗叫声）你的心情怎样？（愉快）

再次聆听并要求学生听到小狗叫声时在书中添上一种颜色，听到另一种声音则涂上另一种颜色。

（五）鼓励学生戴小狗头饰随音乐表演

【教学总结】

今天我们学习了一首新歌《拉勾勾》，拉勾勾是好朋友间经常做的动作，代表我们和朋友共同许下的承诺。大家课下可以与身边的好朋友一起唱这首歌，希望新学期小朋友们都能交到喜欢的好朋友。[1]

第三节　以行践诚信——课外的诚信活动

新一轮基础教育课程改革设置了综合实践活动课程，它通过密切联系现实生活，使学生的学习成为有意义的学习，进而影响学生的态度、认知、情感和生活，使学生不但掌握知识和技术，而且形成较强的创新意识和实践能力，养成善于合作、乐于分享、勇于进取等个性品质，促进学生完善品格的形成。[2] 综合实践活动的这些特点使其成为校园诚信教育的重要途径，因为诚信教育的重点在知行合一，关键在于践行。在小学校园设置综合实践活动课程，可以充分发挥学生的积极性和创造性，有利于学生把诚信知识、诚信原则内化为自我的内在信念，逐步形成自身的诚信情感，落实到诚信行动之中，进而达成诚信品质形成要经历的知、情、意、行整个环节的水到渠成。

一、研究性学习

研究性学习是指学生基于自身兴趣，在教师指导下，从自然、社会和学生自身生活中选择和确定研究主题，主动地获取知识、运用知识、解决问题的学习活动。[3] 研究性学习强调的是从生活出发，鼓励学生自主探究问题，目标在于培养学生观察生活、探究问题的兴趣和认真学习、努力钻研的态

① 一年级音乐[M].北京：人民音乐出版社，2001：6-7.

② 廖先亮.综合实践活动获得课程案例[M].武汉：武汉大学出版社，2003：1.

③ 丁锦宏.小学品格教育主题活动设计[M].北京：中国轻工业出版社，2012：17-24.

度。小学阶段是培养学生感知世界、感受生活的重要阶段，是学生人生观、价值观和道德品质形成的关键时期，所以研究性学习要围绕小学生的特点以及培养目标确定活动主题。人无信，无以立，诚信是为人处世的基本准则，是道德品质的重要内容。我们要从小树立学生的诚信意识，培养学生待人真诚、不撒谎、不欺骗的品行，待学生将诚信转化为自身的自觉行为时，这将成为他们未来生活的一笔巨大财富。

下面展示以《诚信是金》为主题的研究性学习活动，供大家参考借鉴。

诚信是金

【活动目标】

1. 学生能够清楚地认识到诚信是一个人的立足之本，是人与人交往的基本原则，人与人相处时应当诚实无欺、言行一致。

2. 学生知道诚信有多种表现：做人坦荡正直、实事求是，敢于讲实话，敢于承担，言而有信，信守承诺。

【活动形式】主题班队活动

【活动参与者】全班学生

【活动准备】

1. 学生搜集相关故事、格言。

2. 提前布置教室，改变桌椅摆放位置，营造适合交流的环境和氛围。

3. 教师制作多媒体课件。

【活动过程】

一、故事导入

维修部主人的故事

一位中年男人走进一家柴油机维修部，自称是某汽车运输公司的司机。他说："在我的账单上多写点零件，我回公司报销后，有你一份好处。"主人拒绝了。他继续纠缠："我的生意不算小，会常来的，你肯定能赚很多钱。"主人告诉他，无论如何也不行。他仍然劝说道："大家都这么干，我看你太傻了。"维修部主人终于发火了，把他轰了出去。

1. 讨论。

(1)这个维修部主人有什么特点？

(2)在你们看来,这个维修部主人是不是很傻?

2.续讲故事。

忽然间,那位顾客露出微笑并满怀敬意地握住维修部主人的手,说:“我就是那家运输公司的老板,我一直在找一个固定的、信得过的维修点,你还让我到哪儿去谈这笔生意呢?”

讨论:是什么让维修部的主人获得了这笔生意?

二、初步探讨:我们都喜欢诚信的人

展开话题:故事中的顾客想要找有诚信的商家,在生活中你想结识怎样的朋友呢?

(给学生提供多个选项,如漂亮、聪明、诚信、勇敢、活泼、乐于助人等,让学生选两到三项,排序并说出理由。)

小结:我们总是喜欢和真诚的人做朋友,因为你肯真心对人,对方一定会感受到你的诚意,从而消除猜疑,把你作为知心朋友。有了这样的朋友,在你快乐的时候便有人与你一同分享,当你忧愁的时候也有人与你共同分担,这不是一件很幸福的事吗?

三、深入探讨:怎样才能做到诚信

引导:老师相信我们中的许多人遇到过下列情景,不信,我们一起来看看!

1.问题情景一:告诉不告诉父母?

(1)呈现情景:小明这次英语考试非常失败,回家后他一声不响地进了自己的房间。令他苦恼的是,到底要不要告诉父母这次考试的成绩呢?同学们,你们有没有遇到过这样的事情?当时你们的心情是怎样的?

老师建议:考试只是检测学习效果和学习努力程度的一种工具,成绩只能说明一个阶段的成果,并不代表你的将来。遇到这种情况,如果能如实告诉家长,认真分析自己的不足,并加以改正,老师相信能够如此诚实且勇敢地面对自己的失败和不足的你,一定会取得进步!那现在请大家帮小明出出主意,让他走出烦恼。(先小组讨论,再全班交流)

(2)讲《小樱桃树的故事》:让我们一同来看看发生在华盛顿身上的故事,他也碰到了一件让他犹豫的事儿。(多媒体呈现)

在华盛顿家的庄园中有一座很大的果园。每到收获的季节,一颗颗硕大的苹果、一簇簇红色的樱桃垂挂在绿叶丛中,真是惹人喜爱。

一天,华盛顿在家里发现了一柄爸爸新买来的斧头。他带着斧头跑进花园,用它削小草、砍树枝,玩得可开心啦!玩着玩着,突然他想到:“父亲能用斧头砍倒大树,我能不能拿斧头砍倒小树呢?正巧,在他的前面不远处有一棵小樱桃树,于是华盛顿跑上前,提起斧头就向小樱桃树砍下去,一下,两下……才砍了七下,小樱桃树就倒了。

当父亲发现花园被弄得乱七八糟,他十分喜爱的那棵小樱桃树也被人砍倒了,非常生气。他怒气冲冲地走进屋里,大声问道:"谁把我的樱桃树砍倒了?"华盛顿明白自己闯了祸,犹豫了片刻,抬起头看着爸爸,态度诚恳地说:"爸爸,我不能说谎,是我用斧头把树砍坏了。"华盛顿的话音刚落,他父亲满脸的怒气顿时烟消云散,并称赞华盛顿:"诚实的行为胜过一千棵樱桃树的价值。"后来,小樱桃树的故事传开了,"诚实"也成了这位美国国父为人的写照。

2. 问题情景二:还不还钱?

(1)呈现情景:某店店员的脾气暴躁,得罪了不少客人。一次你去商店买东西,发现他多找了你5元钱。这时,你已经走出了店门,停下脚步,你有些犹豫,要不要把钱还回去?

其实,生活中还会遇到诸多类似的情景,比如在路上捡到钱包,这时你是占为己有,还是归还失主?做作业碰到不会的题目,你会不会拿别人做好的作业来"参考"呢?考试遇到不会做的题目,你会不会趁监考老师不注意,偷看附近同学的呢?

(2)故事分享《士兵长跑的故事》。

一个士兵,非常不善于长跑,所以在一次部队的越野赛中很快就远落人后,一个人孤零零地跑着。转过了几道弯,遇到了一个岔路口:一条路,标明是军官跑的;另一条路,标明是士兵跑的小径。他停顿了一下,虽然对做军官连越野赛都有便宜可占感到不满,但是仍然朝着士兵的小径跑去。没想到过了半个小时后到达终点,却是名列第一。他感到不可思议,自己从来没有取得过名次不说,连前50名也没有跑过。但是,主持赛跑的军官笑着恭喜他取得了比赛的胜利。过了几个钟头后,大批人马到了,他们跑得筋疲力尽,看见他赢得了胜利,也觉得奇怪。但是突然大家醒悟过来,在岔路口诚实守信,是多么重要。

老师建议:诚信之人,内心坦荡荡。即使在没有旁人监督的情况下,也能做出诚信的选择,而这种选择最终也必将让他受益。面对还不还钱的两难困境,刚才老师没有要求你们回答。不过老师相信,今后同学们在生活中遇到类似的问题时,一定能够做出问心无愧的选择。

四、活动总结

1. 用多媒体呈现有关诚信的名人名言，指导学生读读想想。

诚实是最好的策略。——乔治·华盛顿

人生在世，如果失去信用，如同行尸走肉。——乔·赫伯特

言不信者，行不果。——墨子

2. 结语：讲信用，守信义，是立身处世之道，它既体现了对他人的尊重，也体现了对自己的尊重。一个人的诚信品质是通过一点一滴的小事反映出来的，希望我们能以诚信为荣，做人坦荡正直，勇于面对自己的不足，言而有信。让我们做诚信之人，让诚信之花开遍校园！①

二、社区实践

社区服务和社会实践也是综合实践活动四大领域之一。它是指学生在教师的指导下，走出教室，进入实际的社会当中，直接参与各种力所能及的社区服务和社会实践活动，以获取直接经验，并将所学知识、技能应用于社会实践，发展实践能力和创新能力，培养学生的社会服务意识，增强学生的社会责任感，以培养合格公民为主旨的学习活动领域。②诚信是小学生公民意识培养的重要内容。树木之初重育苗，立人之始在于幼，诚信教育应从小抓起。传统的诚信教育以知识识记为主，剥夺了儿童在实际生活情境中体验诚信的机会，把学生的好奇心和求知欲关闭在思想品德课的课堂之内，这种教育方式很难培养学生的诚信品质，因为诚信最终要落实到实际行动中。

诚信教育的重点在知行统一，关键在践行。只有精心安排贴近生活、贴近实际、贴近学生的诚信活动，学生才能受到熏陶。社会实践活动提供给学生体验诚信、践行诚信的机会，发展了学生关心他人、服务他人的意识，强化了学生的社会责任感，是一种非常适合小学生的诚信教育方式。

我身边的诚信调查活动

一、活动主题确定

诚信是道德之基石，是立人之根本。诚信教育已在社会上蔚然成风，现在无论干什么都讲究诚信，学生要做诚实守信的人，不撒谎，与同学之间要

① 丁锦宏.小学品格教育主题活动设计[M].北京：中国轻工业出版社，2012：17-24.

② 潘洪建，李庶泉.小学综合实践活动指导[M].镇江：江苏大学出版社，2010：143.

做到一诺千金;商人要做诚实守信的人,商品不掺假,这样才能销售营业额高;老百姓要做诚实守信的人……总之在当今社会没有诚信寸步难行,那诚信教育发挥应有的效果了吗,社会的诚信现状怎样呢?

在对小学生进行诚信教育时,社会必须营造一个人人讲诚信的优良风气,孩子身边的人都应该为他们做出表率,那么他们做到了吗?此次,学校特别组织学生到周围社区进行调查走访,感悟身边的诚信故事。

二、活动目标

在诚实教育方面:培养学生诚实待人,以真诚的言行对待他人,对他人富有同情心,乐于助人。严格要求自己,言行一致,不说谎话。端正考风考纪,作业和考试独自完成,不抄袭、不作弊。

在守信教育方面:培养学生守时、守信、有责任心,承诺的事情一定要做到,言必信、行必果。遇到失误,勇于承担应有的责任,知错就改。

在法规教育方面:加强遵守法律法规、校规校纪和社会公德的教育,培养学生的法律意识,具备良好的道德品质。要进一步落实《中小学生日常行为规范》,全面培养学生诚信、守纪、公正、文明等良好习惯。

活动时间:一个星期

参加对象:五年级全体学生及老师

三、具体实施过程

(一)宣传动员阶段

班主任召开以“我身边的诚信”为主题的班队会,从思想教育入手,让学生明白判断一种行为是否诚信的标准是什么,诚信可以带来哪些好处。并引导学生畅所欲言,表达自己对此次活动的认识,提出自己对于诚信社会调查的想法。

班主任汇集学生的意见,组织指导学生制定实际行动方案,这种做法有效调动了学生参与此次活动的积极性。

(二)活动准备阶段

(1)确定活动小组,将全班学生划分为三个小组,第一小组职责是采访所在社区的居民有哪些诚信事迹,第二小组职责是深入社区超市、菜市场等商业场所,了解商业诚信现状,第三小组职责是在社区分发诚信宣传单,向社区居民倡导诚信。

(2)制定诚信宣传单,班级同学根据自己的奇思妙想设计诚信宣传单,并打印100份供第三小组成员分发。

(3)确定采访的问题和对象,约定采访时间、地点。

(三)活动开展阶段

学生用自己的实际行动,将诚信思想传播给更多的人,同时对身边的诚信现状有了更深切的体会。在活动中培养学生的交际能力、组织能力、应对突发事件的能力以及健康向上的思想品德。

1. 宣传带动

班级印发了学生自己制作的诚信宣传单,学生走进社区向居民分发宣传单,并辅以现场解说的方式,把自己知道的诚信知识告诉身边的每一个人,号召大家树立"以诚实守信为荣,以见义忘利为耻"的思想意识,引起身边人对诚信的重视。

2. 明察暗访

第一组组长带领同学到达社区,向社区工作人员咨询社区发生的诚信事迹、社区的诚信榜样,并通过社区宣传栏、实地走访收集信息。确定采访对象后,学生两人一队根据拟定好的问题对当事人进行参访,并实时记录采访内容。采访结束后,对其表示感谢。

第二组组长带领同学来到社区的商业经营场所,两人一队进行走访,询问商品质量和商贩的生意之道,扮演顾客亲身体验,调查买菜时商贩是否会缺斤少两,是否存在卖假货、哄抬物价等欺骗行为。

(四)总结阶段

以小组为单位整理收集到的资料信息(文字、照片、录像等),将活动成果以日记、手抄报、采访稿等形式向全班同学展示。召开讨论会,各小组互相分享自己的活动感受,教师总结。

例:第一组采访记录:

采访对象1:出租车司机

采访记录:作为一名出租车司机我感到非常光荣,因为我们的工作十分重要,同时也是代表一个城市的形象,所以我们每位出租车司机都感到身上的责任很重,诚信当然是我们每位出租车司机的必备品格。每当乘客交多了钱,我会毫不犹豫地将多的钱还给他,有时会有乘客将物品遗失在车上,我都会上交公司。记得有一次,我在打扫车子时发现了一个黑钱包,里面有好几千元和两张银行信用卡,我想这肯定有急用,于是马上交给了负责人,通过各种渠道终于联系到了失主,失主十分感激非要给我报酬,我说这是我们出租车司机应尽的责任。

采访对象2:个体户

采访记录:记得刚开始做生意时我卖的是海米,当时市场上卖海米的人很多，他们都在夜里往海米里掺水，来增加分量，而我却将海米中的杂质去掉。用水浸过的海米早晨是鲜亮的，买者众多，到了中午就失去了光泽没人问津。而我的海米一直鲜亮，开始卖得不多，后来则供不应求了，算起来我赚得比他们要多得多。这件事一直影响着我，所以我无论卖什么都不投机、不占便宜，因此不管卖什么都买者众多。

我的感想：通过对这么多居民的调查，我真的感触颇深，不论是老人还是小孩，不管是工人还是个体户，总之他们都秉着诚信之心。我一定要以他们为榜样，将诚信落实到一点一滴的行动之中。

四、活动反思

综合实践活动的关键是让学生自己去做，去探索、去经历、去感受。在这次以“我身边的诚信”为主题的社区实践中，学生的收获很大。学生了解到身边许多诚信的人和事，感受到诚信的魅力，同时也接触到社会一些不诚信行为，感受到这种行为带来的危害。学生从正反两方面全面感知诚信，在思想上提高了诚信觉悟，在行动上把诚信化为自觉行为，促使学生在以后的学习生活中用真诚的态度处理一切事情，使学生懂得做人要诚实守信的道理，在他们心中播下诚信的种子。①

三、网络平台

信息技术教育是以计算机多媒体为认知工具，以培养学生的信息素养为宗旨，以培养学生获取、分析、加工、利用、评价信息的能力为目标的一种教育活动。② 它是为了适应信息时代对人才培养提出的新要求而设置的学习领域。我们进行诚信主题教育时，往往会要求学生自己去发现问题、探究问题、解决问题，这时网络就成为学生学习的广阔资源。学生可以通过网络平台与老师、同学甚至陌生人交流，可以共享学习资源、交流感情、互相协作，这样就可以大大提高学习效率。同时基于网络平台的诚信教育是一个动手动脑相结合的过程，能培养学生借助网络获取信息、辨别和筛选信息、整合与表达信息的能力。网络上的信息通常集文字、图像、声音于一体，共同作用于学生的感官，可以激发学生的学习兴趣，丰富学生的体验，这无疑会极大提高诚信教育的效果。

基于网络平台的诚信教育形式多样，如建立班级 QQ 群，要求学生不在

---

① 改编自管锡基．中小学综合实践活动课程资源包[M]．北京：教育科学出版社，2010：347-352.

② 潘洪建，李庶泉．小学综合实践活动指导[M]．镇江：江苏大学出版社，2010：193.

群里散布虚假信息，真诚友好地学习交流，鼓励学生将自己搜集的诚信资料上传至群共享，大家共同交流探讨；倡导学生制作诚信电子卡片赠送给自己心目中最诚信的人，鼓励学生通过新闻、广播等渠道关注社会诚信。各班还可以建立诚信网站，通过投票选出诚信之星展示在网站首页，将诚信主题班会、诚信社会实践等活动成果通过专栏展示。利用网络平台进行诚信教育，可以为学生营造一个浓厚的诚信氛围，学生在环境的熏陶下将诚信视为一种内在需要，诚信品质已经在学生心中扎根生长。

淘宝小达人

【活动背景】

小学高年级的学生好奇心强，有一定综合分析能力。随着信息技术的高速发展，诚信不仅体现在现实社会里，还体现在虚拟的电子商务中。通过“淘宝小达人”的活动，学生知道诚信在虚拟的网络时代也是非常重要的。

【活动目标】

(1)让学生体会诚信在网络交易中的重要性；知道在网络交易中，信誉度高的卖家才能获得“淘宝达人”的青睐。

(2)通过网购体验，了解身为买家的诚信义务，愿意为社会诚信贡献自己的智慧和力量。

【活动准备】

(1)教师根据需要，提前制作并发放网购调查表(见表7-4)，了解身边人的网络购物体验。

表7-4　网购调查表

被采访人		职业		网购年限	
物品					
价格					
网站					
满意度 (五颗星为最满意)					
选择网购的理由					
购物攻略					

(2)在父母同意的前提下学生成功注册自己的电子邮箱备用。

(3)活动场所安排在多媒体教室。

【活动过程】

一、我要淘宝

1. 学生交流课前调查表(每个学生课前采访自己的家人或周围的亲戚,最少三人,做一次网购调查。了解他们近三个月以来从网络购买商品的数量、种类、价格和他们的网购经验)。

2. 学生讨论:被采访人为什么会选择网络购物的方式?他们有什么购物攻略?

生1:我妈妈网购的物品中,最多的是衣服,大都是从天猫商城买的,因为天猫商城的衣服大都是名牌旗舰店,质量信得过,售后非常热情、细心,最主要是价格便宜啊,同样一件衣服,商场的价格是上千元,在网上能便宜一两百元。还有就是节约时间。

生2:我小姨最喜欢网购,她买得最多的也是衣服、鞋子,她告诉我和卖家聊天,称呼对方为:亲。那"我们大家"就是"亲们"。还有选择好的购物网站很重要,比如买衣服,它会去淘宝网或天猫商城,买书会去当当网。

生3:我妈妈就喜欢在网上买东西,她经常选择信誉度高的店铺来买东西,比如几个钻啊、皇冠啊,还有金冠什么的。她想要买什么,一定会看别人购物后的评价。

生4:我调查的对象是我姑姑,她告诉我,买得多了,自然而然会摸出一些门道。网购最好要找那些参加了"七天无理由退换货""消费者保障"这些服务的店铺,在他们的店铺页面就会有这些标志。这些店铺的东西一般都有保证,如果出现问题,会比较容易解决。

3. 教师小结:从同学们的课前调查和刚才的交流中,我们看到了很多人选择网购时,将卖家的信誉度作为重要的参考指标。那买家和卖家的信誉到底是如何建立的呢?让我们亲身体验一次网购,了解这里的奥妙吧。

二、我会淘宝

1. 注册会员

(1)讨论选择购物网站(经过讨论,学生明白网络购物的网站有很多,例如:淘宝、当当、京东、聚美优品、团购网站等)。

(2)教师以淘宝为例,示范注册会员,学生操作实践。

步骤一:打开购物网站,填写账户信息,这些信息是"亲们"自己在购物网站上的身份,谨记用户名和密码,并且不要泄露。

步骤二:验证账户信息,为了检验大家所填信息是否真实,这里有两个验证方法，可以选择其中一个进行验证，最常用的是邮箱验证。

步骤三：输入正确的邮箱后，网页会跳转至邮箱，激活账户，提示注册成功。

2. 诚信网购知识大搜索

（学生在老师的指导下，浏览购物网站，了解网购中信用度的相关知识，分组汇报）

生：我们组主要了解的是卖家信用度的知识。知道了在淘宝网每使用支付宝或网上银行成功交易一次，就可以对卖家做一次信用评价。评价分为“好评”“中评”“差评”三类，每种评价对应一个信用积分，具体为：好评加 1 分，中评不加分，差评扣 1 分。卖家靠这些评价提升自己的信用度。

三、网购诚信不容小觑

观看网络诚信视频：《淘宝网品牌商共筑网购诚信新闻发布会》。

教师总结：网络购物中，卖家的信用度和评价是买家购物的重要参考，买家要对卖家做一个真实的信用评价。可见，对双方来说，诚信都非常重要。大家课下可以在家人的帮助下体验一次网上购物，帮自己的家人或朋友在网上选购一个小礼物，同学们通过自己的判断选择信得过的网站和信用度高的卖家，收到货之后也要反馈自己真实的评价哦。

【活动反思】

本次活动设计旨在帮助学生认识诚信在电子商务中的重要性，在虚拟的电子商务中，卖家只有信誉度高，淘宝达人才会青睐和光顾。学生通过进行网购体验，了解买家也有义务给予卖家恰当的评价，并通过这样的评价提升自己的信誉度。教师在实际操作过程中要注意，网络购物有利有弊，小学生不可以独立进行网购，一定要在家长的帮助下进行。①

---

① 陈小勤. 小学诚信教育主题活动设计[M]. 北京：中国轻工业出版社，2014：270-273.

第八章 生活实践法

诚信作为一种道德品质，与生活有着千丝万缕的联系。诚信起源于生活，存在于生活，形成于生活，服务于生活。正是基于这四个层面的本体性关联，我们认为诚信原本就是一种生活。既然诚信是一种生活，那么在构建校园诚信文化时就应该从生活视角出发，从小学校园生活出发寻找构建校园诚信文化的策略。本章正是基于诚信与生活之间的本体性关系，从生活视角出发，通过生活实践的方式构建小学校园诚信文化。那么，诚信与生活之间的这四个层面的本体性关联具体如何表征？小学生的校园生活由哪些领域构成？不同的生活领域和生活形态对校园诚信文化的构成有何种价值？应如何发挥不同生活领域之于校园诚信文化构成的作用？

第一节 诚信是一种生活

诚信作为一种道德品质，它本质上就是一种生活。生活之于诚信具有本体性地位，这种本体性关系主要表现为诚信起源于生活、诚信存在于生活、诚信形成于生活、诚信服务于生活。

一、诚信起源于生活

生活的本质是人与人的交往与互动，而语言又是交往行为的前提与中介，人与人的交往行为本质上说就是言语行为。而言语行为本身又内隐诚信规范。“人类社会以语言为先决条件；而语言必须遵守规则；要遵守规则必须有说真话的准则。"[①]可以说，诚信产生于人类社会生存与发展的基本需求，是人类社会生存与发展的根本原则。

（一）生活的本质在于交往

生活是人与对象在互动中展开的，与对象的共在与交往是生活的本质。生活世界[②]"从一开始就不是每一个个体的世界，而是一个对于我们所有人来说共同的主体间际世界"[③]。这里的主体间际体现了生活的交往本质。哈贝马斯也曾深入探讨交往与生活的本体性关系。他认为，以语言为背景所建构的生活世界是交往行为的视域。交往行为的发生需要依赖生活世界这个背景，而生活世界本身也只能通过交往行为才能得到更新与发展。"交往行为最终依赖的是具体的语境，而这些语境本身又是互动参与者的生活世界的片段。"[④]整个人类生活史可以说是一部交往史，在与对象的不断互动交往中生成生活。

（二）语言是交往行为的中介

哈贝马斯在探讨生活与交往的本体性关系后，又深入研究了交往行为。他认为，交往行为是"一些以语言为中介的互动，在这些互动过程中，所有的参与者通过他们的言语行为所追求的都是以言行事的目的，而且只有这一个目的"[⑤]。互动就是沟通与协商，以言行事即交往的最终目的——导向协作与共同发展。而这个过程中语言发挥着中介桥梁的重要作用。只有以语言为媒介，以理解为取向，使得行为者之间达到认同与合作的行为才是交往行为。因此，语言是交往行为的核心问题。而哈贝马斯又把语言的具体表现即言语行为等同于交往行为。他认为，虽然人们可以不以语言为媒介做出很多行为，例如表情与手势等，甚至这些行为也能为他人所理解，但对一种行为意义的理解，无论是意会还是言传，都离不开语言这个媒介。

（三）言语行为隐含诚信规范

哈贝马斯认为，每个言语行为都由"以言行事"和"以言表意"两个部分构成，前者起着建立人际关系作用；后者起着表达事实情况，传递信息作用。

---

① 麦金太尔.伦理学简史[M].北京：商务印书馆，1997：139.

② 这里只是借用了西方哲学中生活世界的术语，本书生活与生活世界是同一概念。

③ 阿尔弗雷德·许茨.社会实在问题[M].北京：华夏出版社，2001：285.

④ 哈贝马斯.交往行为理论：第1卷[M].曹卫东，译.上海：上海人民出版社，2004：266.

⑤ 哈贝马斯.交往行为理论：第1卷[M].曹卫东，译.上海：上海人民出版社，2004：281.

而无论是“以言表意”还是“以言行事”都内隐诚信规范。诚信的本质是个体的心意、言语和行动三者各自的真实性、一贯性以及彼此之间的一致性。“以言表意”关系到言说者所说话语的真实性与表达自我意象的能力，即言说者必须保证所传递信息的真实性与传递信息时自身态度的真诚性。我们可以把这两个方面简化为言说者要说真话，说真心话，这刚好体现了诚信规范的两个方面：即言说者所传递的信息要保持其真实性与一贯性；言说者所传递的信息与内心的心意是一致的。而以言行事即说话者实施言语行为的能力，即言行一致。言行一致可谓诚信规范的集中体现。

二、诚信存在于生活

起源于生活需求的诚信必然存在于生活之中。而诚信的内涵与标准只有在人的生活实践中才能正确理解。“伦理和道德原则的意义，惟有在生活过程中才能真正把握。”①

（一）诚信的内涵在生活之中

诚信的内涵不是一成不变的，它随生活的变化而不断呈现新的含义。在不同的社会生活形态中，诚信道德所植根的社会经济基础不同，必然随着生活的流变呈现出不同的内涵。

梅因认为：“所有进步社会的运动，到此处为止，是一个‘从身份到契约’的运动。”②从身份到契约的运动可以被看作是人类生活发展的历史轨迹。而诚信的内涵也经历了从身份诚信到契约诚信的转变。身份是对人格状态的一种限定，标志着人处在外在关系的限制中缺少自我个性与决定自由，没有平等的主体之间的关系。而契约有两层含义：一是具有排他性的专有利益的两个主体之间是平等的非强制的关系；二是两个利益主体达成一致的意见。③ 由两者内涵区别可知，身份诚信是不平等的两个主体之间的诚信关系，它所展开的语境是纵向的义务与服从关系，而契约诚信指向横向的两个平等的主体之间的关系。

在中国古典伦理中，诚与信大部分时候是两种不同的德行。诚作为具体的德目具有忠诚含义，这种忠诚是单方面的，体现出下级对上级的纵向服

---

① 杨国荣．伦理与存在——道德哲学研究[M]．上海：上海人民出版社，2002：33．

② 梅因．古代法[M]．沈景一，译．北京：商务印书馆，1984：97．

③ 张凤阳．契约伦理与诚信缺失[J]．南京大学学报（哲学·人文科学·社会科学），2002(6)：33-39．

从;而信,一是指朋友之间守信,二是指统治者取信于民的含义。朋友有信仅仅是朋友这个特定的主体之间,不具备普适性。取信于民仅仅是统治者统治的策略,它不具备道德意义,也只具有单向意义。而在现代市场经济社会中诚信的内涵由过去的身份诚信向契约诚信转变。契约伦理是市场经济的伦理基础,契约对经济生活普遍覆盖,再向社会其他领域逐渐蔓延使得契约伦理成为现代社会最基本的伦理理念。契约的基础是信用,信用以主体的诚实道德为基础。从这个意义上说,诚信在现代社会具有普适性与基础性,诚信不再是传统社会中特定的社会关系(朋友之间)和特定的社会共同体(仅仅是熟人社会共同体内部)的道德规范,不再是纵向的义务与服从关系的道德规范,而是在平等的主体间的一种普遍的、基础性的社会道德与底线伦理。

(二)诚信判断标准在生活中

在生活中,不同的生活形态必然产生与其相适应的诚信内涵。因而诚信道德的合法性基础只能在生活之中去寻找。鲍曼曾指出道德的"原始"状况,即"远在被权威地告知何为'善'、何为'恶'(有时两者都不是)之前,我们在最初不可避免地与他者相遇时以及面对着善与恶的选择"①。所谓"善的"或"好的",在其原初意义上指的就是"标识那种使一个有目的的发生之成功得以可能并在某种程度上得以保存的东西"②。换句话说,道德或德行之所以受到推崇与赞誉,"是因为它们在共同行动中确保了可能性,为主体间创造了可靠的活动空间,并且因此而确保了'被引领的生活'的成功"③。因此,善恶的判断标准并非其他,而是"被引领的生活"的成功。生活才是道德的最终判断标准。由此可见,诚信道德的判断标准也应在生活之中,什么是诚信的,什么不是诚信的,它的标准就在生活实践中。然而,生活是流变的,不同形态的生活对诚信道德的判断也不相同。在计划经济时代的经济生活形态中,诚信的道德标准与价值判断体现为下级对上级的绝对服从与执行式的忠诚;而在市场经济时代的经济生活形态中,诚信的道德标准与价值判断体现为彼此独立的双方横向的契约与信用关系。由纵向的忠诚到横向的契约与信用,诚信的道德标准正是随着经济生活形态的转变而转变的。

---

① 齐格蒙·鲍曼.生活在碎片之中——论后现代道德[M].郁建兴,周俊,周莹,译.上海:学林出版社,2002:2.

② K.黑尔德.对伦理的现象学复原[J].哲学研究,2005(1):50-56.

③ K.黑尔德.对伦理的现象学复原[J].哲学研究,2005(1):50-56.

三、诚信形成于生活

起源于生活、存在于生活中的诚信必然是形成于生活中的，离开生活将无法培养完整的诚信德行品质。只有当主体参与这种生活与交往关系之中，并通过亲自体验、处理各种社会关系，才能获得对诚信道德规范的深刻理解和认识，产生积极的诚信情感体验，形成坚定的诚信道德信念，养成自觉的诚信行为习惯。

（一）诚信认知在生活中形成

个体诚信认知是关于诚信的含义、价值以及判断标准的系统性认识。诚信认知可以从知识和价值两个维度来理解，知识维度涉及诚信的基本内涵和判断标准，即有关诚信是什么和怎样才是诚信的问题。价值维度涉及诚信对个体的意义以及个人是否“应该”的问题。[①] 在知识维度上，个体关于诚信内涵与判断标准的理解与掌握并非通过理性的思考或是在书本上就能获得的，而是来自于个体的亲身生活实践。来自于亲身生活的诚信认识和体验是真实的、深刻的、全面的，这比任何一种书本上传授的方式都要鲜活得多。“只有首先教人伦理地生活，才能进而对他讲伦理的学说。”[②]而诚信之于个体的价值与意义也只有在生活中才能得到体现。诚信产生于生活中交往与协作的需要，正是在交往与协作中人们才能深知诚信的重要性，没有相互之间的真诚与守信，就不可能有稳定的合作，不可能形成和谐的人际交往。只有在生活交往中，个体才能深刻体会诚信的价值与意义。

（二）诚信行为在生活中养成

诚信行为是基于诚信认知的支配下所做出的诚信活动。个体稳定的诚信行为即诚信行为习惯是在真实的生活体验中形成的。“我们的行为习惯是通过与有着特定习惯性行为的人生活在一起获得的……行为始于模仿，继而则作为与各种习惯协调一致的选择。”[③]可以说，行为习惯的形成很大程度上是在对榜样的模仿学习中形成的。而榜样，一种是人为树立的榜样，另一种是生活中的榜样。人为的榜样一般是社会组织根据自己的需要和道德价值观对某人进行加工、包装和宣传，倡导公众向其学习。人为的榜样在大规模的宣传中使得榜样脱离了原有的生活背景，榜样原型失真，个体很难去

---

① 王东．论诚信观的培养[D]．沈阳：辽宁师范大学，2008：17-19．

② 杨国荣．伦理与存在——道德哲学研究[M]．上海：上海人民出版社，2002：32．

③ M．奥克肖特．巴比塔——论人类道德生活的形式[J]．世界哲学，2003(4)：105-112．

模仿这种人为的榜样。而生活中的榜样不是别人树立的，是真实的，是亲切自然的。生活中的榜样在自己的行为中散发自然的人格魅力，必然会影响身边的人，使得身边的人会有意或者无意地模仿他的行为，“见贤思齐”就是这个道理。因此，个体诚信行为习惯的形成是通过塑造真实的生活中的诚信榜样而形成的，真实的生活中的诚信榜样是亲切自然的，个体自觉或者不自觉地模仿榜样行为，养成诚信行为习惯。

四、诚信服务于生活

诚信起源于生活，存在于生活，形成于生活，最终服务于生活。诚信服务于生活是从诚信价值上来考察两者之间的关系，即诚信是否关涉生活与人的存在。人的存在有两重向度，人既是类的存在物，又是一个个独特的个体存在。因而诚信之于人的存在、生活的价值表现在两个方面：在类的层面维持生活秩序；在个体之维作用于自我的统一和境界的提升。

（一）诚信维持现实生活秩序

维持社会秩序体现的是诚信的工具性价值，诚信是维持社会秩序的条件之一。

一方面，诚信规范同其他的社会规则系统一样，规定了社会成员应当履行诚信的义务与责任，并通过相应的道德评价与外在教化方式让主体自觉遵守诚信规范。中国古代乡土社会是“礼治”社会，礼是“社会公认合式的行为规范”①。合于礼就是这些行为是对的，即合式。这些公认合式的行为规范就是封建社会的三纲五常。三纲五常是每个乡土社会成员必须遵守的规范义务。信作为五常之一，就被纳入乡土社会的“礼”之中，具有法律规范的意义。礼治社会内在规定了信的规范，同时也对共同体成员的行为提供了加以评判的准则。如果一个熟人社会共同体的成员不对自己身边的人守信用，那他就是失礼的，这个人将很难在这个共同体中获得认同与接纳，也无法在这个共同体中生存。

另一方面，诚信作为一种规范意味着为行为规定某种“度”。在相关的“度”或界限内，行为是合理并被容许的，超出了此度，则行为将受到制止。诚信作为一种道德规范，这种“度”的作用在现代市场经济中深刻体现出来。市场经济以私利的追求为经济行为的基本动机，这个动机在道德上是中性的，应赋予其先验的价值合理性。那么，在肯定市场经济对私利追求的基本

---

① 费孝通. 乡土中国[M]. 北京：北京大学出版社，2012：56.

动机的框架内，应如何看待诚信在其中的价值？市场经济制度以契约关系为根本，以承认每个个体都是一个利益主体并且相应地具有平等的社会权利为原则，人具有平等的权利。那么，诚信的价值就在于为个体行为规定一个度：即追求个体合理利益的同时以尊重他人正当权利为前提。度就表现在他人的平等的、正当的权利，这是个体追求利益的边界。更重要的是，市场经济对诚信的需要不是因为诚信的存在会增加经济成本，更重要的是失去诚信的支持，市场经济就难以合理地运行。市场经济需要“看得见的手”与“看不见的手”双重力量的调控，而这只“看得见的手”除了政府干预，就是以诚信为核心的市场经济内在需要的道德规范。[①] 正是这种规范为人们在市场经济中追逐私利规定了“度”的边界。

（二）诚信建构可能生活

诚信服务于生活是从诚信价值上来考察两者之间的关系，即诚信是否关涉生活与人的存在。

在个体之维诚信作用于自我的统一和境界的提升。道德的原初意义就是关涉“如何做成一个人”的问题，其核心在于追求何种生活才是有意义的好生活。何为好生活？生活的本质属性是人的生成，它是不断流变的。生活并不满足于现实性，而是追求更高层次的可能性。好生活不在于对现实生活的维持，而在于对可能生活的追求。可能生活是什么？赵汀阳认为，可能生活即是幸福。幸福的本质是创造与给予。而给予，又是自由的给予，在给予的行为中，行为本身就是行为的目的，个体能从行为本身感受到幸福，而不是为了某种声誉回报的付出。“那些考虑到利益回报或者声誉回报的符合规范的行为只不过是‘假言的’，即有条件的规范行为，而不是自由的纯粹道德行为。”[②]自由给予是个体真实自由意志的体现，是心、言、行的高度统一的状态，是个体真实对己的表现。而给予本身是一种无条件的利他行为，表现为真诚对他、关怀他人。而真实对己、真诚对他又完整地体现了诚信的内涵本质。可能生活就是一种诚信的生活，而可能生活又是在诚信行为中创造的。从这个意义上说，诚信既是可能生活的本质属性与内容，又是实现可能生活的动力。

综上所述，无论是从诚信的起源、存在方式、生成上看还是从诚信的价

---

① 樊浩．诚信的形上道德原理及其实践理性法则[J]．东南大学学报(哲学社会科学版)，2003(6)：15-22．

② 赵汀阳．论可能生活[M]．北京：中国人民大学出版社，2010：149-150．

值上看，诚信都离不开生活。正是在此意义上，我们认为诚信是一种生活，对诚信问题的审视都不能绕过生活这一基本的视域。既然诚信是一种生活，那么诚信教育就无法抽离生活而单独存在，构建校园诚信文化从校园生活出发，通过生活实践的方式开展诚信教育，构建小学校园诚信文化。

第二节 校园生活的内涵与构成

诚信是一种生活，构建校园诚信文化应该从生活视角出发。那么，小学校园生活具体由哪些领域构成？不同的生活领域之于诚信教育有何种价值？本节内容将围绕这几个问题展开。

一、校园生活的内涵

校园生活本质上看是学校物理空间所圈限的物理活动内的场所。校园生活是小学生生活的重要组成，也是养成其诚信道德品质的载体。要理解校园生活，首先要从生活的概念着眼，进而延伸推导出其内涵。

（一）生活的内涵

关于生活，古今中外学者依据不同视角对其做了不同的理解。从广义角度上看，生活是指人为了生存和发展所进行的一切活动及其所产生的一切。冯友兰曾说过："人生就是'人之生活之总名'，人生的当局者是人，吾人的生活就是人生，人们的动作行为，举措设施等一切都是人生，所谓吃饭、生孩子、招呼朋友以及一切吃苦或享乐是人生，就是问人生，讲人生，也都是人生。所谓人生的真相也就在于此。"①从狭义的角度上看，生活就是人的生命活动的动态展开。人的生命活动是生活的实质与核心，它的动态展开构成了人的全部生活。马克思认为生产生活与生命生活是同一回事。"劳动这种生命活动、这种生产生活本身对人来说不过是满足他的需要即维持肉体生存的需要的手段。而生产生活就是类生活，这是产生生命的生活。一个种的全部特性、类特性就在于生活活动的性质，而人的类特性恰恰就是自由的有意识的活动。"②梁漱溟也曾说："生命与生活，在我说实际上是纯然一回

① 冯友兰.三松堂全集：第1卷[M].郑州：河南人民出版社，1996：333.

② 马克思，恩格斯.马克思恩格斯选集：第1卷[M].北京：人民出版社，1995：46.

事。"[①]当然,还有其他学者关于生活观点的理解,如杜威认为生活是经验,李文阁认为生活是指人的生成。这里,生活的概念是指主体人在与对象的互动中维持生命的存在与发展、实现人的价值与意义的能动过程。人是生活的主体,生活与人内在统一。人的各方面的发展,包括道德成长只能在生活中才能实现。维持人的生命存在与发展是生活的基点,这是生活的工具性价值。实现人的价值与意义是生活的归宿,这体现生活的目的性价值。而这些都是在人与对象的互动交往中实现的。与对象的共在与交往是生活的一个本质特点。人的生活是在关系维度上展开的。人的生命存在、发展以及实现价值与意义的过程都要在与对象的互动中得以实现。对象不仅包括自然,也包括自我、他人与社会。

(二)校园生活的内涵

学界关于校园生活内涵的研究较少,但与校园生活内涵相近的学校生活内涵的研究较为丰富。关于学校生活,大多数学者都是从教育社会学视角来研究,将学校生活界定为特殊组织的社会生活,是一种制度化的产物。"学校生活是教育者(教师)依据一定的教育方针,有目的、有计划和有组织地对受教育者(学生)进行培养教育的一种专门化的社会生活。"也有学者从生活视角界定学校生活,认为学校生活就是"教师与学生在教育活动中为了自我存在与发展所展开的生命活动过程"。

实际上,学校生活和校园生活这两个概念并不完全等同。首先,学校不同于校园。校园只是一个由学校的围墙所圈限的物理场所,而学校则是超越这一场所限制的文化场域。其次,"学校"与"校园"密切相关。学校总是占据一定校园的学校,没有校园也就没有学校;校园之所以称为校园又是因为其作为一种组织的学校的存在,因而没有学校组织也就没有校园。在这个意义上,校园生活特指物理空间限制下的教育生活,表征的是学校物质建筑所具有的特殊限定意义。这里从生活视角研究校园诚信文化的构建,因而从生活视角界定校园生活。校园生活是指教师与学生在校园这个物理空间内的教育活动中维持自身的生命存在与发展、实现个人的价值与意义的能动过程。

具体来说,校园生活主要包含几个内涵:首先,校园生活的主体是教师与学生。其次,校园生活的目的是实现师生的生命存在与发展,实现个体的

① 宋恩荣.梁漱溟教育文集[M].南京:江苏教育出版社,1987:217.

价值与意义。最后,实现生命的存在与发展、实现个体价值与意义是通过在校园各种活动中与对象的互动交往中实现。

二、校园生活的构成

校园生活形式多样、内容丰富。根据不同的标准,校园生活可以区分为不同类型。本研究采用赫勒与衣俊卿关于生活领域的划分标准,按照个体再生产与社会再生产的方式将校园生活划分为日常生活与制度生活。之所以这样划分,一是因为这种划分方式基本上可以覆盖所有的生活领域;二是小学生的生活本身具有自在性、情感性和游戏性特征,尽管在校园里制度生活是主体,但他们还会在制度生活中寻找日常生活的时空;三是因为学校本身就是一种制度化产物,校园生活大体上就是一种制度生活。因此,这里将校园生活分为日常生活与制度生活。

(一)日常生活

所谓日常生活,衣俊卿将其视为同个体生命延续即个体生存直接相关的各种活动,如衣食住行、饮食男女等。日常生活在非制度约束的情景中的生活,具有明显的重复性、如是性和情感性等基本特征。按照衣俊卿的日常生活划分标准,校园的日常生活一般分为日常消费生活、日常交往生活和日常观念生活。日常观念生活主要是指个体的思维活动,更多涉及认知层面,与本研究的关系较小。因此,本研究中日常生活不包括日常观念生活。而日常生活与个体再生产相关,因此学生为了自身的个体发展开展的课外日常闲暇活动也属于日常生活的一部分。因此,校园里的日常生活包括日常消费生活、日常交往生活以及日常闲暇生活。

1. 日常消费生活

日常消费生活是指衣食住行、饮食男女等以个体的肉体生命延续为宗旨的日常生活资料的获取与消费活动。① 对在校园里生活的小学生来说,其不具备生产能力,经济上尚未独立,只是依靠家庭的纯消费群体。其消费生活主要集中在零花钱的使用上。尽管没有生产能力,但这并不意味着他们没有自己"自由"支配"收入"与消费能力以及独特的消费活动。一方面,他们都有一定的零花钱;另一方面,他们是未来的消费主体,他们对自己的消费生活都有一定的期待,突出地反映在他们的消费意识上。

---

① 衣俊卿.现代化与日常生活批判[M].北京:人民出版社,2005:102.

2. 日常交往生活

日常交往是指“杂谈闲聊、礼尚往来等以日常语言为媒介、以血缘关系和天然情感为基础的活动”①。学校日常生活中的交往活动或生活是学校日常生活中最主要的组成部分，它首先是学生与学生之间的交往。这是发生在同一学校物形空间内的比较固定的交往形式，学生在共同生活的空间里，由无法选择的交往走向了自由选择的交往，既与每一个同学交往又有自己亲密的伙伴。其次是师生之间课堂外的交往。这种非正规场合、正规渠道以外的交往往往在师生关系中起着非常重要的作用，学生往往在这种私人的交往中体会到教师完整的情感和人格。最后，学校日常生活中的交往还包括教师之间的交往。这种交往通常对学生之间的交往有着示范和暗示作用。

3. 日常闲暇生活

闲暇大致有三层含义：一是指空闲的时间；二是指工作之余的恢复体力或精神的休闲活动；三是指一种休闲自得的精神状态，一种积极乐观的生活态度。闲暇生活是指工作时间之外的闲暇时间与休闲活动，以及在此基础之上的自由的生活态度与心理状态。从闲暇生活的内涵可知，闲暇生活包含了自由时间、自由活动和自由状态三层含义。② 校园日常闲暇生活主要是指小学生校园生活中的闲暇时间、自由活动以及在此基础上形成的自由的心理状态。自由是闲暇生活的本质属性。而自由，是一切德行的基础与最终目标。“取消了自己意志的一切自由，也就取消了自己行为的一切道德性。”③在闲暇生活中，小学生能够充分展现个性自由与本真，身心能够获得健康发展，有利于良好的人际关系的建立，有利于道德判断及道德评价能力的提高。

(二)制度生活

制度生活在这里是指学校的非日常生活。学校是教育专门化、制度化的产物，是一种制度化的存在。制度生活即学校的非日常生活，是校园生活的主要部分。制度生活是指学校师生在特定的制度体系中展开的生活，它要求师生在某些具体的场合遵守相应的制度和规范。校园制度生活则主要

---

① 衣俊卿. 现代化与日常生活批判[M]. 北京：人民出版社，2005：102.

② 冯建军. 差异与共生——多元文化背景下中小学生的闲暇生活方式[M]. 成都：四川教育出版社，2010：141.

③ 卢梭. 社会契约论[M]. 何兆武，译. 北京：商务印书馆，1990：16.

以学校的各种规章制度或纪律为调节因素，具有强烈的规范性、程序性、强制性。制度生活最主要体现在课堂生活中。课堂教学是制度生活最主要的组成部分。而除了课堂生活之外，制度生活本身包含各种规范制度的遵守，对小学生来说，对制度规范的遵守也是制度生活的重要内容。除此之外，校园制度生活还包括学校里的各种仪式活动，如升旗仪式、典礼活动等，以及班会、评优评奖、班干部选举等。

第三节 日常生活中的诚信教育

在原初意义上，日常生活世界对个人具有先在性，并构成个人生存和生活意义的必要前提。它也决定着个人品德之“被给予”的特点，即伴随人们日常生活实践的展开和丰富，人的品性和道德被不断地孕育和塑造出来。[①] 诚信作为一种源自日常生活实践的个人品德，首先要服从日常生活本身的内在逻辑，其次才是理性建构的逻辑。小学生的生活具有日常生活的自在性与如是性的特点，日常生活是其道德成长不可或缺的领域。那么，应如何在日常生活中开展诚信教育？前文提到，小学生在校园里的日常生活主要包括日常消费生活、日常交往生活和日常闲暇生活。因此，在日常生活中养成其诚信品德应从这三个部分出发。

一、在消费生活中养成诚信价值观

消费生活是小学生日常生活的一部分，而小学生的消费生活尚未形成固定的消费价值观，其消费价值观的形成必然受到社会消费文化的影响。消费文化是伴随着消费社会出现的，是表达、体现或隐含着某种意义或传承某种价值规范体系的符号系统。……而这种符号系统既包含了把无节制的消费、无度的享受、无止境的消遣当作人生的终极意义和最大幸福的消费主义价值观，也隐含着平等、公正、诚信等积极健康的消费伦理和社会道德法则，是塑造和解读现实生活世界的社会文化力量。[②] 教育者应有意识地在小学生消费生活中引导小学生形成积极的、正确的诚信价值观。当下小学生的消费行为主要集中在对零花钱的使用上，因此消费价值观的培养重在养

---

① 曾繁敏，程立涛．论个人品德的日常生活之根[J]．河北师范大学学报(哲学社会科学版)，2009(5)：65-69．

② 杨淑萍．消费文化对青少年道德观的影响研究[J]．教育研究，2012(10)：47-53．

成小学生正确的金钱观。消费文化中所推崇的个性化、潮流化的消费方式导致某些小学生的攀比消费与炫耀性消费，而这些消费行为容易使小学生迷失自我，丧失真实对己的诚实品质。在学校的诚信教育中，应在品德课、社会生活课程和学科教学中增加金钱观教育的相关内容，引导小学生正确地看待金钱的基本功能，学会基本的理财常识。学校诚信教育既要关注金钱观整体特点，还要结合年级差异、性别差异等不同群体小学生的生活背景展开金钱观的教育，培养小学生诚实的金钱观，纠正小学生对金钱的错位认知。家长应有意识地对子女金钱观进行引导，让其明白金钱之于生活的价值，金钱只是实现生活部分目标的手段，而不是生活的全部意义；此外，应引导子女合理地自主计划零花钱的消费方案。总之，学校家庭在引导小学生正确的金钱观培养上应注意养成小学生自主消费的品质，要让小学生认识到零花钱的使用是根据自己的客观需要体现的自主性、主体性活动，而不是随波逐流、跟人攀比的非本己、不诚实的异化消费需求。

二、营造信任的校园日常交往氛围

当前小学校园生活中守信品德状况落后于诚实品德状况，小学生在日常生活中守信状况不良，尤其体现在人际交往中。这一方面与长期的诚信教育重诚实轻守信的传统有关；另一方面也与诚实和守信在诚信品德形成的过程中难易程度不同有关。因此，应努力营造信任的校园日常交往环境，在信任的交往环境熏陶下形成守信品德。具体说来，应从两个方面出发。

（一）构建信任的同伴交往氛围

在学校生活中，小学生同伴群体间日常交往的形式可分为行动和语言两种方式。而行动性的交往以游戏为主要形式，语言性的交往表现为日常闲谈交流。① 因而在构建信任的校园同伴交往氛围中，应积极发挥这两种交往形式的作用。

首先，游戏是儿童生活的主要内容，也是儿童根本的存在方式。② 可以说，儿童正是在游戏中长大成人的。日常游戏能够满足小学生对合作、创造力、自由与身心整体投入的需要，游戏就是他们的天性。一方面，游戏的合作性能够加强小学生群体间的互动，促进情感交流，形成合群感和亲社会行为。游戏总是多个人一起玩耍的活动，共同的游戏活动有助于形成宽松、和

---

① 高德胜．生活德育论[M]．北京：人民出版社，2005：159.

② 高德胜．生活德育论[M]．北京：人民出版社 2005：123.

谐的人际交往关系，缓解人际冲突，增进小学生彼此之间的理解，进而加深彼此之间的感情。而生生之间浓厚的感情正是彼此交往中信任关系的基础。另一方面，日常游戏中存在大量的契约与规则，这尤其体现在规则游戏中，对契约与规则的遵守是确保游戏顺利进行的关键。学生群体中自主开展的规则游戏能够促进小学生对规则与契约的认同与内化，培养他们遵守规则与契约的意识，而这正是现代诚信生活中重要的内涵特质。教师一方面应努力保护小学生自主开展游戏活动的学校日常生活时间与空间，例如课间十分钟；另一方面，积极去收集并开发广受小学生欢迎的游戏尤其是规则游戏，在师生课外活动中一起玩耍，并有意识地利用游戏玩耍的平台向小学生“灌输”契约意识。

其次，语言性交往也是学校日常交往的主要形式。学生之间的日常闲谈、聊天是表达自己对周围世界真实的看法和情感交流的方式。在日常闲谈中，儿童的本性得以显露，人与人之间能够真诚相对，真实地表达自己的想法，尤其是对学校生活的真实感受。教师应主动去了解学生闲谈中的内容，各种口头禅、各种对校园生活的看法，这是了解他们真实的校园生活心声的最佳途径；应充分保护他们日常闲谈的时间与空间，尊重他们日常闲谈中的隐私。

最后，教师应开诚布公，让小学生了解、知晓学校生活的真相，充分给予他们在学校生活中的发言权。因为学校不应该仅仅是一个纯粹被精英话语权力所垄断的场所，它应该是一个允许各个阶层群体在此发出自己的声音并进行公开论辩的公共领域。小学生本身应该成为其中的参与者，允许他们参与论争、吐露心声并认真倾听他们的声音本身就是认同了他们对自己生活的建构。唯有把学校营造成一个各方坦诚与真诚交流的场所，诚信才能真正进入小学生的日常生活，融入校园生活中。

（二）构筑师生信任的互动气氛

对小学生来说，其身心发展不成熟的特点使得他们更容易受到外界权威力量的制约，而教师作为外界权威力量的代表者之一，对学生的影响是巨大的，而这种影响是通过师生互动来完成的，应当关注师生之间的互动对于小学生诚信品德养成的促进作用。而反观小学生在现实生活、师生日常生活与制度生活中的交往诚信状况，使得我们不得不反思师生之间的日常互动——怎样的师生互动才是理解取向的师生互动，才能促进师生间信任的交往关系？有学者研究了小学班级中三种师生互动的类型对于小学生诚信品德养成的影响，认为在师权型（教师主导）、生权型（学生主导）和平等型师生互动三种类型中，平等型师生互动最能促进小学生诚信品德的养成。平等型师生互动不仅考虑到学生行为的结果，也考虑到学生行为的目的和过程；不仅注意到了处理事情的公正性和恰适性，而且能够及时地限制和修正低年级小学生诚信缺失的行为。[①] 平等型师生互动一方面要求师生之间人格上的平等；另一方面，师生同为诚信教育的主体相互影响、相互渗透，进而形成相互共识，促进师生之间诚信的交往氛围。那么，应如何营造这种平等型师生互动呢？

教师首先应转变观念，改变过去教师权威型的师生互动与交往关系，教师要尊重学生，维护其尊严与自尊心、自信心，以平等的观念对待学生。其次，最重要的是在师生互动中要积极发挥自身的榜样示范作用。个体诚信品德的养成总是要经过从模仿他人到自我内化的过程。个体表现出最初的诚信行为或是欺诈行为多半可以在其生活环境中找到根源。父母与教师是儿童成长环境中最初的模仿对象，教师相对来说对儿童诚信观念和诚信行为的形成起着更重要的作用。因为对学生来说，教师往往是他们心中知识和道德的双重权威。如果教师的行为具有欺骗性，那么在学生心中外界社会都是尔虞我诈的社会，他们的世界观、价值观从小就会扭曲，这会极大地影响他们日后的为人处世。因此要在学校树立诚信的观念和行为习惯，教师首先应当以身作则，对工作要忠于职守，绝不能马虎了事；公正对待每一位学生，切忌以任何理由偏袒或歧视学生；对学生的承诺要实现，如果实现不了要向学生道歉；对学习成绩较好与学习成绩较差的学生的奖励标准和惩罚标准要一致；教师无论在工作中还是在生活上要做到言行一致等。

三、挖掘闲暇生活中诚信教育资源

闲暇生活是孕育诚信品德的土壤，教育者应努力开发小学生闲暇生活中诚信教育资源，促进小学生诚信品德的养成。具体策略包括以下几个方面。

（一）归还闲暇时间，减轻学生负担

当前学校和家长功利主义的倾向导致小学生闲暇时间过分被学业时间压榨，这会导致小学生压抑、紧张的心理，影响小学生诚信品德的养成。因

---

① 张恬恬．班级内的师生互动类型对低年级小学生诚信观发展的影响[D]．沈阳：辽宁师范大学，2007：33．

此，学校和家长应有意识地减少对小学生闲暇时间的剥夺，减轻小学生的学业压力。首先，学校教育应做到“有所不为”，应“归还”小学生的自由支配时间，包括课间十分钟、大课间活动。其次，教师应努力去观察小学生的闲暇生活，了解小学生真实生活中的诚信问题并积极利用这些契机展开诚信教育。最后，家长应把闲暇生活的自主权交还给小学生，让他们根据自己的兴趣爱好，自由地选择活动；同时，要积极给予他们对闲暇时间分配的指导。

（二）开展闲暇活动，隐寓诚信教育

闲暇自身不具备优劣属性，但对闲暇时间的利用与开发却存在价值判断与价值选择，有意义的闲暇生活能够促进个体对德性的理解与养成。“积极的闲暇生活有助于个体从社会整体的经验环境整合中获取预期的价值系统，转化为个性品质，在社会道德坐标中得以正确定位。”①因此，教育者应利用小学生的闲暇时间，积极开展各种有意义的闲暇活动，将诚信教育隐寓在闲暇活动中，使小学生在参与闲暇活动、享受闲暇生活的同时接受诚信教育，养成诚信品德。学校、家长应有意识地利用小学生的闲暇生活开展丰富的闲暇活动，把诚信教育融入闲暇活动中，让小学生在体验闲暇乐趣的同时养成诚信品质。例如，节日是小学生闲暇生活的重要内容，在节日中小学生能够充分展示自我的个性与本真。学校可通过开展“诚信节”活动，让小学生在学校闲暇生活中既度过了快乐的节日，也培养了诚信品德。

（三）激发自主意识，加强诚信自证

闲暇生活从根本上说是个体自我支配的时间和自由开展的活动以及在此基础上的自由自在的心境。与闲暇生活相关的德行更多体现为对自我德行及私德的关注。在自由支配的德育活动中，每个学生都可以在形式多样的闲暇德育活动中，充分展示自己的个性和能力，成为自我教育、自我管理、自我发展、自我完善的主人。② 在闲暇生活中开展诚信教育的最大特点就是要体现出主体性，培养小学生诚信自律。具体说来，教育者应在闲暇生活中引导小学生通过自主学习与自我历练的方式实现其对诚信德性的自证③。

---

① 贾嘉. 闲暇：道德财富蕴藏其中[J]. 思想理论教育，2005(7/8)：17-19.

② 刘胜良，张百顺. 高校闲暇德育有效性研究[J]. 教育评论，2010(4)：69-72.

③ “自证”一词源于冯契先生《认识世界和认识自己》一书。冯契认为：“自证是主体对自己具有的德性总反思和验证。”（引自：冯契. 认识世界和认识自己[M]. 上海：上海人民出版社，2011：253.）自证，实际上是主体自觉地对自我德性的内省自律。只有在闲暇中，在自由状态中，诚信德性才得以自证。

例如，通过学习国学，习得古人反省自讼的精神。《论语》有云："吾日三省吾身。"《大学》有云："所谓诚其意者，毋自欺也。……故君子必慎其独也。"省身、慎独都是古人自证自我德性的方法，教育者要有意识地引导小学生在闲暇生活中开展国学阅读，激发对古人德性自证精神的敬仰，并模仿古人的修身自省的方法，内化外在的诚信规范，形成稳定的诚信人格。

第四节 制度生活中的诚信教育

尽管日常生活对小学生诚信品德的养成具有先在性与给予性，但诚信教育离不开校园里的制度生活。首先，学校作为一种制度性的存在，校园生活从根本上是制度指导与约束下的生活。学生每天都在和学校各种制度照面，学生不可能离开制度生活而单独存在。其次，日常生活中的诚信教育往往具有自在自发性，具有浓重的实用主义与经验主义色彩，而诚信道德教育本身应是自为自觉的。个体的诚信品质离不开日常生活与制度生活的双重锻造。"个体的日常伦理至少部分地从非日常生活中得到培育。非日常生活的标准无论在进行决策还是在接受责任时，都具有同质化的特征或趋势。"①制度生活中通过诚信的制度来约束个体的行为进而达到对个体精神与心理的干预与改造。因此，诚信教育离不开校园制度生活。小学校园制度生活最主要体现在每日的课堂教学活动中。除教学活动外，与学生息息相关的还有各种学生评价活动。除了与学生学业相关的制度生活外，学校制度生活还包括各种仪式活动以及规范学生行为的各种规范制度。因此，制度生活对小学生诚信品德的锻造主要通过以下四个方面进行。

一、开展生活化的课堂教学活动

课堂教学占学校生活的大部分内容，可以说学生的学习活动和师生之间的交往很大程度上是围绕着知识教学展开的。诚信渗透在学校生活中，最主要的也就是渗透在课堂教学上。在课堂教学中树立诚信，就应该要始终保持课堂教学的真谛，保持其生活化的本真价值。只有贴近生活的课堂教学，才能让小学生感受到课堂教学的本真，才能以真诚的态度去开展学习。如何构筑生活化的课堂教学呢？从本质上说，课堂教学是一种言语交

---

① 阿格妮丝·赫勒．日常生活[M]．衣俊卿，译．重庆：重庆出版社，2010：92．

往的活动，通过言语展开的交往与对话。哈贝马斯认为，言语行为或交往行为的合理性来源于言说者的真诚、言语的真实以及保证听者能够达成认同和共识的言说者话语的正确性或适宜性。基于言语行为合理性的三个基本要求，我们认为课堂教学活动应从以下三个方面出发建构生活化的课堂，使得诚信渗透在课堂教学中。

（一）真诚的教师

哈贝马斯认为，交往行为中的真诚是指言说者必须真诚地表达他的意向以便听者能够相信说者的话语，获取听者的信任。① 教师的真诚是产生有效的课堂教学的前提。教师应在学科教学的基础上与学生建立真诚的关系。这种真诚表征了教师对课堂教学的本真看法、对知识的批判态度。教师应以真诚的态度对待课堂、对待学生。无论是在公开课，还是在常态课上，教师都首先应该以课堂为中心，本着遵循教学和学生认知的规律展开教学活动，保持纯然淡漠的心态对待每堂课，坚持追求课堂教学的真善美的最高标准。此外，教师对知识的看法也影响到学生对知识的看法。教师应本着知识是情境的、动态生成的、多元的，而不是固定不变的原则；应鼓励学生保持对书本的怀疑精神，引导学生认证准确答案的标准而不是坚持标准答案，不应该成为标准答案的“帮凶”。在教学活动中，教师应该真情流露地教学，应尊重每个学生提出的质疑，应勇敢地承认自己课堂教学的错误。

（二）真实的知识

哈贝马斯认为，交往行为中的真实是指真实性，言说者必须提供一个真实的陈述，陈述的内容是真实的，以便听者能够分享所陈述的知识。② 也就是说，教师在课堂教学中应向学生陈述真实的教学内容。那么，什么样的知识才是真实的呢？后现代知识观认为，知识具有不确定性，没有绝对的客观真理；知识具有情境性，没有放之四海皆准的普适性；知识是动态生成的，对知识的解读因视角不同而会有不同的理解；知识具有个体性，每个人对知识都有自己的理解，即便是标准答案也只是少数专家的理解。③ 由此可见，不存在任何时候、任何情境下都是唯一答案的知识，知识要保持其真实性应是贴近生活的，保持与现实生活的动态契合。既然知识来源于生活，那么理解

---

① 哈贝马斯.交往与社会进化：第1卷[M].张博树，译.重庆：重庆出版社，1993：67.

② 哈贝马斯.交往与社会进化：第1卷[M].张博树，译.重庆：重庆出版社，1993：67.

③ 王金娜.论标准答案霸权——基于知识观的视角[J].现代教育管理，2014(2)：80-81.

知识、认知知识的过程也应该是与生活密切相关的。教师应努力把书本上抽象的知识与小学生的现实生活联系起来,从现实生活中帮助小学生完成对知识的理解与建构。课堂教学中传递的知识不应是与真实的生活无关的形式化内容,而应是与小学生生活密切贴近的鲜活知识。“现实生活中有许多问题是我们可以带着孩子,运用所学的知识去解决的,而且这种解决是真实的过程,让孩子们明白知识是现实的,是真的有力量的。这种真实感对儿童真诚品质的培养该有多重要啊。”①

(三)对话式互动

关于交往行为的正确性(或适宜性),哈贝马斯认为它是指言说者必须选择一种本身是正确的话语,以便听者能够接受之,从而使言说者和听者能在以公认的规范为背景的话语中达到认同。② 课堂教学中的正确性是指教师应选择一种有效的互动方式,能够让小学生接受并认同。因此,教师应采用一种对话式互动方式与学生沟通,让学生能够理解与认同。对话式互动是在问答式教学互动的基础上提出的。问答式教学依然是封闭的单向交流,学生只是回答教师提出问题的“应答器”,师生之间只是“我与他”的关系,而不是“我与你”的关系。因此,学生只能是课堂教学被动的参与者。这无法激起小学生以一种积极的姿态投入课堂教学中,久而久之形成了对课堂教学的厌恶与恐惧,对学习的兴趣降低,也就更无所谓抄袭作业和考试作弊的行为了。而对话式互动首先是师生之间“我与你”的开放、自由、平等与信赖的互动,是彼此敞开心胸、情绪公然、意义共有的双向互动;对话式互动意味着相互理解与改变,在师生多元多样的思想碰撞中求同存异,追求理解性的交往;对话还是基于内心真实历程的一种互动。师生在课堂中都能够流露出真实的自我,保持内在自我与外在自我的一种状态,不虚伪不做作。③ 只有在对话式的互动中,诚信才得以在课堂教学中渗透与树立,才能由外在的规范内化为学生的德性,形成诚信人格。

二、提倡多元与客观的学生评价

对学生的评价是小学生校园生活的重要内容,评价不仅可以使小学生

---

① 俞晓婷.小学校园诚信生活的构筑[D].金华:浙江师范大学,2010:50.

② 哈贝马斯.交往与社会进化:第1卷[M].张博树,译.重庆:重庆出版社,1993:67.

③ 胡春光.规训与抗拒——教育社会学视野中的学校生活[M].武汉:华中师范大学出版社,2011:245.

更好地认清自己的学业、道德、人际交往等发展状况，也可以促使其积极向上。从某种意义上讲，有什么样的评价体系就会有与之相应的教育内容与效果。当前的小学生校园生活里充斥着各种各样的评价手段和激励评价方式，有各种类型的“三好学生”的称谓：小红花、学习标兵、勤学之星、礼貌标兵等。从某种意义上说，教育的符号多一点不是坏事。因为，它们可能会给我们提供更多鼓励和表扬学生和教师的资源、手段和办法，多一条激励评价的标准，就可以多一批好学生。如果能多设立一些奖励的形式和符号，就有更多的学生能获得不同形式的鼓励，由此促进他们的成长和进步，那岂不是一件好事。[①] 现在的问题是，目前的各种评价符号数量太多，作用远远超过其本身的精神激励。学生们害怕落后而做出相互毁灭的竞争，家长教师各种作弊造假。事实上，异化的评价活动本身已经催生了不诚信的种子。因此，我们应正视我们的评价活动，提倡一种多元与客观的学生评价。

(一)评价的多元化

评价的多元化能够满足不同学生个性发展的需求，避免把学生培养成一个个平面的、相似的“模具下的产品”。评价的多元应包括以下几个方面的内涵。首先，多元体现在标准的多元。加德纳多元智能理论认为，每个人都有各种不同的智能，教育评价活动应本着促进学生有意义地学习与个性地发展的原则，根据学生的不同情况来确定每个学生最适合的发展道路。换句话说，多元智能理论不是让学生千军万马过独木桥，也不是简单地要求给学生多架几座桥，而是主张给每个学生都铺一座桥，让“各得其所”成为现实。评价标准的多元应产生这样的结果：激发学生的学习动机，获得他们对评价活动和情景的认同，引发他们表现出真实的水平。评价应该给学生提供正确可信的结果，让学生对自己的能力和成就有清楚的认识。其次，评价活动应体现手段的多元。倡导学生参与互动，鼓励多主体评价。提倡改变由教师单独评价学生的状态，鼓励学生本人、同学、家长等参与到评价之中，将评价变为多主体共同参与的活动。多主体评价对于学生的发展是有利的，一方面，鼓励学生进行自我评价能够提高学生的学习积极性和主动性，更重要的是能够促进学生对自己的学习进行反思，有助于培养学生的独立性、自主性和自我发展、自我成长能力；另一方面，学生对他人评价的过程也

---

① 谢维和.变形的教育符号——从“三好学生”的讨论说起[J].教育科学研究，2009，(3)：19-22.

是学习和交流的过程，能够更清楚地认识到自己的优势与不足。此外，多主体评价能够从不同的角度为学生提供有关自己学习、发展状况的信息，有助于学生更全面地认识自我。① 全面真实地认识自我是真实对己的体现，促进诚信品德自我培育的种子。

（二）评价的客观化

客观地评价学生有助于形成实事求是、求真求实的校园氛围，也是学生认清自己真实现状的重要条件。评价的客观化包含两个方面的要求。一方面，评价活动应客观地反映其本真的价值，设立精神鼓励，而不是一味地夸大其物质利益。以“三好学生”这类的激励性评价机制为例，“三好学生”的称谓首先应客观地反映其自身的真实价值——鼓励学生的成长，而不是成为学生获得某种利益的“硬通货”。如果这些教育符号没有这么大的附加值，或者这样的教育符号所体现的社会声望适当地与经济利益和权力相分离，而使它们不能带有过高的“附加值”，更不会成为一种具有“一般等价物”功能的“符号资本”，由此导致的竞争恐怕会少得多。② 另一方面，客观意味着要公平公正，从“对事而不对人”的标准出发，用具体地描述客观事实本身，而避免用主观的猜测去评价人的好坏的方式去评价。比如，谁作业忘记带了，我们应该直接陈述这个事实，而不是说“某某某在撒谎”。谁迟到了，就如实说出他迟到了，而避免说“这人没有时间观念”。如果总是主观地去评价学生，那这种评价就异化为一种批判，这不是一种激励，而是一种攻击与毁灭。因此就难免会使学生逃避、狡辩、否认，甚至心怀怨恨。即便承认，他也感觉到教师对他的否定，从而降低自信心和自我认同感。因此，评价的客观性不仅传达给学生求真求实的处世态度，也传达了评价者善意的提醒，告诉学生老师是在帮助你发现自己的缺点并改正，老师是在帮助你成长，以更好地成为你自己，除此之外没有任何其他目的，从而使学生更加愿意接受评价。我们通过下面一则案例来具体论述上述评价原则是如何在评价活动中实现的。

---

① 田友谊. 我们该如何评价学生——由“三好学生”评选制度存废之争引发的思考[J]. 思想理论教育，2009(10)：4-10.

② 谢维和. 变形的教育符号——从“三好学生”的讨论说起[J]. 教育科学研究，2009，(3)：19-22.

我们这样评“三好学生”

程序一：制定要求（以一年级一班为例），由全班同学在老师指导下制定。

思想好：1.会用文明用语，不违反学校纪律，并成为习惯。2.有一次关心同学的经历。3.有一次关心班级的经历。

体育好：1.喜欢上体育课，喜欢做广播操，并成为习惯。2.会跳绳，1分钟100次以上。

学习好：1.会听课，会发言，作业按时清楚，并成为习惯。2.有看完一本书的经历。3.每次独立作业均得优(90分或85分以上)。

程序二：填学习荣誉申报表，荣誉设置分别为：三好生(德、智、体达到要求)，双优生（三方面中有两个方面达到要求)，德优、体优、智优生(三方面中有一方面达到要求)。学生根据自己的意愿，填写荣誉申报表，并由父母签字以表示支持。

程序三：中途评议，对照学生荣誉申报集锦栏中自己的意愿，对比自己努力的水平，在学期过程中，由班主任安排在班队活动中举行。

程序四：评比：1.分小组民主评议，对照要求，做到了就给予支持。2.父母评议，做到了给予支持。

程序五：公示：公示期没有异议的，就授予学生申报的学习荣誉。①

案例中，“三好学生”的制定首先就体现了学生的参与性，这种多主体的参与评价标准的制定有利于形成真实的、贴近小学生生活的“三好学生”的评价标准。而评价标准不仅是多元的，更是具体的、形象的、生动的，更能为学生接受的。这不正是多元性的体现吗？而评价过程中的中途评议、小组评议和父母评议保证了评价监督机制的多元，学生在评价过程中享受到充分的自主权，根据真实的表现去衡量自己的水平，这正是公平客观的评价活动的体现。在这样真实客观多元的评价活动中，每个学生都能参与其中，获得真实的体验，能够真正使得评价产生促进学习的功能，能够让学生在公平客观多元的评价中树立一种诚信的精神与道德品质。

三、在仪式活动中树立诚信品德

学校的各种仪式活动是学生融入校园生活，形成集体归属感的重要路

---

① 俞正强.我们这样评“三好学生”等三则[J].浙江教育科学，2008(6)：34-37.

径。从社会学角度看，学校仪式本质上是一种符号，这种符号承载和表征着某种特定文化，这种文化具有外在的行为规约与群体凝聚的意义和内在折射与渗透的价值。[①] 诚信起源于仪式活动中，在仪式活动中的虔诚庄重以及仪式活动中对契约规则的遵守体现了意识活动本身的诚信价值。因此，教育者应积极整合仪式活动中的诚信资源。学校的仪式活动大体包括仪式化活动、日常礼仪、学校典礼以及节日庆典四种形式。因此，仪式活动中诚信教育资源的开发应从这四个方面出发。首先，仪式化庄严。仪式化活动是学校集体活动，包括升旗仪式、入少先队仪式等，具有神圣庄重的色彩。在这样的仪式活动中，应强调它的庄重与严肃性。以虔诚的情感对待庄重的仪式化活动，是产生诚信情感体验的重要基石。其次，礼仪的真诚。学校的仪式活动最常见的就是日常的礼仪活动，如见面礼、社交礼等，在日常礼仪中应强调真诚。师生在公共场合见面时能够敞开胸怀真正地接纳对方，把最真诚的笑容和问候给对方，教师在这种双向的互动礼仪中发挥着至关重要的作用。教师对学生的问候是否能以相同的热情去回馈，这直接关系到学生对教师的真实看法。再次，典礼的共处。典礼通常是指开学和毕业典礼。典礼的共处就是在典礼中要让学生感受到共处共在性，形成对学校生活的归属感。目前，大多数学校仪式的空间安排都以“秧田形”空间排列为主：前面是主席台，坐着校领导，下面则是平行的或者阶梯式的一排排学生。学生在这种仪式中只能被动地听，无法主动参与。假如学校仪式能够以“椭圆形”空间排列，将主席台移至中央，使主席台上坐着的领导者与学生之间的距离更为贴近，这样能增进师生之间的共处与互动，让学生在共处中收获一份安全感、熟悉感和归属感，这是产生道德情感的前提，是信任的基础。最后，庆典主体化。学校中的庆典活动一般有节日庆典和庆功庆典两类。庆典主体化就是在庆典活动中应积极发挥虚实的主体性，将庆典内容选择的部分权利还给学生，更多关注学生的需求、更多了解学生所关注的焦点问题，让学生参与庆典活动的编排、选择等。“学生应享有这样的机会和权利：安排自己的时间，发现自身在仪式中的节奏、韵律，寻找使其感到舒适自由的仪式空间。”[②]只有当学生感受到了自主性，学生才能全身心地参与到仪式活动中，从中获得激励性。否则，庆典只是虚假的走过场，没有任何意义。

---

① 范楠楠．中小学学校仪式的价值迷失与追寻[J]．教育科学研究，2013(2)：34-36.

② 范楠楠．“拟剧”艺术中的管理：学校仪式的优化设计[J]．教育科学研究，2012(5)：24-27.

四、构建生活化的校园规范制度

学校制度规范是学校正常有序运行的外在保障。当下小学制度规范严重脱离小学生的生活，严重束缚小学生的自由，脱离小学生的主体性而失去其自身的公正性，变成了极度规训学生身心而不是促进学生身心发展的枷锁。当规范失去了服务学生生活、促进学生发展的作用时，规范也就失去了其效用，逐渐滋生了钻规范空子、抠规范字眼的虚伪人格。具体可以从以下几个方面论述。

(一)保持规范与自由之间的张力

规范与自由并不是彼此完全对立的。自由体现并存在于规范之中，同时自由也是有界限的。规范与自由两者相互依存、缺一不可。行为规范本身就是一种契约，学生对规范的遵守体现出对契约遵守的要求，这也是诚信教育的重要内容。然而学校规范其合理性的来源应是学生的现实生活，规范应与学生的个体自由保持一定的张力。“规范体系不能膨胀到完全笼罩人的整个生活的地步，否则将彻底摧毁生活的自由、意义和幸福。”[①]如果规范与自由之间没有一定的张力，过多的规范将会变成规训，“倘若所有的一切都需要规定，那的确是件不幸的事情……如果纪律这样扩展开来，就违背了真正纪律的旨趣，就像迷信与真正宗教的旨趣完全相反一样”[②]。规训必然造成对人性的禁锢，其作用只在于把人心僵化了起来。如果学生人性都被束缚与禁锢了，就不可能成为一个道德的人，不可能获得诚信的品质。因此，学校教育中应努力给学生一定的自由空间。

(二)确保规范自身的公正合理性

规范作为一种集体规范，其合理性最关键是体现在自身的公正性上。规范必须保证自身的公正性，才是合乎人心的、受到集体信服与遵守的共同规则。首先，在规范制定环节应注重发挥学生集体的作用。规范的外在规约作用与榜样的示范作用不同，规范是面向每一个学生的，它所考虑的就是一般情况，不允许特殊案例。因此，在规范制定环节一定要发挥学生自身的主体性，面向学生的规范一定是来源于学生群体的集体意志。比如，在班规制定上，首先应成立班规制定委员会，在班会活动中广泛讨论、求同存异，征

---

① 赵汀阳.论可能生活[M].北京：中国人民大学出版社，2010：71.

② 爱弥尔·涂尔干.道德教育[M].陈光金，沈杰，朱谐汉，译.上海：上海人民出版社，2001：148-149.

集大家的意见，对每个学生的意见进行整合归纳，以生动诙谐的语言呈现出来；并定期对其进行修正，以对待国家法律制定与修正的态度对待班规的制定，这必然会引起所有学生的参与，保证规范公正性的集体意志的来源。其次，在规范执行的过程中教师发挥榜样作用，以“天子犯法与庶民同罪”的态度去对待集体的规范。小学生的品德发展有极强的从众性和模仿性[①]特点。从众性是指小学生的道德认识缺乏自主性。在道德评价上，往往以教师、家长和成年人的评价为转移，缺乏自己的主见。而模仿性是指小学生善于模仿，尤其是在行为上模仿榜样人物的某些行为。这两个特征使得教师的行为在小学生诚信品德养成中发挥着重要作用。教师在规范执行过程中要一马当先，以自身的榜样行为维护规范的神圣性与威严性。如果教师在执行规范时对待自己和学生两种态度，那还能指望学生好好地遵守规范吗？教师以诚实而充满责任的态度去执行规范必然会将这种信念传递给学生，激励学生保持对遵守规范的持续性的信念。此外，当下精细的学校规范不仅规范了学生身心，也禁锢了教师。如何冲破这些精细规范的规训，作为学校日常规范的践行者，教师应主动审视自身，无论在内心还是外在行动上都要保持自由的态度。教师应保持自身在教育活动中的自我，不随波逐流，以这种自由的心态去应对，感染学生以自由自在的心态来应对学校的教育生活，保持内心的自由、德性的真诚。

（三）规范以服务学生生活为目的

规范来源于生活并服务于生活。规范应该是产生美好生活的条件，而不是生活的目的与全部。“社会制度是保证秩序和利益的手段。……好的社会与好的生活往往一致，但好的社会只是好生活的必要条件，却不是好生活的目的。”[②]当下小学校园的规范是脱离小学生生活的，是盯着学生错误行为而不是诱导其养成健康行为习惯的“异化规范”。这种错位的规范制度根本无法走进小学生的日常生活，根本无法获得小学生的信服。当他们逐渐长大时，目睹规范的虚伪后，对学校的规范乃至社会生活中各种法律制度都难以形成价值认同。因此，学校规范应扭转这种错位现状，尽可能保持规范与学生生活的紧密联系。从大方向上看，应通过一些具体手段去除规范过分功利性，彰显规范的人文关怀。而这种人文关怀来自于规范执行者——

① 詹万生．整体构建德育体系总论[M]．北京：教育科学出版社，2001：231-233.

② 赵汀阳．论可能生活[M]北京：中国人民大学出版社，2011：9-10.

教师。教师在执行规范时候应区别对待不同的规范类型，尤其是要避免规范执行中的泛化现象。这种泛化现象在学校生活中经常存在。如，在日常教学活动中，教师多用好、坏的标准来衡量小学生的所作所为，对迟到、旷课等行为均归结为道德品质的问题来处理，这正是混淆不同规范的表现，给小学生的自由健康发展造成了负面的后果。更甚之，多数学校教育管理者并没有觉察到学生的反应不同，没能发现学生对不同规范类型的不同反应。教师在日常规范管理中，首先要将日常规范区别对待，应尽可能地使学生了解这些规范的功能。针对学生的行为，不可随意评论其道德品性，不对其做道德的评价，而是直面指出其行为的事实，并以非命令的口吻表达教师对学生的期望。

参考文献

[1]BOND E J. Ethics and human well-being[M]. Oxford: Blackewell Publishers,1996.

[2] GOODMAN M E. The culture of childhood: child's-eye views of society and culture[M]. New York: Teachers College Press,2004.

[3] A. E. 门罗. 早期经济思想[M]. 蔡受百,译. 北京:商务印书馆,1985.

[4] 阿伯特·班杜拉. 社会学习心理学[M]. 郭占基,周国韬,韩向前,等译. 长春:吉林教育出版社,2003.

[5] 阿摩斯·拉普卜特. 建成环境的意义——非言语表达方法[M]. 黄兰谷,等译. 北京:中国建筑工业出版社,2003.

[6] 阿格妮丝·赫勒. 日常生活[M]. 衣俊卿,译. 重庆:重庆出版社,2010.

[7] 阿尔弗雷德·许茨. 社会实在问题[M]. 北京:华夏出版社,2001.

[8] 爱弥尔·涂尔干. 道德教育[M]. 陈光金,沈杰,朱诸汉,译. 上海:上海人民出版社,2001.

[9] 安东尼·吉登斯. 现代性的后果[M]. 田禾,译. 南京:译林出版社,2000.

[10] 安东尼·吉登斯. 社会学[M]. 赵旭东,齐心,王兵,等译. 北京:北京大学出版社,2003.

[11] 安文铸. 学校管理辞典[M]. 北京:中国科学技术出版社,1991.

[12] 安珑山. 论教学制度[J]. 西北师大学报(社会科学版),2002(3):

106-110.

[13] 安·谢·马卡连柯. 论共产主义教育[M]. 刘长松,杨慕之,译. 北京:人民教育出版社,1962.

[14] B. A. 苏霍姆林斯基. 帕夫雷什中学[M]. 赵玮,王义高,蔡兴文,等译. 北京:教育科学出版社,1983.

[15] 柏拉图. 苏格拉底最后的日子——柏拉图对话集[M]. 余灵灵,罗林平,译. 上海:生活·读书·新知三联书店上海分店,1988.

[16] 柏拉图. 苏格拉底最后的日子[M]. 休·特里德尼克,谢善元,译. 上海:上海译文出版社,2007.

[17] 柏拉图. 理想国[M]. 郭斌和,张竹明,译. 北京:商务印书馆,1986.

[18] C. A. 冯·皮尔森. 文化战略[M]. 刘利圭,蒋国田,李维善,译. 北京:中国社会科学出版社,1992.

[19] 查士丁尼. 法学总论[M]. 张企泰,译. 北京:商务印书馆,1989.

[20] 陈桂生. "教育学视界"辨析[M]. 上海:华东师范大学出版社,1997.

[21] 陈华文. 文化学概论新编[M]. 北京:首都经济贸易大学出版社,2009.

[22] 陈序经. 文化学概观[M]. 北京:中国人民大学出版社,2005.

[23] 陈南荣. 认知论[M]. 厦门:厦门大学出版社,2000.

[24] 陈平. 新中国诚信变迁:现象与思辨[M]. 广州:中山大学出版社,2010.

[25] 陈小勤. 小学诚信教育主题活动设计[M]. 北京:中国轻工业出版社,2014.

[26] 陈根法. 儒家诚信之德及其现代意义[J]. 南京政治学院学报,2002(1):77-79.

[27] 陈瑞生,徐安鸿. 学校文化精神的内涵与实践——以上海市观澜小学为例[J]. 中国教育学刊,2010(2):35-38.

[28] 辞海编辑委员会. 辞海[M]. 缩印本. 上海:上海辞书出版社,1990.

[29] 但武刚. 论德育活动课的类型[J]. 高等函授学报(哲学社会科学版),2000(2):38-41.

[30] 邓艳红,邓丽红. 论班规的意义与实施[J]. 教学与管理,2013(2):25-27.

[31] 丁锦宏. 小学品格教育主题活动设计[M]. 北京:中国轻工业出版

社,2012.

[32] 杜时忠.制度德性与制度德育[J].高教探索,2002(4):11-13.

[33] 段妍,杨晓慧.改革开放以来中国社会风气演变的历程[J].理论探讨,2012(4):37-39.

[34] 董武清.实践人类学——马克思主义哲学人类学引论[M].北京:当代中国出版社,1995.

[35] 董晶晶.观察学习在小学教学中的应用研究[D].武汉:华中师范大学,2009.

[36] 樊浩."诚信"的形上道德原理及其实践理性法则[J].东南大学学报(哲学社会科学版),2003(6):15-22.

[37] 范楠楠."拟剧"艺术中的管理:学校仪式的优化设计[J].教育科学研究,2012(5):24-27.

[38] 范楠楠.中小学学校仪式的价值迷失与追寻[J].教育科学研究,2013(2):34-36.

[39] 范国睿.教育政策的理论与实践[M].上海:上海教育出版社,2011.

[40] 费孝通.乡土中国[M].北京:北京大学出版社,2012.

[41] 冯刚,柯文进.高校校园文化研究[M].北京:中国书籍出版社,2011.

[42] 冯友兰.三松堂全集:第1卷[M].郑州:河南人民出版社,1996.

[43] 冯建军.差异与共生——多元文化背景下中小学生的闲暇生活方式[M].成都:四川教育出版社,2010.

[44] 冯契.认识世界和认识自己[M].上海:上海人民出版社,2011.

[45] 傅建明.校园童谣与小学生诚信教育[M].广州:广东教育出版社,2012.

[46] 弗朗西斯·福山.信任——社会美德与创造经济繁荣[M].彭志华,译.海口:海南出版社,2001.

[47] 复旦大学历史系中国思想文化史研究室.中国文化研究集刊[M].上海:复旦大学出版社,1984.

[48] 付子堂,类延村.诚信的古源与现代维度之辨[J].河北法学,2013(5):2-9.

[49] 高志敏.终身教育、终身学习与学习化社会[M].上海:华东师范大学出版社,2005.

[50] 高申春. 人性辉煌之路:班杜拉的社会学习理论[M]. 武汉:湖北教育出版社,2000.

[51] 高德胜. 生活德育论[M]. 北京:人民出版社,2005.

[52] 高玉平. 试论当前我国中小学生的诚信教育[D]. 武汉:华中师范大学,2003.

[53] 葛瑛山,朱金焕. 家庭教育指南[M]. 北京:宇航出版社,1988.

[54] 宫菊花. 诚信的多维诠释[J]. 山东师范大学学报(人文社会科学版),2006(3):90-95.

[55] 顾明远. 教育大辞典:第 2 卷[M]. 上海:上海教育出版社,1990.

[56] 顾明远. 教育大辞典:第 1 卷[M]. 上海:上海教育出版社,1990.

[57]《古代汉语词典》编写组. 古代汉语词典[M]. 北京:商务印书馆,2003.

[58] 顾红. 基于心理契约理论的高校学生教育管理策略[J]. 教育探索,2011(4):72-79.

[59] 管锡基. 中小学综合实践活动课程资源包[M]. 北京:教育科学出版社,2010.

[60] 郭齐勇. 文化学概论[M]. 武汉:武汉大学出版社,2014.

[61] 国家教委. 关于学习贯彻《中共中央关于进一步加强和改进学校德育工作的若干意见》的通知[EB/OL]. (1994-09-19)[2016-6-27]. http://www.chinalawedu.com/falvfagui/fg22598/20076.shtml.

[62] 国家教委. 小学德育纲要[J]. 人民教育,1993(9):27-30.

[63] 国家教委. 小学生日常行为规范[EB/OL]. (2015-04-22)[2016-05-26]. http://www.edu.cn/20040326/3102379.shtml.

[64] 国家教委. 关于颁布试行《中国普通高等学校德育大纲》的通知[EB/OL]. (1995-11-23)[2016-06-27]. http://www.chinalawedu.com/falvfagui/fg22598/19422.shtml.

[65] 国家中长期教育改革和发展规划纲要工作小组办公室. 国家中长期教育改革和发展规划纲要(2010—2020 年)[EB/OL]. (2010-03-01)[2016-06-27]. http://www.china.com.cn/policy/txt/2010-03/01/content_19492625_3.htm.

[66] 国家质量监督检验检疫总局. 国家质检总局公布室内加热器电子商务产品抽查结果:不合格产品检出率为 30.4%[EB/OL]. (2014-12-04)[2016-06-27]. http://www.chinatt315.org.cn/bgtai/2014-12/4/13078.

aspx.

[67] 国务院.关于印发社会信用体系建设规划纲要(2014—2020年)的通知[EB/OL].(2014-06-14)[2016-05-30]. http://www.gov.cn/zhengce/content/2014-06/27/content_8913.htm.

[68] 哈贝马斯.交往与社会进化:第1卷[M].张博树,译.重庆:重庆出版社,1993.

[69] 哈贝马斯.交往行为理论:第1卷[M].曹卫东,译.上海:上海人民出版社,2004.

[70] 赫尔巴特.普通教育学·教育学讲授纲要[M].李其龙,译.北京:人民教育出版社,1989.

[71] 何怀宏.良心论[M].北京:北京大学出版社,2009.

[72] 何国华,燕国材.马卡连柯教育思想研究[M].长沙:湖南教育出版社,1986.

[73] 何洪涛.试论小学教育的可塑性特征:小学教育特点研究之三[J].延边教育学院学报.2009(5):21-23.

[74] 何隽.建筑形象创作中结构形态的表现模式初探[J].湖南大学学报(社会科学版),2011(6):151-154.

[75] 侯晶晶.论复合学习观与教师的道德引导使命[J].中国教育学刊,2006(5):75-78.

[76] 胡春光.规训与抗拒——教育社会学视野中的学校生活[M].武汉:华中师范大学出版社,2011.

[77] 霍恩.德国民商法导论[M].楚建,译.北京:中国大百科全书出版社,1996.

[78] J.皮亚杰.发生认识论原理[M].王宪钿,等译.北京:商务印书馆.1981.

[79] 贾怀廷.企业法规选编[M].开封:河南大学出版社,1988.

[80] 贾嘉.闲暇:道德财富蕴藏其中[J].思想理论教育,2005(7/8):17-19.

[81] 姜明,姜书范.助学贷款违约率居高不下 存大学生恶意欠款现象[EB/OL].(2014-10-17)[2016-06-29]. http://edu.people.com.cn/BIG5/n/2014/1017/c1053-25854084.html.

[82] 蒋锦洪.论大学生诚信意识的养成[J].教育评论,2008(3):14-17.

[83] 蒋璟萍.诚信的伦理学分析[M].长沙:中南大学出版社,2004.

[84] 蒋先福. 契约文明:法治文明的源与流[M]. 上海:上海人民出版社,1999.

[85]教育部. 中小学生守则(2015 年修订)[EB/OL]. (2015-11-05)[2016-06-20]. http://www.moe.edu.cn/jyb_xwfb/s7600/201508/t20150828_203808.html.

[86] 教育部. 完善中华优秀传统文化教育指导纲要[EB/OL]. (2014-03-26)[2016-05-30]http://www.moe.edu.cn/publicfiles/business/htmlfiles/moe/s7061/201404/166543.html.

[87] 教育部. 关于高等学校学习贯彻《中共中央关于加强和改进思想政治工作的若干意见》的通知[EB/OL]. (1999-09-26)[2016-06-27]. http://www.hbe.gov.cn/content.php? id=1281.

[88] 教育部. 关于加强学术道德建设的若干意见[EB/OL]. (2002-02-27)[2016-06-27]. http://www.moe.edu.cn/publicfiles/business/htmlfiles/moe/moe_25/200407/943.html.

[89] 教育部. 关于整体规划大中小学德育体系的意见[EB/OL]. (2005-05-11)[2016-06-27]. http://politics.people.com.cn/GB/1027/3380422.html.

[90] 教育部. 中小学教师职业道德规范(2008 年修订)[EB/OL]. (2015-04-22)[2016-05-26]. http://www.moe.gov.cn/publicfiles/business/htmlfiles/moe/moe_1668/200809/38585.html.

[91] 教育部办公厅. 关于进一步加强中小学诚信教育的通知[EB/OL]. (2004-03-25)[2016-05-30]. http://www.moe.edu.cn/publicfiles/business/htmlfiles/moe/s3325/201001/81949.html.

[92] 教育部中国特色社会主义理论体系研究中心. 深刻理解社会主义核心价值观的内涵和意义[N]. 人民日报,2013-05-22(7).

[93] 金生鈜. 德性与教化——从苏格拉底到尼采:西方道德教育哲学思想研究[M]. 长沙:湖南大学出版社,2003.

[94] K. 黑尔德. 对伦理的现象学复原[J]. 哲学研究,2005(1):50-56.

[95] 康殷. 文字源流浅说[M]. 北京:国际文化出版公司,1992.

[96] 科学技术部. 关于加强我国科研诚信建设的意见[EB/OL]. (2009-08-26)[2016-06-20]. http://www.cast.org.cn/n35081/n11114910/n11574863/11578885.html.

[97] 夸美纽斯. 大教学论[M]. 傅任敢,译. 北京:教育科学出版社,1999.

[98] 孔子,等. 论语·中庸·大学[M]. 北京:中国画报出版社,2013.

[99] 库少雄. 人类行为与社会环境[M]. 武汉:华中科技大学出版社,2005.

[100] L. 贝塔兰菲. 一般系统论[M]. 秋同,袁嘉新,译. 北京:社会科学文献出版社,1987.

[101] 劳拉·E. 贝克. 儿童发展[M]. 吴颖,等译. 南京:江苏教育出版社,2002.

[102] 劳动和社会保障部办公厅. 诚信教育大纲(试行)[EB/OL]. (2004-03-15)[2016-06-27]. http://www.chinalawedu.com/news/1200/23051/23052/23058/23075/2006/3/li15021735351013600299l6-0.htm.

[103] 牢记诚信约定"学生支票"流行[EB/OL]. (2009-03-25)[2016-06-20]. http://inanshan.sznews.com/content/2009-03/25/content_3655320.htm.

[104] 李丹. 人际互动与社会行为发展[M]. 杭州:浙江教育出版社,2008.

[105] 李蓓. 我国私营企业诚信问题研究[J]. 北京工商大学学报(社会科学版),2005(2):49-53.

[106] 李桂梅. 诚信的类型分析[J]. 中共长春市委党校学报,2005(6):13-16.

[107] 李华娟. 企业诚信问题研究[D]. 武汉:武汉理工大学,2005.

[108] 李慧青. 康德诚信思想探析[J]. 信阳农业高等专科学校学报,2010(4):24-26.

[109] 李建华. 德性与德心[M]. 北京:教育科学出版社,2000.

[110] 李峻,刘玉杰. 教育的本真:自由的生成与精神的唤醒——雅斯贝尔斯《什么是教育》解读[J]. 大学教育科学,2007(4):15-19.

[111] 李仁玉,刘凯湘. 契约观念与秩序创新[M]. 北京:北京大学出版社,1993.

[112] 李幼穗. 儿童社会性发展及其培养[M]. 上海:华东师范大学出版社. 2004.

[113] 李逸凡. 高等职业院校诚信教育引论[M]. 杭州:浙江大学出版社,2009.

[114] 李永生. 学校效能建设[M]. 北京:教育科学出版社,2012.

[115] 联合国教科文组织国际教育发展委员会. 学会生存——教育世界的今天和明天[M]. 上海:上海译文出版社,1979.

[116] 廖先亮.综合实践活动获得课程案例[M].武汉:武汉大学出版社,2003.

[117] 列·符·赞科夫.和教师的谈话[M].杜殿坤,译.北京:教育科学出版社,1980.

[118] 林崇德.品德发展心理学[M].上海:上海教育出版社,1992.

[119] 琳达·阿尔伯特.合作纪律:课堂管理指南[M].万兆元,译.北京:社会科学文献出版社,2012.

[120] 刘超良,杜时忠.社会风气:在制度德性的变革中转变[J].高等教育研究,2009(4):20-24.

[121] 刘纪元.中小学校园文化建设[M].成都:成都科技大学出版社,1992.

[122] 刘军.校园文化视野下的学校德育研究[M].合肥:合肥工业大学出版社,2008.

[123] 刘胜良,张百顺.高校闲暇德育有效性研究[J].教育评论,2010(4):69-72.

[124] 刘晓."三好学生"评选制度的存废之争与考量[J].中国教育学刊,2014(6):19-21.

[125] 刘云生.中国古代契约思想史[M].北京:法律出版社,2012.

[126] 刘铮.人口理论教程[M].北京:中国人民大学出版社,1985.

[127] 龙男男.中西诚信文化比较研究[D].哈尔滨:哈尔滨工业大学,2013.

[128] 龙庆华,王杰康.高校诚信道德建设研究[M].昆明:云南大学出版社,2007.

[129] 楼黎社.诚信校园建设的理论与实践[M].杭州:浙江大学出版社,2008.

[130] 鲁芳.论儒家"诚"的起源[J].湖南师范大学社会科学学报,2004(4):37-40.

[131] 鲁洁.德育课程的生活论转向——小学德育课程在观念上的变革[J].华东师范大学学报(教育科学版),2005(3):9-16.

[132] 鲁洁.教育社会学[M].北京:人民教育出版社,2007.

[133] 卢梭.社会契约论[M].何兆武,译.北京:商务印书馆,1980.

[134] M.奥克肖特.巴比塔——论人类道德生活的形式[J].世界哲学,2003(4):105-112.

[135] 马克思. 资本论[M]. 郭大力，王亚男，译. 北京：人民出版社，1956.

[136] 马克思，恩格斯. 马克思恩格斯选集：第1卷[M]. 北京：人民出版社，1995.

[137] 麦金太尔. 伦理学简史[M]. 北京：商务印书馆，1997.

[138] 迈克尔 · D. 贝勒斯. 法律的原则：一个规范的分析[M]. 张文显，等译. 北京：中国大百科全书出版社，1996.

[139] 毛希彤. 古罗马法中的诚信原则[J]. 精神文明导刊，2011(9)：61.

[140] 梅里亚姆－韦伯斯特公司. 韦氏高阶英汉双解词典[M]. 北京：中国大百科全书出版社，2017.

[141] 梅因. 古代法[M]. 沈景一，译. 北京：商务印书馆，1984.

[142] 梅因. 古代法[M]. 沈景一，译. 北京：商务印书馆，1959.

[143] 孟昭毅，曾艳兵. 外国文化史[M]. 北京：北京大学出版社，2008.

[144] 穆勒. 功用主义[M]. 北京：商务印书馆，1957.

[145] 莫雷. 教育心理学[M]. 北京：教育科学出版社，2007.

[146] 尼克拉斯 · 卢曼著. 信任[M]. 瞿铁鹏，李强，译. 上海：上海人民出版社，2005.

[147] 盘点娱乐圈那些涉嫌偷税漏税的十大明星[EB/OL]. (2013-07-01)[2016-06-27]. http://www.kuaiji.com/news/1422801.

[148] 潘洪建，李庶泉. 小学综合实践活动指导[M]. 镇江：江苏大学出版社，2010.

[149] 庞朴. 文化结构与近代中国[J]. 中国社会科学，1986(5)：81-98.

[150] 皮亚杰. 儿童的道德判断[M]. 济南：山东教育出版社，1984.

[151] 齐格蒙 · 鲍曼. 生活在碎片之中——论后现代道德[M]. 郁建兴，周俊，周莹，译. 上海：学林出版社，2002.

[152] 戚万学，唐汉卫. 学校德育原理[M]. 北京：北京师范大学出版集团，2012.

[153] 钱穆. 国史新论[M]. 北京：生活 · 读书 · 新知三联书店，2001.

[154] 钱穆. 文化学大义[M]. 台北：联经出版事业公司，1998.

[155] 强昌文. 契约伦理与权利[M]. 济南：山东人民出版社，2007.

[156] 乔 · L. 弗罗斯特，苏 · C. 沃瑟姆，斯图尔特 · 硕费尔. 游戏和儿童发展[M]. 南京：江苏教出版社，2011.

[157] 秦岭.学校环境文化建设[M].北京:北京工业大学出版社,2009.

[158] 曲珊珊.论中国社会转型期的诚信缺失与构建[D].太原:太原理工大学,2013.

[159] 全国十二所重点师范大学联合编写.教育学基础[M].2版.北京:教育科学出版社,2008.

[160] 全国人民代表大会.中华人民共和国民法通则[EB/OL].(1986-04-12)[2016-06-26]. http://www.npc.gov.cn/wxzl/wxzl/2000-12/06/content_4470.htm.

[161]全国人民代表大会.中华人民共和国宪法[EB/OL].(2004-03-14)[2016-06-26]. http://www.gov.cn/gongbao/content_62714.htm.

[162] 全国整顿和规范市场经济秩序领导小组办公室,中共中央宣传部,中央精神文明建设指导委员会办公室,司法部,教育部,中华全国总工会.六部门发《关于开展社会诚信宣传教育的工作意见》[EB/OL].(2003-09-24)[2016-06-27]. http://www.people.com.cn/GB/guandian/8213/8309/28296/2131460.html.

[163] 任凤芹.学校教育的价值本然:指导学生“可能生活”的建构[J].教育理论与实践,2013(10):12-15.

[164] 任小艾,丁榕,迟希新.班级活动设计与组织[M].北京:北京师范大学出版社,2008.

[165] 商务印书馆编辑部.辞源[M].北京:商务印书馆,1964.

[166] 上海师范大学教育系.马克思恩格斯论教育[M].北京:人民教育出版社,1979.

[167] 石艳.我们的“异托邦”——学校空间社会学研究[M].南京:南京师范大学出版社,2009.

[168] 史瑞杰,魏胤亭,等.诚信导论[M].北京:经济科学出版社,2009.

[169] 宋恩荣.梁漱溟教育文集[M].南京:江苏教育出版社,1987.

[170] 檀传宝.德育原理[M].北京:北京师范大学出版社,2007.

[171] 檀传宝.论惩罚的教育意义及其实现[J].中国教育学刊,2004(2):20-23.

[172] 唐卫海,杨孟萍.简评班杜拉的社会学习理论[J].天津师范大学学报(社会科学版),1996(5):30-35.

[173] 唐贤秋.道德的基石:先秦儒家诚信思想论[M].北京:中国社会科学出版社,2004.

［174］特伦斯·E.迪尔，肯特·D.彼德森.校长在塑造学校文化中的角色［M］.王亦兵，译.北京：中国青年出版社，2006.

［175］田友谊.我们该如何评价学生——由“三好学生”评选制度存废之争引发的思考［J］.思想理论教育，2009(10)：4-10.

［176］托马斯·阿奎那.神学大全［M］.段德智，译.北京：商务印书馆，2013.

［177］王丹.基于学生诚信发展的诚信教育研究［J］.教育科学，2008(1)：86-90.

［178］王东.论诚信观的培养［D］.沈阳：辽宁师范大学，2008.

［179］王飞雪，山岸俊男.信任的中、日、美比较研究［J］.社会学研究，1999(2)：67-82.

［180］王建国，阳建强.大学校园文化内涵的营造与提升：第七届海峡两岸大学的校园学术研讨会论文集［C］.南京：东南大学出版社，2009.

［181］王金娜.论标准答案霸权——基于知识观的视角［J］.现代教育管理，2014(2)：80-81.

［182］王良.社会诚信论［M］.北京：中央党校出版社，2003.

［183］“文化：中国与世界”编委会.文化：中国与世界：第1辑［C］.北京：生活·读书·新知三联书店，1987.

［184］吴旋州.班级管理学［M］.西安：陕西人民出版社，1997.

［185］吴继霞.诚信品格的养成［M］.合肥：安徽教育出版社，2009.

［186］吴继霞，黄希庭.诚信结构初探［J］.心理学报，2012(3)：354-368.

［187］武高寿.社会契约新论［M］.北京：北京大学出版社，2006.

［188］邬忠贤.《我不能失信》教学设计［J］.课程教育研究，2012(6)：81-82.

［189］西塞罗. 论义务［M］.王焕生，译.北京：中国政法大学出版社，1999.

［190］肖周录，王永智，许光县，等.诚信教育论［M］.北京：中国社会科学出版社，2012.

［191］小学生日常行为规范(修订)［EB/OL］.(2004-03-26)［2016-06-20］. http://www.edu.cn/20040326/3102379.shtml.

［192］谢桂山.圣经犹太伦理与先秦儒家伦理［M］.济南：山东大学出版社，2009.

［193］谢维和.变形的教育符号——从“三好学生”的讨论说起［J］.教育

科学研究，2009(3)：19-22.

[194] 谢文郁. 儒家五常新释[N]. 光明日报，2012-10-16(15).

[195] 新版中小学生守则 VS 旧版中小学生守则[EB/OL]. (2014-08-15)[2016-05-30]. http://xiaoxue. eol. cn/zjxx_3219/20140815/t20140815_1164415. shtml.

[196] 新华社.《公民道德建设实施纲要》颁布(附全文)[EB/OL]. (2001-10-25)[2016-06-22]. http://www. china. com. cn/policy/txt/2001-10/25/content_5069881. htm.

[197] 新华社. 胡锦涛等领导人分别看望政协委员并参加讨论 提出关于"八个为荣、八个为耻"的重要论述[EB/OL]. (2006-03-05)[2016-06-27]. http://politics. people. com. cn/GB/1024/ 4165047. html.

[198] 新华社. 胡锦涛在中国共产党第十八次全国代表大会上的报告[EB/OL]. (2012-11-17)[2016-06-27]. http://news. xinhuanet. com/18cpcnc/2012-11/17/c_113711665. htm.

[199] 新华社. 江泽民同志在党的十六大上所作报告全文[EB/OL]. (2002-11-17)[2016-06-27]. http://news. xinhuanet. com/newscenter/2002-11/17/content_632235. htm.

[200] 新华社. 中共中央关于全面深化改革若干重大问题的决定[EB/OL]. (2013-11-15) [2016-06-27]. http://news. xinhuanet. com/politics/2013-11/15/c_118164235. htm.

[201] 新华社. 中共中央关于深化文化体制改革 推动社会主义文化大发展大繁荣若干重大问题的决定[EB/OL]. (2011-10-26)[2016-06-27]. http://cpc. people. com. cn/GB/64093/64094/16018057. html.

[202] 新华社. 中共中央关于完善社会主义市场经济体制若干问题的决定[EB/OL]. (2008-08-13)[2016-06-27]. http://www. gov. cn/test/2008-08/13/content_1071062. htm.

[203] 新华社. 中共中央国务院关于进一步加强和改进学校德育工作的若干意见[EB/OL]. (1994-09-19)[2016-06-27]. http://www. chinalawedu. com/falvfagui/fg22598/20076. shtml.

[204] 新华网. 习近平在莫斯科国际关系学院的演讲(全文)[EB/OL]. (2013-03-24)[2016-05-26]. http://news. xinhuanet. com/world/2013-03/24/c_124495576_5. htm.

[205] 邢慧清. 鼎尖教案[M]. 延吉：延边教育出版社，2008.

[206] 邢旭升.关于小学生诚信教育的研究与探讨[D].石家庄:河北师范大学,2005.

[207] 休谟.人性论:下卷[M].关文运,译.北京:商务印书馆,1980.

[208] 徐大建.企业伦理学[M].北京:北京大学出版社,2009.

[209] 徐大建,赵果.古今诚信之辨——基于中西比较的视角[J].伦理学研究,2014(1):45-51.

[210] 徐国栋.客观诚信与主观诚信的对立统一问题——以罗马法为中心[J].中国社会科学,2001(6):97-113.

[211] 徐振鲁.校园文化建设与大学生素质培养[M].郑州:河南医科大学出版社,1998.

[212] 亚里士多德.尼各马可伦理学[M].廖申白,译.北京:商务印书馆,2003.

[213] 亚当·斯密.道德情操论[M].蒋自强,钦北愚,朱钟棣,等译.北京:商务印书馆,1997.

[214] 闫旭蕾,杨萍.家庭教育新论[M].北京:北京大学出版社,2012.

[215] 闫顺利.马克思哲学过程论:一种实践过程思维方式[M].北京:中国书籍出版社,2013.

[216] 颜之推.颜氏家训集解[M].上海:上海古籍出版社,1980.

[217] 杨伯峻.论语译注[M].北京:中华书局,2011.

[218] 杨方.诚信本质的六个层面[J].吉首大学学报(社会科学版),2005(4):31-36.

[219] 杨方.诚信内涵解析[J].道德与文明,2005(3):24-26.

[220] 杨国荣.伦理与存在——道德哲学研究[M].上海:上海人民出版社,2002.

[221] 杨清.心理学概论[M].长春:吉林人民出版社,1983.

[222] 杨淑萍.消费文化对青少年道德观的影响研究[J].教育研究,2012(10):47-53.

[223] 杨鑫辉.心理学通史:第5卷[M].济南:山东教育出版社,2000.

[224] 伊曼努尔·康德.道德形而上学原理[M].苗力田,译.上海:上海人民出版社,2005.

[225] 伊曼努尔·康德.实践理性批判[M].关文运,译.桂林:广西师范大学出版社,2002.

[226] 一年级音乐[M].北京:人民音乐出版社,2001.

［227］易小明，吴昌强．意志、道德意志、善良意志［J］．学术交流，2010（12）：8-12．

［228］衣俊卿．现代化与日常生活批判［M］．北京：人民出版社，2005．

［229］袁桂林．当代西方道德教育理论［M］．福州：福建教育出版社，1995．

［230］袁华音．西方社会思想史［M］．天津：南开大学出版社，1988．

［231］袁先潋．学校文化力建设策略［M］．重庆：西南师范大学出版社，2009．

［232］于凯．中国传统诚信观的涵义渊源与伦理特质［J］．湖南社会科学，2010（6）：6-8．

［233］余秋雨．千年一叹［M］．长沙：岳麓书社，2013．

［234］余清臣，卢元凯．学校文化学［M］．北京：北京师范大学出版社，2010．

［235］余同元．中国文化概要［M］．北京：人民出版社，2008．

［236］俞久洪．外国文化史［M］．天津：天津社会科学院出版社，1997．

［237］俞晓婷．小学校园诚信生活的构筑［D］．金华：浙江师范大学，2010．

［238］俞国良，辛自强．社会性发展心理学［M］．合肥：安徽教育出版社，2004．

［239］俞国良，等．学校文化新论［M］．长沙：湖南教育出版社，1999．

［240］俞正强．我们这样评“三好学生”等三则［J］．浙江教育科学，2008（6）：34-37．

［241］原宁．国内外诚信涵义研究文献综述［J］．商业时代，2014（7）：29-30．

［242］约翰·密尔．论自由［M］．程崇华，译．北京：商务印书馆，1982．

［243］詹万生．整体构建德育体系总论［M］．北京：教育科学出版社，2001．

［244］曾繁敏，程立涛．论个人品德的日常生活之根［J］．河北师范大学学报（哲学社会科学版），2009（5）：65-69．

［245］曾丽雅．关于建构中华民族当代精神文化的思考［J］．江西社会科学，2002（10）：5-10．

［246］张岱年，方克立．中国文化概论［M］．北京：北京师范大学出版社，2004．

[247] 张凤阳.契约伦理与诚信缺失[J].南京大学学报(哲学·人文科学·社会科学),2002(6):33-39.

[248] 张鹏.校园视觉文化中隐性价值的研究[M].北京:人民教育出版社,2008.

[249] 张章.说文解字[M].北京:中国华侨出版社,2012.

[250] 张恬恬.班级内的师生互动类型对低年级小学生诚信观发展的影响[D].沈阳:辽宁师范大学,2007.

[251] 章永生.现代儿童心理学[M].广州:暨南大学出版社,2007.

[252] 赵中建.学校文化[M].上海:华东师范大学出版社,2004.

[253] 赵忠心.家庭教育学[M].北京:人民教育出版社,1999.

[254] 赵汀阳.论可能生活[M].北京:中国人民大学出版社,2010.

[255] 赵启平.诚信校园文化构建的指导原则[J].学校党建与思想教育,2006(8):74-75.

[256] 郑也夫.信任:合作关系的建立与破坏[M].北京:中国城市出版社,2003.

[257] 中国社会科学院语言研究所词典编辑室.现代汉语词典[M].5版.北京:商务印书馆,2005.

[258] 中共中央马克思恩格斯列宁斯大林著作编译局.马克思恩格斯选集:第4卷[M].北京:人民出版社,1995.

[259] 邹建平.诚信论[M].天津:天津人民出版社,2005.

[260] 中共国家教委党组.关于进一步加强高等学校社会主义精神文明建设的若干意见[EB/OL].(1997-09-25)[2016-06-27].http://www.chinalawedu.com/falvfagui/fg22598/25897.shtml.

[261] 中共中央国务院.关于进一步加强和改进大学生思想政治教育的意见[EB/OL].(2004-10-25)[2016-06-27].http://moe.gov.cn/publicfiles/business/htmlfiles/moe/moe_1408/200703/20566.html.

[262]中共中央国务院.关于进一步加强和改进未成年人思想道德建设的若干意见[EB/OL].(2004-02-26)[2016-06-27].http://www.edu.cn/de_yu_777/20120209/t20120209_739012.shtml.

[263] 中国社会科学院社会学研究所.社会心态蓝皮书[EB/OL].(2014-10-27)[2016-06-27].http://baike.baidu.com/link? url=p3qpB_wRbXG2NgZ9NNfRrgICHEuhlG192UhrEucLhHkrKY3VvLiINYJBYPw_DTUjlOKMZ8_Vzh0cJ_dOBYlb0.

[264] 中华人民共和国教师法[EB/OL].(2015-04-22)[2016-06-20].http://www.moe.edu.cn/publicfiles/business/htmlfiles/moe/moe_619/200407.

[265] 邹东升.政府诚信缺失与重建探究[J].重庆大学学报(社会科学版),2004(3):44-47.

[266] 周辅成.从文艺复兴到十九世纪资产阶级哲学家政治思想家有关人道主义人性论言论选辑[C].商务印书馆,1996.

索　引

后　记

自从博士毕业以后，我一直关注两个问题：一是小学语文教科书价值取向，一是小学生诚信教育。关于小学生的诚信教育问题，多年来我一直与合作的小学开展实践研究，侧重实际问题的解决与诚信教育方法的寻找，已经协助合作学校完成《心灵的教育》《悄悄教育》等作品，在实践中取得了良好的效果。同时，完成教育部重点课题"基于'校园童谣'的小学生诚信教育研究"，研究成果《校园童谣与小学生诚信教育》于2012年由广东教育出版社正式出版。在此基础上，试图将诚信教育研究角度从单纯的方法策略向整体设计转换，因而于2013年申请浙江省人文社会科学重点研究基地"浙江师范大学教育学一级学科基地"招标课题，并获得立项，《小学校园诚信文化建设研究》一书即为该项目的研究成果之一。

本书上篇从诚信文化的历史溯源入手，理清诚信文化的逻辑起点与现实价值；进而从学理角度分析诚信文化的语义、本质与价值向度；在此基础上析出小学校园诚信文化的构成要素——诚信主体、诚信环境、诚信活动；而后将之放在小学校园这个环境下进行比照，梳理影响小学校园诚信文化建设的因素，并根据实验学校的具体实践提出了小学校园诚信文化建设的若干原则，最后创造性地从目标体系、内容体系、操作体系和保障体系四大维度建构了小学校园诚信文化建设的原型设计。下篇则根据合作学校的实践，总结了三种行之有效的操作方法：契约规训法、教学引领法、生活实践法。

本书是团队合作的产物。第一章，"诚信文化的历史溯源与现实价值"，由傅建明、罗艺撰写；第二章，"诚信文化的语义、本质与价值向度"，由傅建明、孙增荣撰写；第三章，“小学校园诚信文化的构成要素”，由傅建明、张琰慧撰写；第四章，“小学校园诚信文化的影响因素与建设原则”，由傅建明、倪素娟撰写；第五章，“小学校园诚信文化建设的原型设计”，由傅建明、李文娴撰写；第六章，“契约规训法”，由傅建明、苏洁撰写；第七章，“教学引领法”，由傅建明、蔡安琪撰写；第八章，“生活实践法”，由傅建明、江申撰写。

本书的顺利出版，要感谢睦一凡教授，感谢他一直对我的关心与支持，感谢浙江大学出版社的编校人员，感谢他们的严谨与精工细作，感谢我的研究生们辛劳的工作，感谢所有关心我、督促我的前辈与同事们，愿他们身体安康，心情愉悦！

傅建明

2018 年 8 月 26 日